Postmodernidad

–El Evangelio
ante el desafío del bienestar–

A *mi esposa* ANA
por su paciencia
y estimulante supervisión del texto

•ANTONIO CRUZ•

*P*ostmodernidad

–El Evangelio
ante el desafío del bienestar–

editorial clie

EDITORIAL CLIE
CLIE, E.R. n.º 2.910-SE/A
C/ Ferrocarril, 8
08232 VILADECAVALLS (Barcelona) ESPAÑA
E-mail: libros@clie.es
Internet: http:// www.clie.es

POSTMODERNIDAD- El Evangelio ante el desafío del bienestar

© Antonio Cruz, 1996

GUÍA DE ESTUDIO DE POSTMODERNIDAD
El Evangelio ante el desafío del bienestar
Revisión 2003

© 2002 Universidad FLET
14540 SW 136 Street, Suite 202
Miami, Florida 33186

ISBN 84-8267-349-1

Clasifíquese: 680 SOCIEDAD Y CRISTIANISMO:
El cristiano ante los problemas sociales
CTC: 02-09-0680-09
Referencia: 22.45.83

Índice

INDICE

Índice

PRÓLOGO

¿Qué hace un biólogo escribiendo un libro sobre sociología aplicada?

Si la biología es la ciencia que estudia todos los seres actualmente vivos y los que han vivido en épocas anteriores, quienes conocen a Antonio Cruz estarán de acuerdo en que es un biológo consumado, que fluctúa entre el saber académico y la acumulación de hechos prácticos. No hay ser vivo, por muy insignificante que sea, que no merezca su atención.

Sus amigos más cercanos sabemos que suele aprovechar los espacios vacacionales para andar por rincones extraviados de ciudades, montes, mares y playas a la caza y captura de bichitos que al común de las personas no interesan. Realiza el trabajo con la avidez que muestra la abeja cuando succiona el néctar de la flor. Esta paciente labor le ha llevado al descubrimiento de numerosas especies de crustáceos isópodos. Artículos suyos sobre el tema han sido publicado en revistas científicas dentro y fuera de España.

La ciencia biológica es pasión encendida en la mente y en el cuerpo de Antonio Cruz. En la Universidad de Barcelona obtuvo la licenciatura en esta especialidad y, posteriormente, el doctorado. Desde hace veinte años enseña sus secretos en un Instituto de Terrassa.

Una ojeada al currículum de Antonio Cruz nos descubre a un hombre polifacético, en el amplio sentido del vocablo. Es un curioseador de la vida y de las cosas. Como en el poema de Inés de la Cruz, lo suyo es atesorar riqueza de entendimiento. La enseñanza de la biología es su medio de vida, pero la vida misma es para él un estado de actividad

permanente. Además de enseñar biología, Antonio Cruz practica submarinismo, es un fotógrafo excelente, investiga, da conferencias y escribe. Suman ya centenares los artículos publicados en diversos medios. Y ahora desembarca en el mundo editorial con un libro sobre postmodernidad.

Esto es sociología pura. Sociología aplicada al estudio de los fenómenos culturales que han surgido de la interacción entre los individuos. No en el sentido académico que Compte dio al término, sino como era concebido el hecho ya en la época de Aristóteles. La profundización en el campo de las especulaciones humanas. La actitud mental en el ámbito de la cultura. Y aquí Antonio Cruz agrega al tema una dimensión religiosa y otra espiritual. Deriva el concepto de postmodernidad al primer gemido humano, el de ayer, y al último grito del hombre en la tierra, la consumación del apocalipsis bíblico. Antigüedad, modernidad, postmodernidad, ejes en la gran rueda del tiempo que hace girar el dedo meñique de Dios.

Ángel Castiñeira, un autor a quien cita varias veces Antonio Cruz, afirma en su libro *La experiencia de Dios en la Postmodernidad* que en los vaivenes de la cultura moderna hay ocasiones en las que el hombre encuentra aposento en Dios y otras en las que permanece a la intemperie enfrentado a la finitud. En este ambiente, en esta época postmoderna, dice Rovira Belloso que el hombre puede disfrutar la experiencia del Dios revelado, «no tanto como enigma que un día se disolverá en razón, sino como misterio del hombre y del mundo que, parecidamente al fuego de Moisés, ilumina sin consumirse». He leído el ejemplar mecanografiado –ahora, en la postmodernidad, ¿cómo diríamos ordenadorizado o computerizado?– que me envió el autor y al concluir su lectura estoy en condiciones de decir que nos encontramos ante un libro único. El tema en sí es original, pero hay también originalidad en el tratamiento, en la exposición de argumentos, en el orden que siguen las materias, y hasta en la prosa que utiliza el autor para estructurar sus ideas.

Prólogo

"El Evangelio ante el desafío del bienestar", subtítulo del libro, no es simplemente la reunión de muchas hojas de papel ordinariamente impresas y encuadernadas, como ocurre hoy con casi el 90% de los libros que salen al mercado. Aquí hay una potencia de vida tan activa como el alma espiritual de su autor. Desde ahora digo que este libro ganará muchos corazones, porque ha nacido de un corazón tierno y sabio. Sin estas condiciones, la habilidad literaria significa muy poco.

Impresiona el volumen bibliográfico que ha utilizado Antonio Cruz. Desde Angurell a Wellmer, los autores reflejados pasan del centenar. No se trata aquí de apabullar al lector con una erudición ostentosa. Cuando Antonio Cruz cita, lo hace sólo para expresar mejor su pensamiento; para contribuir en cierta medida a la estabilidad o al incremento del lenguaje. Disraeli decía que la sabiduría de los sabios y la experiencia de los siglos pueden ser consevadas con las citas. Y el mérito de Cruz es que cita con exactitud, con rigurosidad, buscando sólo las razones más oportunas.

La obra que tienes en tus manos, lector, y que has empezado a leer por este pórtico, se abre con tres breves capítulos en torno a la llamada cultura postmoderna. Lo que José María Mardones define como «pérdida de confianza en la razón», para Antonio Cruz , «la postmodernidad surge a partir del momento en que la humanidad empieza a tener conciencia de que ya no resulta válido el proyecto moderno».

Extraordinariamente luminosos son los capítulos IV y V de esta obra. Un racionalista como Ernesto Renán admitía que «la religión es la más elevada manifestación de la naturaleza humana». En el largo devenir del hombre, la religión ha estado en todos los momentos de su historia. La religión sólo desaparecerá cuando haya desaparecido la muerte. Si la religión es el significado de todo lo que se ha explicado y se explicará, tiene su lugar y está implicada en la cultura postmoderna. Es lo que Antonio Cruz constata con autoridad en los dos capítulos citados, añadiendo en el siguiente que «la religiosidad postmoderna desea recuperar la fiesta, la felicidad y la alegría».

Concluye el libro con un largo capítulo que lleva el título de "El Evangelio para un mundo en transición". Modestamente dice el autor que «en este capítulo se consideran algunos requisitos previos y posibles ideas que pudieran favorecer la evangelización en nuestros días». Pero después de leer los quince puntos que conforman este capítulo y los cinco añadidos como apéndice, uno se dice a sí mismo que sobran otros discursos, vengan de donde vinieron, en la pedagogía de la evangelización. Es un programa completo para evangelizar cualquier rincón del mundo y para configurar una estructura eclesiástica permanente donde pueda vivir feliz el ser humano evangelizado.

No estamos ante el final del mundo. No ante el final de la religión. No estamos ante la muerte de Dios. Estamos ante una nueva época que nos descubre nuevas posibilidades. La postmodernidad plantea retos indudables a la fe cristiana. Antonio Cruz dice que estos retos deben ser aceptados y pueden ser superados con ventajas para la fe. Porque cuando las energías de la utopía moderna se agoten, como se han agotado tantas filosofías y formas de vida, el Cristianismo de Cristo seguirá tan vivo como la flor estremecida por el rocío de la última aurora.

Juan Antonio Monroy
Presidente de la FEREDE

INTRODUCCIÓN

El mandamiento divino de llevar el Evangelio a todo el mundo requiere el diálogo entre la fe cristiana y la cultura de cada época. Para poder comunicar hoy adecuadamente el mensaje de Jesucristo es necesario comprender las evoluciones periódicas que experimenta nuestra sociedad y reflexionar sobre sus últimas manifestaciones. Hay que saber cómo piensan los hombres y mujeres a los que se dirige la Buena Nueva. Este es el sentido del presente trabajo. Un intento de plantear el complejo asunto de la postmodernidad desde la perspectiva evangélica.

Durante el siglo XX, y especialmente en sus postrimerías, se han venido produciendo importantes cambios sociales y culturales en el seno de los países desarrollados de Occidente. Desde puntos de vista bien distintos en este ámbito cultural ha surgido una nueva forma de pensar, y de entender el mundo, que difiere de lo que hasta ahora se llamaba el espíritu de la modernidad. A esta nueva cultura se la ha denominado "postmodernidad" debido a su abierta oposición a la época que la generó. Entendemos que analizar estas nuevas ideas debe constituir un reto para todo cristiano que asuma la responsabilidad de seguir presentando el Evangelio a nuestro privilegiado primer mundo. No debiera olvidarse, por otro lado, que Occidente es hoy como una pequeña isla lujosa rodeada por un inmenso océano de pobreza y miseria donde malviven criaturas que no pueden estar de vuelta porque ni siquiera han podido hacer el viaje de ida. Como explicaba el expresidente de Uruguay, Julio M. Sanguinetti: "...en países como los nuestros, donde la ciencia, la razón y la fe en el progreso aparecen desmentidas todos los días por el atraso industrial o la pobreza, estamos por construir aún el edificio de la modernidad..., mientras estamos luchando por superar viejos feudalismos para construir la modernidad, por otro lado se vive el

cuestionamiento de ésta en nombre de esa individualidad exaltada que está a la moda".[1] Es injusto y paradójico que el mundo occidental hable de postmodernidad y de decadencia de los valores modernos cuando los países del Tercer Mundo no han alcanzado todavía la modernidad. El peor de los pecados del mundo hedonista postmoderno es la insolidaridad con el resto de la humanidad. Los creyentes del primer mundo no debemos olvidar que cuando hablamos de postmodernos nos estamos refiriendo a personas con un determinado nivel económico que viven en países muy concretos de la llamada sociedad del bienestar.

Por lo tanto ¿qué interés puede tener este tema para algunos de nuestros hermanos latinoamericanos o de otros ámbitos alejados del mundo postmoderno? Pues el de recibir el testimonio sincero y la inquietud de creyentes que viven en lugares a los que ha llegado la postmodernidad y que, a pesar de ello, desean seguir obedeciendo el mandamiento de la gran comisión dado por Jesucristo; el de conocer cómo está influyendo en la sociedad y en la Iglesia la anhelada cultura del bienestar; y, sobretodo, el de participar activamente intercediendo ante Dios por este mundo materialmente rico, pero moral y espiritualmente pobre.

El primer capítulo introduce brevemente el tema definiendo las posturas enfrentadas y señalando a sus principales defensores. La cultura moderna caracterizada por las grandes dosis de fe de los humanos que la forjaron es analizada posteriormente con mayor detenimiento. La pérdida de todo tipo de fe, defendida por el pensamiento postmoderno, provoca la muerte de los ideales, así como la profunda crisis en que ha entrado la ética, la razón y la idea de historia. Estos apartados se explican después y se continúa con una comparación entre los principales valores de cada manera de ver el mundo. El capítulo quinto constata que el sentimiento religioso, contra todo lo que pudiera pensarse, no está ausente del mundo postmoderno y pretende pasar revista a las formas religiosas más significativas de la actualidad, así como a los comportamientos que se detectan dentro del cristianismo. Por último, se concluye aportando sugerencias que pudieran favorecer la presentanción del Evangelio en esta cultura postmoderna y postcristiana.

Algunos autores cristianos se han referido al peligro que supone la actual increencia y la crisis de valores para el futuro del Evangelio. Incluso se llega a temer por la continuidad del mismo frente al desarrollo del materialismo y del individualismo postmodernos. Si bien es verdad que existe hoy una notable dificultad para que los principios bíblicos arraiguen en el corazón del ser humano, no debiéramos caer en el alarmismo, ni mucho menos, en una actitud derrotista. Son muchos los libros que se vienen publicando anualmente sobre este tema. La mayoría de ellos reconoce que en el pasado la arrogancia del ser humano rechazó lo divino y colocó toda su confianza únicamente en los esfuerzos del hombre. Hoy, estamos asistiendo al desplazamiento de lo humano y da la sensación de que la humanidad se siente impotente para preveer o controlar su futuro. Tal incertidumbre abre la caja de Pandora de las especulaciones pero, al mismo tiempo, inaugura una época de esperanza para el Evangelio. Muchos pensadores reconocen hoy que el cristianismo, después de todo, no es una solución tan mala. No hay por qué abrigar temores. La Palabra de Dios seguirá brillando en el mundo y llevando criaturas a los pies de Jesucristo. Esa es nuestra confianza.

¿Vivimos todavía en la modernidad? Todo parece indicar que asistimos a su decadencia. Hace ya algunos años que este período muestra serios síntomas de declive.

Deseo manifestar mi agradecimiento a mi hermano, Alfonso Cruz, por su amable cesión de los fotogramas de algunas de sus obras hiperrealistas cuyo tema se relaciona con los diferentes apartados de este libro. Asimismo agradezco los comentarios, las correcciones de los capítulos que abordan aspectos históricos, la elaboración del índice de materias a Doris Moreno y la corrección de estilo a Eva Gurpegui.

CAPITULO I

Dos maneras de ver el mundo

«¿Estamos viviendo el epílogo simultáneo de los Tiempos bíblicos y de los Tiempos modernos?»

Alain Finkielkraut,
La derrota del pensamiento

I.
DOS MANERAS
DE VER EL MUNDO

La cultura que todavía predomina en las sociedades occidentales suele englobarse bajo el nombre de *modernidad*. El primer filósofo que desarrolló este concepto, para referirse a una época, fue Hegel. Las expresiones: "época moderna", "neue Zeit", "modern times" o "temps modernes" sirvieron para designar un determinado momento histórico en las principales lenguas del mundo civilizado. Un período que se habría iniciado alrededor del 1500 en torno a tres acontecimientos capitales para la humanidad: el descubrimiento de América, el Renacimiento y la Reforma protestante. Se trataba de la frontera cronológica entre la Edad Media y la Edad Moderna.

Frente al oscurantismo medieval la nueva época se abriría con importantes cambios que iban a afectar todas las relaciones entre el ser humano y el mundo.

A nivel político tiene lugar el nacimiento del Estado moderno entendido como un poder centralizador y absoluto. A nivel socioeconómico se produce la consolidación de la vida urbana, el desarrollo del capitalismo y el consiguiente fortalecimiento de la burguesía como clase social. La economía se convierte en productora de relaciones sociales robándole este papel a la religión. La vida social se polariza alrededor de dos instituciones: la tecno-económica y la burocrático-administrativa. La expansión colonial del siglo XVI y el encuentro con nuevas civilizaciones alentará los deseos de conquista y dominio del mundo. A nivel cultural y científico hay una vuelta al ser humano que se revela con el desarrollo del humanismo en sus diversas manifestaciones artísticas y la Revolución científica del siglo XVII.

¿Vivimos todavía en la modernidad? Todo parece indicar que asistimos a su decadencia. Hace ya algunos años que este período muestra serios síntomas de declive. Los oteadores del horizonte filosófico vienen augurando desde hace décadas la muerte de la modernidad y el nacimiento de la *postmodernidad*.

El catedrático de psicología de la Universidad Complutense de Madrid, José Luis Pinillos, refiriéndose a la polémica entre modernos y postmodernos, decía en una entrevista: "yo tengo la impresión de que en Occidente, ahora, se han producido una serie de cambios comparables en su profundidad al que supuso el paso de la Edad Media a la Modernidad".[1] Y recordaba que en la gran librería de Harvard se han comprado, en los cuatro o cinco últimos años, más de 500 libros sobre la postmodernidad. "Y en Harvard no suelen comprar tonterías ..."

Sin embargo, no todos los pensadores contemporáneos están de acuerdo en la importancia de este fenómeno. Para unos, la forma de entender la realidad que poseía el hombre moderno sigue siendo válida todavía hoy. La modernidad se concibe, por tanto, como un proyecto que habría que continuar. Sus ideales, a pesar de no haberse conseguido, serían positivos para la humanidad actual. Para otros, en cambio, la modernidad estaría muerta y sus utopías enterradas en la fosa del olvido. El proyecto moderno sería irrealizable por la sencilla razón de que hoy ya no se puede confiar en el hombre. El comportamiento agresivo de los estados modernos durante el siglo XX habría eliminado todo tipo de dudas al respecto.

> ¿Vivimos todavía en la modernidad? Todo parece indicar que asistimos a su decadencia. Hace ya algunos años que este período muestra serios síntomas de declive.

El asunto, desde luego, parece importante. Algo está ocurriendo en la mentalidad del ser humano contemporáneo que le hace revelarse contra la manera de ver el mundo que tenían sus predecesores más inmediatos. No hay unanimidad de criterios y, por eso, actualmente conviven estas dos tendencias culturales.

Por una parte los que se siguen identificando con la modernidad que son, generalmente, los de edad más avanzada. Y, de otra, las jóvenes generaciones, que lo hacen con la postmodernidad. Entre los primeros hay que destacar al filósofo alemán Jürgen Habermas para quien la modernidad sería un proyecto inacabado y todavía no superado: "aunque sólo sea por razones metodológicas, no creo que podamos extrañarnos del racionalismo occidental... ni que podamos apearnos, tan sencillamente..., del discurso filosófico de la modernidad".[2]

Mientras que en las filas de los segundos, los que apostatan de la modernidad, estarían los nuevos filósofos franceses procedentes del marxismo y de "mayo del 68" en París. Son los pensadores postmodernos: Jean-François Lyotard, Gilles Lipovetsky, Michel Leiris, Bernard-Henri Lévy y Jean Baudrillard entre otros. Aunque a esta lista habría que añadir también al italiano Gianni Vattimo. Todos ellos se caracterizan por su crítica de la cultura moderna. De una u otra forma manifiestan un desencanto intelectual común. Acusan a la modernidad de haber convertido la cultura en simple utilitarismo. La Revolución científica moderna, forjada en un clima de respeto y admiración ante el gran libro divino de la naturaleza, se habría convertido en un temible aparato que amenazaría con destruir el planeta y al propio hombre. La vida urbana se contempla casi como una maldición generadora de conflictividad social. El capitalismo habría dado a luz el efímero imperio de la moda que provoca en los individuos frustración y vacío interior. Todos ellos coinciden en negar rotundamente las utopías y las ideologías. Se refieren siempre al fracaso de los ideales de la Ilustración, especialmente, en lo que respecta a la organización racional de la sociedad desde los puntos de vista político, científico y ético. Por lo tanto, en su opinión, los grandes temas clásicos de la filosofía habrían dejado de tener sentido. ¿De qué serviría reflexionar hoy acerca de la libertad, la justicia o la igualdad? Los postmodernos declaran que carecen de referencias para pensar lo "universal" y que prefieren pensar exclusivamente lo "particular", los acontecimientos momentáneos y cotidianos. Prefieren aceptar sólo los valores tangibles y relativos. Y, finalmente, niegan también las nociones modernas de progreso y de historia.

En este último sentido, Vattimo afirma que "la crisis de la idea de historia lleva consigo la crisis de la idea de progreso".[3] Si la historia se concibe como un proceso unitario que lleva, de manera progresiva, a la realización de la civilización del hombre europeo moderno lo que, en definitiva, se está diciendo es que "los europeos somos la mejor forma de humanidad".[4] ¿Qué pasa, entonces, con los pueblos llamados "primitivos"? ¿Qué ocurre con las naciones colonizadas por la "superior" civilización europea? ¿Acaso no forman parte de esa historia unitaria centralizada? A los postmodernos no les convence esta idea de historia en la que no tienen cabida las demás culturas no europeas del planeta.

Vamos a intentar hacer un resumen de estas dos maneras de ver el mundo.

CAPITULO II

La cultura moderna

«La modernidad es la época en la que el hecho de ser moderno viene a ser un valor determinante.»

Gianni Vattimo,
En torno a la posmodernidad

II.
LA CULTURA
MODERNA

La modernidad fue el tiempo de la grandes utopías sociales y de los grandes actos de fe. El ser humano, con la fuerza de la razón, se creyó autónomo e independiente. Ya no era necesario recurrir a los mitos para explicar los misterios de la naturaleza. Se confiaba en que la ciencia solucionaría todos los problemas del hombre y acabaría con la ignorancia y servidumbre de los pueblos. Se creía que las "supersticiones" religiosas dejarían de ser las muletas de la humanidad. La idea de progreso histórico fomentó la fe en un mundo cada vez mejor y más feliz. Todos los hombres modernos veían con entusiamo y esperanza la gran marcha de la historia.

El profesor Iñaki Urdanibia señala dos tiempos para la modernidad.[1] El primero estaría constituído por el período que abarca desde el Renacimiento hasta la Ilustración. La característica fundamental del mismo sería la creencia de que todos los seres humanos eran, por naturaleza, idénticos entre sí. El segundo tiempo comprendería desde el Romanticismo hasta la crisis del marxismo. En esta época se cambia el concepto de hombre por el de historia. El sujeto es pensado en "categorías colectivas: la nación, la cultura, la clase social, la raza".[2] Es en este momento cuando surgen las dos grandes versiones políticas: el *nacionalismo* y el *socialismo*. El hombre moderno tiene fe en conceptos como la libertad, la ciencia, el progreso y la historia porque, en definitiva, tiene fe en el propio ser humano. Está plenamente convencido de su propia bondad natural.

Fe en la libertad

Decía Manuel Azaña que la libertad no hace felices a los hombres; sino que los hace, sencillamente, hombres. Este es el aire que se respiraba también en la modernidad. La fe en la libertad, como emancipación del ser humano, cristalizaría en cuatro acontecimientos diferentes. La Ilustración proclamará la libertad para el individuo; la Revolución Francesa, con su célebre frase: "libertad, igualdad, fraternidad" la exigirá para el ciudadano; el marxismo peleará también por la libertad de los obreros y, por último, el feminismo la solicitará para la mujer.

El espíritu que caracterizará todo el siglo XVIII será el de la libertad. Es el deseo de libertad lo que empuja al hombre moderno a superar su minoría de edad. La Ilustración insistirá en que es necesario abandonar a los tutores de la humanidad para que ésta aprenda a pensar por sí sola, sin más ayuda que la propia razón. Los librepensadores aconsejaban prescindir de todo aquello -costumbres, tradiciones, instituciones, religión, etc.- que impidiera la emancipación del ser humano.

Gracias a la Revolución Francesa, en 1789, se proclama la Declaración de los Derechos del Hombre y del Ciudadano. El primer artículo de la misma rezaba: "Los hombres nacen y permanecen libres e iguales en derechos". Pero, como bien explica el profesor Luis Gonzalez-Carvajal, "pronto se vio que la Asamblea Nacional francesa había proclamado

> **La Ilustración insistirá en que es necesario abandonar a los tutores de la humanidad para que ésta aprenda a pensar por sí sola, sin más ayuda que la propia razón.**

únicamente los derechos del varón blanco y pudiente... La negación de los derechos políticos a los hombres de color supuso una nueva contradicción".[3] Tuvo que pasar bastante tiempo para que país tras país aceptara finalmente que cualquier ser humano, sin distinción de raza o sexo, era digno de ser ciudadano.

Hegel escribía, a finales del siglo XVIII, "la grandeza de nuestro tiempo es que se reconoce la libertad".[4] Para el pensador alemán la libertad, que caracteriza la modernidad, podía observarse en el crecimiento de la *subjetividad* en los individuos; en el aumento de la interioridad de la persona; en el hecho de que cada ser humano, en particular, pudiera hacer valer sus aspiraciones personales; en el derecho a criticar y a juzgar expresando libremente las opiniones; en poder vivir y actuar con arreglo a las propias convicciones. Hegel cree que el principio fundamental de la Edad Moderna es precisamente la libertad de la subjetividad. Este punto de vista recuerda la conocida sentencia del sofista griego Protágoras de que el hombre es la medida de todas las cosas. Lo importante no son los elementos externos sino el ser humano. Lo realmente decisivo no serían los objetos sino el sujeto que los observa.

De una tal libertad de la subjetividad florecerá el humanismo moderno. El hombre se convierte así en el centro del pensamiento. En el objeto primordial de su propio estudio. "Los acontecimientos históricos claves para la implantación del principio de la subjetividad son -para Hegel- la Reforma, la Ilustración y la Revolución francesa".[5]

Lutero y los reformadores harán que la fe religiosa se vuelva más reflexiva. El creyente es libre ahora para leer la Escritura revelada y mantener su propia interpretación del texto frente a la antigua autoridad de la tradición y del magisterio eclesial. "La hostia sólo puede considerarse ya como masa de harina y las reliquias sólo como huesos".[6] En la Ilustración se aplicará el principio de la subjetividad a la ciencia y a la moral. La naturaleza dejará de ser un mundo encantado, superpoblado de embrujos y sortilegios, para convertirse en un sistema de leyes familiares y conocidas. He aquí otra liberación importante. El ser humano se libera por medio del estudio meticuloso de la naturaleza.

Los conceptos morales durante la Edad Moderna se fundamentarán también sobre la libertad subjetiva de los individuos. Cada persona tendrá derecho a considerar libremente su modo de actuar, siempre que para obtener el propio bienestar no interfiera injustamente en el de los demás. Y, por último, la proclamación de los derechos del hombre y el código de Napoleón harán valer, asimismo, el principio de la libertad de la voluntad como fundamento del Estado. La ética y el derecho moderno se fundamentarán exclusivamente sobre la voluntad del propio ser humano. La eticidad basada en el mandamiento divino y contenida en las páginas de la Biblia perderá credibilidad para cedérsela a la pura voluntad de ese ser que se considera, a sí mismo, como medida de todo. El humanismo de la modernidad que en un principio fue teocéntrico, a partir del Renacimiento empieza a adquirir un carácter marcadamente antropocéntrico y se torna, por tanto, materialista.[7]

Fe en la ciencia

Durante los siglos XVI y XVII los estudios sobre física y astronomía, en Europa, provocaron la llamada Revolución científica. Antes de 1700 los sabios concebían el mundo como si se tratara de un ser vivo. Se creía que todo estaba relacionado mediante misteriosos poderes ocultos. Cada mineral al que se le atribuía determinada virtud debía recibir su fuerza de alguna estrella particular; lo mismo se creía de ciertas plantas y animales. Así por ejemplo, Alfonso X el Sabio, refiriéndose al coral rojo, cuenta en su "Lapidario" que "la estrella que está entre la que está en la nariz de Tauro, y la otra que está en el ojo meridional de esta misma imagen, tienen poder sobre esta piedra, que de ellas recibe su virtud; y cuando ella está en el ascendente, muestra esta piedra más manifiestamente sus obras".[8] La astrología se combinaba con observaciones naturales para intentar conseguir la curación mágica de ciertas enfermedades. Esto era una práctica muy común durante la Edad Media y principios de la Moderna. La alquimia, por medio de ciertos rituales

místicos, pretendía la transmutación de algunos minerales de escaso valor en oro puro. Se buscaba el remedio universal para todas las enfermedades y también los medios que permitieran prolongar la vida humana de manera indefinida. A pesar de que la mayoría de conclusiones a las que llegó la alquimia hoy nos hagan sonreír, lo cierto es que su estrategia experimental fue el embrión del que posteriormente surgiría el método científico.

La influencia del pensamiento griego antiguo, especialmente las obras de Aristóteles, llegó a la Europa occidental de la mano de la tradición islámica. Durante los siglos XII y XIII las principales universidades europeas experimentaron un florecimiento extraordinario gracias a la recuperación del saber griego. El teólogo italiano Tomás de Aquino (1225-1274) utilizó las ideas aristotélicas en sus comentarios bíblicos y en sus intentos de probar racionalmente la existencia de Dios. Su impresionante obra filosófica y teológica representa "la cristianización de Aristóteles".[9] Sin embargo, no todos los teólogos de la época aceptaron plenamente estas ideas. Había aspectos en el pensamiento de Aristóteles, como su creencia en la eternidad del universo, que contradecían claramente la doctrina cristiana.

La cosmología del filósofo griego afirmaba que el universo era esférico y que la Tierra inmóvil ocupaba el centro del mismo; suponía que el Sol, la Luna y las estrellas giraban en las regiones celestes alrededor de la Tierra siguiendo órbitas perfectamente circulares y concéntricas. Según Aristóteles las regiones celestes eran perfectas, inengendradas e inmutables mientras que la Tierra era imperfecta, surgida por generación como los demás seres vivos, cambiante y sometida a corrupción. Tal concepción presuponía que el ser humano fuera un espectador pasivo situado en una posición privilegiada: el mismo centro del cosmos. Durante la Edad Media la teología era considerada como la principal de las ciencias y la única con autoridad suficiente para decidir sobre el conocimiento.

Sin embargo, alrededor del 1700 surge una nueva concepción del universo. El mundo deja de verse como si se tratase de un inmenso organismo vivo y empieza a concebirse como si fuera una máquina. Algo semejante a un enorme reloj de cuerda. Aunque hubo intentos de refutación de las teorías aristotélicas, durante el medioevo, no fue hasta la divulgación de los trabajos de Copérnico y Galileo, en el Renacimiento, que la Tierra se empieza a entender como un planeta más que gira alrededor del Sol. El astro rey le robará la posición al planeta del ser humano. Con el Sol en el centro y la Tierra rodeándolo humildemente se derrumbará el esquema medieval de preponderancia. Si la Tierra se sitúa en un segundo plano ¿qué pasa con el lugar del hombre en el cosmos? A partir del siglo XVII el ser humano deja de verse como el centro del universo.

El cosmos finito y geocéntrico de Aristóteles pasa a concebirse como infinito y heliocéntrico. "Las observaciones telescópicas de los cuerpos celestes realizadas por Galileo revelaron montañas en la Luna y las lunas de Júpiter, observaciones que pusieron en cuestión la doctrina aristotélica de la diferencia fundamental de carácter entre la Tierra y los cuerpos celestes".[10] Si los astros celestes no eran perfectos, como pensaba Aristóteles, entonces se parecían a la Tierra. La Tierra había dejado de ser única. Podían existir numerosos mundos como el nuestro en la inmensidad del espacio. Esta idea parecía echar por tierra la creencia de que el universo había sido creado para la utilidad del hombre y que sólo él era el rey de la creación. También afectaba a las ideas astrológicas del Renacimiento. Si los astros no eran perfectos ya no podían tener influencia alguna sobre las acciones de los hombres.

Se ha sugerido que quizás Copérnico pudo haber sido influido por la concepción hermética del italiano Ficino, quien afirmaba que la centralidad del Sol en el universo visible, como lámpara que ilumina y controla el cosmos, era símbolo del papel de Dios en la totalidad de la creación.[11] Lo cierto es que estos descubrimientos provocaron que las fantasías y especulaciones de tipo astronómico se convirtieran, durante el siglo XVII, en un género literario menor. Incluso el astrónomo inglés John Wilkins (1614-1672) llegó a afirmar que "los habitantes de otros mundos eran redimidos por los mismos medios que nosotros, por la muerte de Cristo".[12]

La teología será destronada de su pedestal medieval, dejará de ser la reina de las ciencias y la única autoridad competente. En adelante se aceptará que el estudio científico de la naturaleza también es una buena forma de adquirir conocimientos verdaderos. El ser humano ha dejado de ser un simple espectador para transformarse en un activo operador. Los misterios naturales pueden ser desvelados por el hombre con paciencia y método. Esto no significa que, en el nacimiento de la Revolución científica, exista una rivalidad entre fe cristiana y razón. Más bien ocurrirá todo lo contrario. El profesor Harman lo explica así: "el cambio principal en la perspectiva que condujo a la aparición de la concepción del universo como aparato de relojería estaba estrechamente asociado a una transformación cultural más amplia, en la que la adquisición del conocimiento natural y la obtención del control de la naturaleza estaban asociados con el destino religioso del hombre".[13] Los primeros hombres de ciencia, durante el siglo XVII, acuden a la naturaleza con el deseo de estudiarla y con el convencimiento de que están escudriñando la revelación natural y, por tanto, están glorificando la sabiduría del Dios creador. "El estudio del libro divino de la naturaleza era complementario al estudio de la Biblia, el libro de la palabra de Dios".[14] De modo que la fe cristiana influye decisivamente en el nacimiento de la Revolución científica. La investigación del mundo natural no surge como simple curiosidad humana sino como una auténtica obligación religiosa. Si Dios había creado la naturaleza y al ser humano formando parte de ella, era del todo lógico que el estudio de la misma, por parte del hombre, fuese de su divino agrado. Debía existir una armonía entre lo revelado y lo creado.

El método de la nueva ciencia se apoyará en dos sólidos pilares: la inducción y el experimento. Cada uno de ellos propuesto y defendido por dos grandes pensadores: Bacon y Galileo. La observación de los fenómenos naturales lleva a Francis Bacon, alrededor del año 1600, a oponerse a la antigua lógica deductiva. Platón había afirmado, dos mil años antes, que lo importante para comprender la realidad era captar la esencia de las cosas más allá de los fenómenos. La verdad se debería deducir a partir de leyes o premisas generales que condujeran a las cuestiones particulares pero no al revés. La observación de fenómenos concretos en la naturaleza no podía proporcionar auténtico saber. El verdadero conocimiento sólo podía provenir de la reflexión mental y no de la observación experimental. No hay duda de que este método tenía serios inconvenientes. ¿Qué ocurría cuando un sabio, después de mucho pensar, llegaba a conclusiones que no se correspondían con la realidad observable? Uno de los errores más famosos de Aristóteles fue el de afirmar que las mujeres tenían menos dientes que los hombres. ¿Cómo pudo un pensador de la talla de Aristóteles cometer una equivocación tan simple? Pues seguramente por ser fiel al método deductivo de Platón. Si se consideraba que los razonamientos habían sido buenos no había necesidad de contrastarlos con la realidad. Y así, de una generación a otra, ¿quién iba a dudar del gran maestro Aristóteles?

Algo parecido le ocurrió a Galileo cuando descubrió, por medio de su telescopio, que la Luna tenía cráteres, montañas y valles; que el Sol mostraba ciertas manchas oscuras y que Júpiter aparecía rodeado de satélites. Su euforia le llevó a decírselo a los sabios de la época pero nadie le creyó. Galileo no consiguió que ninguno de sus colegas mirase a través del telescopio. ¿Para qué?, ¿acaso lo que muestran los sentidos podía tener más autoridad que el propio Aristóteles?, ¿desde cuándo las cosas observables son más importantes que sus esencias?

Bacon se rebelará contra esta manera de entender la realidad. Según él, para descubrir la verdad había que partir de la observación de los

---

Los primeros hombres de ciencia acuden a la naturaleza con el deseo de estudiarla y con el convencimiento de que están escudriñando la revelación natural y, por tanto, están glorificando la sabiduría del Dios creador.

hechos concretos y, a partir de ahí, elevarse a las cuestiones más generales. La formulación de proposiciones universales sólo podría hacerse después de la observación de los acontecimientos particulares. Era necesario, por tanto, someterse a los hechos para descubrir la verdad. Este nuevo método de inducción iba a permitir al hombre dominar la naturaleza. Bacon era también una persona profundamente religiosa. Estaba convencido de que la ciencia debía devolver al ser humano el paraíso perdido. Si por culpa del pecado original la primera pareja fue expulsada del Edén, perdiendo con ello el control sobre la naturaleza, gracias al humilde trabajo científico el hombre podría de nuevo recuperar ese dominio. Esta concepción teológica de la labor científica influiría decisivamente en muchos otros investigadores de su época. Fundó una hermandad de científicos que llamó Casa de Salomón en la que se cultivaba el ideal de que el trabajo científico contribuyese a la renovación del ser humano. En esta época "el científico se convirtió en el sacerdote de la naturaleza".[15]

Por su parte, Galileo colaboró fundando el método experimental. Su innovación consistió en repetir artificialmente el hecho natural. Comprobar, tantas veces como fuera necesario y teniendo en cuenta el número de variables, que los acontecimientos observables cumplían leyes naturales. Este procedimiento, que permitía corregir los errores constantemente, haría progresar el conocimiento humano de manera espectacular. Galileo atacó la visión geocéntrica de Aristóteles, que era la que defendía la Iglesia católica. Su comportamiento imprudente es reconocido hoy por todos los historiadores. Al afirmar que la Tierra giraba alrededor del Sol estaba cuestionando que la teología fuese la reina de las ciencias. Fue juzgado por la Inquisición en 1616 y se le obligó a abjurar de su creencia por ser ésta contraria a lo que se suponía que decía la Biblia. Sin embargo, a pesar de que estaba equivocado en lo de las órbitas planetarias circulares,[16] Galileo tenía razón en que, en efecto, la Tierra se movía.

Los trabajos del filósofo y matemático francés René Descartes (1596-1650) contribuyeron decisivamente a la visión mecánica de la naturaleza. Él creía que su física se basaba en principios filosóficos garantizados por la veracidad de Dios. La naturaleza se podía representar a través de las leyes mecánicas del movimiento. Estas ideas se convirtieron en el tema central del debate científico durante la segunda mitad del siglo XVII. En 1660 se fundó en Londres la "Royal Society", asociación a la que pertenecieron investigadores como Robert Hooke (1635-1703) y Robert Boyle (1627-1691). El primero se destacó por sus trabajos sobre óptica y microscopía, mientras que el segundo se centró en las propiedades físicas de los gases. La labor de estos hombres constituye ya un claro ejemplo de experimentación meticulosa. Boyle siempre se preocupó por señalar que su visión científica del mundo era compatible con su creencia religiosa. Estaba convencido de que la materia se sujetaba siempre a las leyes de la providencia y voluntad divina. Escribió también obras teológicas que contribuyeron a crear esa imagen de Dios como el relojero universal, propia de su época.

Por último, conviene mencionar al físico y matemático Isaac Newton (1642-1727) quien con sus trabajo sobre las leyes del movimiento proporcionó una imagen coherente del universo. Su obra se considera la culminación de la Revolución científica. Pues bien, Newton también era creyente. "Afirmó que su concepto de la fuerza de gravedad, (...), sólo podía ser explicado, (...), como la manifestación de la acción divina en la naturaleza".[17] Creía que si Dios no intervenía periódicamente en el universo, éste acabaría por desordenarse ya que, como cualquier buen relojero, Dios tenía que seguir dándole cuerda a su inmensa máquina. El creador habitaba en los espacios siderales, por lo que el universo era entendido como el templo de Dios.

Después de esta breve enumeración de algunos protagonistas de la Revolución científica se nos plantea una cuestión casi inevitable. ¿Por qué había tantos creyentes? ¿Tuvo algo que ver la Reforma protestante?[18]

18. E. MOTA, *Ciencia y fe ¿en conflicto?*, Barcelona, 1995, p. 40. El autor se refiere a este asunto señalando que el 62 % de los miembros de la "Royal Society" durante 1663 eran de origen puritano aún cuando esta confesión constituía una minoría de la población. Durante el siglo XVI, y también en la actualidad, el número de científicos protestantes en Bélgica era, y es, mucho mayor que el de católicos, aunque éstos últimos son mayoría en la nación. De estos, y otros datos parecidos, se deduce que las enseñanzas bíblicas de la Reforma contribuyeron positivamente a la Revolución científica.

No hay que caer en el error de pensar que la ciencia europea progresó exclusivamente gracias a la Reforma. Hubo seguramente otros muchos factores sociales, políticos y económicos que también influyeron. Pero tampoco hay que obviar la realidad. Las enseñanzas bíblicas, que los reformadores esparcieron por el norte y centro de Europa, fomentaron la responsabilidad individual frente al trabajo, el deber de utilizar las facultades personales y la convicción de que el estudio de la naturaleza glorificaba al Creador.[19] Tres fundamentos positivos para sustentar cualquier empresa revolucionaria.

De manera que, en síntesis, la Revolución científica del XVII se caracterizará por tres grandes cambios. La idea de un universo orgánico repleto de interacciones mágicas se cambiará por la concepción mecanicista que proponía una materia inerte y sin actividad. El humillante desplazamiento del ser humano como centro del universo se cambiará por un creciente optimismo en las facultades humanas. Y, por último, las convicciones religiosas de los pioneros de la ciencia irán desapareciendo paulatinamente hasta hacer de la labor científica una empresa neutra y secular.[20]

El creciente prestigio que fue adquiriendo la ciencia, durante los siglos XVIII, XIX y principios del XX, originó, a la vez, un descrédito de las cuestiones metafísicas. Si sólo lo comprobable era verdadero ¿dónde quedaban las cuestiones sobrenaturales? ¿Qué podía pensarse acerca de Dios? Este sentimiento de menosprecio hacia lo trascendente se generalizó hasta cristalizar, en 1929, en el famoso Manifiesto del Círculo de Viena. El cientifismo positivista venía a decir que "sólo lo científico es lo racional, pues sólo la ciencia produce verdad;(...) toda realidad es, a fin de cuentas, realidad física".[21] Pero ¿es esto cierto?, ¿es verdad que sólo hay realidad física? Prestigiosos científicos de nuestros días responden a esta pregunta con un rotundo "no". Por ejemplo, el físico teórico de la Universidad de París, Bernard d'Espagnat, está convencido de que existe otra clase de realidad. La realidad "en sí", "realidad intrínseca". Una realidad, que él llama "independiente", que sería inaccesible al método científico y por lo tanto estaría velada a la ciencia; oculta tras la realidad empírica.[22] Este límite, entre dos realidades, que vislumbra hoy la física cuántica ¿no será el que la separa de la metafísica? No sabemos si la ciencia del futuro dará la razón a d'Espagnat pero de lo que sí podemos estar seguros es de que ciertas realidades, precisamente las que dan sentido a la vida humana, no pueden ser explicadas por el método científico.

Tampoco se debe creer -como comúnmente se hace- que la ciencia se opone a la fe en Dios o que los científicos deben ser, necesariamente, ateos. La auténtica ciencia es perfectamente neutra. Como escribe Antonio Fernández-Rañada, catedrático de Física Teórica de la Complutense, "la práctica de la ciencia ni aleja al hombre de Dios ni lo acerca a Él. Es completamente neutra respecto a la religión. La decisión de creer o no se toma por otros motivos, ajenos a la actividad científica, pero, una

21. J.L. RUIZ DE LA PEÑA, *Crisis y apología de la fe*, Santander, 1995, p. 34. El profesor Ruiz de la Peña ofrece, en esta obra, un análisis apologético del cientifismo de principios de siglo y de las secuelas residuales que llegan hasta nuestros días.

22. B. D'ESPAGNAT, "Teoría cuántica y realidad", *Investigación y Ciencia* (enero 1980), pp. 80-95. Este físico francés escribe también sobre cuestiones metafísicas. Sus opiniones se centran en la idea de que el campo típico de la ciencia es la "realidad empírica", pero esta realidad sería diferente de la "realidad en sí" de las cosas. La auténtica realidad, la "realidad en sí" sería inaccesible al ser humano, quién sólo podría alcanzar la "realidad empírica" por medio de su metodología científica. Según d'Espagnat, el materialismo estaría hoy en crisis porque la materia de los objetos se habría disuelto en las ecuaciones matemáticas que pretenden explicarla. El materialismo se vuelve, cada vez más, matematismo. (Cfr. J.L. RUIZ DE LA PEÑA, "Realidad velada: cuando la física deviene metafísica", *Razón y Fe*, 1983, jul.-agost., pp. 27-39). La materia ya no es la masa, sino la energía; pero ¿qué es la energía, sino pura inmaterialidad? Es falso que el universo se componga de millones de elementos materiales simples que ocupen, en un instante dado, un lugar preciso del espacio. Lo único estable son los números, las ecuaciones y las funciones matemáticas abstractas. Alcanzar un conocimiento directo del mundo exterior sería imposible porque dicho conocimiento estaría siempre alterado, o mediatizado, por el factor subjetivo humano. Los instrumentos usados para las mediciones y observaciones perturbarían tales medidas. Según este planteamiento, el hombre volvería de nuevo a situarse en el centro del universo; sería, otra vez, la medida de todas las cosas porque la realidad sería, tan sólo, "realidad vista por el hombre" y no la auténtica "realidad en sí".
También el Premio Nobel de Química, Ilya Prigogine, escribe: "La ciencia no nos da acceso a los misterios del universo (...) Si la visión positivista,(...) hubiera de ser aceptada, gran parte del atractivo de la ciencia se perdería" (*La nueva alianza. Metamorfosis de la ciencia*, Madrid, 1979, pp. 105, 107).

vez tomada, la ciencia ofrece un medio poderoso para racionalizar y reafirmar la postura personal"[23].

Los argumentos científicos siguen sustentándose, muchas veces, sobre los pilares de la creencia individual. Hoy como ayer detrás de las razones se encuentran las convicciones.

Fe en el progreso[24]

Los adelantos científicos constituyeron un excelente caldo de cultivo para despertar, durante la modernidad, la fe en el progreso. El filósofo y sociólogo inglés del siglo pasado, Herbert Spencer, decía que el progreso no es un accidente sino una necesidad de la naturaleza. Se tenía la seguridad de que la humanidad estaba casi predestinada al progreso, de que era inevitable que así sucediera. La idea del progreso se convirtió en un artículo de fe para la humanidad; en "una parte de la estructura mental genérica de las gentes cultivadas".[25] Resultaba evidente que la adquisición progresiva de conocimiento sobre el mundo natural proporcionaba al ser humano más poder. Era como si la divinidad perdiera parcelas de su competencia para cederlas en beneficio del esfuerzo humano. Mucho de lo que antaño dependía del "capricho" de Dios podía ahora solucionarse mediante el método de la ciencia. Y este palpable poder constituyó un excelente abono que hizo prosperar esta fe ciega en el progreso indefinido de la humanidad.

Es indudable que el desarrollo científico fue extraordinariamente positivo para el ser humano. Es verdad que muchas enfermedades fueron desapareciendo progresivamente y en las sociedades se incrementó el bienestar. Pero ¿por qué se empieza a entender el progreso como ese enemigo que sustituye a la divinidad?, ¿cuál es la razón de que el desarrollo del hombre desplace a Dios?

La causa de que las personas de la Edad Media se sintieran víctimas del "capricho" divino habría que buscarla probablemente en el tipo de creencia que poseían. Si tenían la imagen pagana de un Dios caprichoso, que se complacía en enviar enfermedades y desgracias de forma arbitraria, era porque mantenían una fe absolutamente supersticiosa; una creencia poblada de connotaciones mágicas. Entendían el universo como un escenario repleto de fuerzas espirituales antagónicas y poderes fantásticos ocultos e imprevisibles, a los que sólo se podía calmar parcialmente mediante amuletos, reliquias o conjuros. Con este tipo de creencias no es de extrañar que poco a poco se fuera sustituyendo a Dios por el ideal del progreso ya que los beneficios de éste eran visibles e inmediatos. En definitiva, lo que separa al hombre de Dios es la distorsión de su proceso de autonomía. La fe deformada conduce a una emancipación mutilada; a un progreso indefinido del hombre sin Dios.

Sin embargo, la concepción del desarrollo de la civilización que había, antes del siglo XVI, era muy distinta. Tanto los griegos como los romanos creían que el proceso histórico era degenerativo. Dominaba la idea de que cualquier tiempo pasado fue siempre mejor. Sentían una admiración especial por la antigüedad porque creían que el mundo y el ser humano habían sido creados por Dios de manera perfecta. No obstante, ese cosmos perfecto estaba condenado a la desaparición ya que llevaba en sí el germen de la decadencia. Platón aceptaba tales ideas, pero incluía esta degradación del mundo presente en un "ciclo cósmico" en el que se confiaba que, después de una destrucción total, Dios volvería a restaurar las condiciones originales y todo el proceso comenzaría de nuevo. Esta teoría de los ciclos universales, o del "eterno retorno", que formaba parte del pensamiento común de todo el Oriente, fue también

23. A. FERNÁNDEZ RAÑADA, Los científicos y Dios, Oviedo, 1994, p. 36. También puede consultarse, en esta misma línea, la obra citada de Enrique Mota: Ciencia y fe ¿en conflicto?, Barcelona, 1995.

24. Este es también el título que Luis González-Carvajal utiliza para el quinto capítulo de su libro, op. cit. p. 111.

considerada ortodoxa por los griegos y romanos[26]. La influencia de tal concepción histórica, que perduró en occidente hasta el Renacimiento, impidió que se desarrollara antes la idea del progreso.

Sin embargo el pueblo de Israel tenía otra manera de ver las cosas. Los hebreos, con su mentalidad histórico-salvífica, poseían una concepción lineal del tiempo. Para ellos la historia de la tierra era un fenómeno único que no volvería a repetirse. El mundo había tenido un principio y tendría también un fin definido y deseable. La historia de la humanidad acontecería entre dos importantes paréntesis: la creación y la parusía. Defendían una visión teleológica de la historia.

Los escritores del Nuevo Testamento, especialmente el evangelista Lucas, asumen también este sentido de la historia pero colocando a Cristo en el centro de la misma. Tal como señala Conzelmann: "Lucas presenta su cristología mediante el desarrollo de la posición de Cristo en el centro de la historia de la salvación... Este "centro" separa la época primera -Israel- de la época tercera y última -la Iglesia-."[27]

Es, por tanto, esta idea bíblica del tiempo, que pasó del judaísmo al cristianismo, la que proporcionó las condiciones adecuadas para que se desarrollase el concepto del progreso. El hombre no estaba condenado a repetir eternamente sus errores. La humanidad era perfectible, podía mejorar. Si en el pasado existieron mentes brillantes ¿qué impedía que éstas se dieran también -e incluso mejores- en los tiempos modernos?

Conviene aclarar, llegado este punto, la cuestión siguiente. Si la sociedad medieval en Occidente puede considerarse cristiana, a pesar de las concepciones mágicas que hemos señalado, ¿por qué la idea de progreso no se recupera hasta los siglos XVI y XVII? ¿A qué se debe ese notable retraso? La cultura greco-latina no llegó siquiera a imaginar la idea del progreso de la humanidad quizás debido a la brevedad de su historia y, como se ha indicado, a causa de ciertas creencias religiosas tales como su aprensión a todo cambio, sus teorías de las Moiras, de la degeneración y de los ciclos. Esta visión histórica influirá, a través de Aristóteles, en los pensadores medievales. San Agustín tampoco colaboró al nacimiento del progreso. El obispo de Hipona sostenía que el propósito fundamental de la historia era asegurar la felicidad de una pequeña parte del género humano en el mundo venidero. Esta idea menospreciaba claramente el desarrollo de la historia humana en la tierra. No había mucho interés por las mejoras graduales de la sociedad o por el aumento del saber ya que lo importante era estar preparados para el día del juicio final. Se creía que la era cristiana era la última de la historia y que el fin estaba próximo.

También se ha sugerido que la creencia medieval en la Providencia, tal como San Agustín la desarrolla en la *Ciudad de Dios*, impidió que germinara la idea del progreso.[28] Si Dios intervenía constantemente en el mundo para mejorar las deficiencias que iban apareciendo, el progreso humano no resultaba necesario. Este argumento nos parece, no obstante, muy discutible ya que poseemos un buen ejemplo histórico de lo contrario. ¿Acaso los primeros científicos, durante el siglo XVII, no aceptaban la Providencia divina? Por supuesto que sí. ¿Impidió acaso esta creencia personal que contribuyeran al progreso científico? Precisamente en los orígenes de la Revolución científica la creencia en la previsión divina se compartirá con la creencia en el progreso de la humanidad. La fe cristiana en la Providencia, tal como se entiende en las Escrituras, no impide sino que fomenta el desarrollo progresivo del ser humano.

Pero la fe en el progreso del hombre moderno tenía, como las monedas, dos caras distintas. Si el poder proporcionado por el progreso se empleaba para conseguir el bien cabría esperar la aparición de una auténtica sociedad feliz en este mundo, pero ¿qué ocurriría si tal poder se utilizaba para el mal?

---

26. John Bury argumenta en su obra, anteriormente citada, por qué entre los griegos no se desarrolló adecuadamente la idea del Progreso. Lo atribuye a dos razones: la limitada experiencia histórica que poseían y ciertas concepciones de su pensamiento tales como sus aprensiones hacia el cambio, sus teorías sobre las Moiras (el destino y la fatalidad) y la concepción cíclica de la historia (pp. 28-29).

Fe en la historia

Se ha señalado que durante la modernidad se produjo una clara mutación en la estructura del tiempo histórico.[29] Si la historia es, por definición, el conocimiento del pasado de la humanidad, durante los siglos XVIII y XIX a este conocimiento se le dará un sentido más globalizador. El pasado sigue siendo importante pero es superado por el presente y, sobre todo, por el futuro. La idea del progreso vuelve a estar detrás de tal mutación. En ningún otro momento de la historia el ser humano ha tenido tantas ansias de autorrealización como en la modernidad. Se concibe que lo que cada persona puede llegar a ser no viene condicionado por su pasado, ni por su origen genético, étnico o social; sino por la voluntad, el esfuerzo y la autosuperación personal. Por eso se espera más del futuro que del pasado. Es la confianza en que el progreso científico y filosófico de la humanidad darán sentido a su historia. El futuro es primordial porque el hombre es un proyecto inacabado. El porvenir es fundamental porque permite la autorrealización personal.

La fe del hombre moderno en la historia es, en realidad, fe en la autoperfectibilidad de la humanidad. Esto es lo que afirma claramente la idea del progreso. El ser humano de la modernidad, puede que no se crea demasiado bueno pero, está convencido de que llegará a ser un superhombre gracias a la ayuda exclusiva de su propia voluntad.

Se produce un alejamiento de la religiosidad. El hombre cree que puede caminar sin necesidad de creencias religiosas.

Pero lo que ocurre es, en verdad, una enorme sustitución. La fe en la idea de *redención*, propia del sentido de la historia que posee la religión judeocristiana, es sustituida por la fe en la idea de *liberación*. Marx se referirá al futuro reino de la libertad; Hegel expresará su fe en el progreso de la conciencia de la libertad y Camus dirá que la libertad no es más que una oportunidad de ser mejores. Pero, en realidad, lo que ocurre es un trueque de creencias. Una permuta singular entre la esperanza cristiana de un Salvador divino y la esperanza moderna de una liberación revolucionaria. La modernidad aleja a Dios de la historia cambiándolo por un abstracto ideal de libertad.

Fe en el ser humano

En el año 1750 la Academia de Dijon concedió un premio al ensayo presentado por el filósofo suizo Jean-Jacques Rousseau. En este trabajo se defendía la idea de que cuanto más se había apartado el ser humano de su estado primitivo, tanto más desgraciada había sido su suerte. Rousseau defendía la bondad de la naturaleza humana. La culpa la tenía, según él, la civilización. Era ésta la que había eliminado la libertad original para la que fue engendrada la raza humana. Pero no existía ninguna maldad congénita. El hombre era bueno, por naturaleza, hasta que la sociedad lo estropeaba y lo hacía malo. En su primer *Discurso* Rousseau afirmaba que las almas de los hombres se corrompían en la medida en que las ciencias y artes avanzaban hacia la perfección.

El escritor francés Voltaire se burló, de forma satírica, de Rousseau señalando que si la civilización había sido una maldición para el hombre lo mejor sería recomendar su destrucción. Voltaire no aceptaba las conclusiones de Rousseau pero sí su premisa inicial de que el hombre era bueno por naturaleza. ¿Cómo se podía superar, entonces, esta

> **S**e concibe que lo que cada persona puede llegar a ser no viene condicionado por su pasado, ni por su origen genético, étnico o social; sino por la voluntad, el esfuerzo y la autosuperación personal.

paradoja tan pesimista?, ¿por qué un ser humano originalmente bueno había dado lugar a una sociedad mala?

La solución de Rousseau consistió en poner las esperanzas en tres ideas básicas: la igualdad, la democracia y la educación. El *Contrato Social* sería la única respuesta capaz de garantizar tales ideas.

De manera que la modernidad se caracteriza por su confianza en el ser humano y en las metas que éste puede llegar a conseguir si se le educa adecuadamente en el respeto a la igualdad de todos los hombres. Es una apuesta por la bondad congénita de la humanidad. Es un inmenso acto de fe en el hombre.

Fe en Dios

No se puede pasar por alto la influencia que la Reforma protestante va a tener en las ideas religiosas de la modernidad. Gracias a Lutero se creará una nueva teología en el corazón de la vieja Europa y se romperá con la antigua teología medieval. La Reforma propone volver a los orígenes del cristianismo y se refiere a las Escrituras como la única norma que debe estar al alcance de todo el mundo. El hombre es justificado ante Dios por la "sola fe". No hay más que un mediador entre Dios y los hombres: Jesucristo. Ningún sacerdote humano puede atribuirse tal función. Cada creyente es un sacerdote. Se defiende la lectura y la interpretación directa de la Biblia. La Reforma impulsará notablemente la educación del pueblo. Las Escrituras se traducirán a la lengua vernácula y, mediante la utilización de la imprenta, será posible la amplia difusión de los libros.

Pero el espíritu de la modernidad no se conformará con estas valiosas aportaciones de la Reforma protestante y dará un paso más. Ciertos librepensadores propondrán una nueva creencia. Una religión racional que pueda prescindir de la revelación para demostrar la existencia de Dios. Una religión de la razón en la que la fe "supersticiosa" sea completamente aniquilada por la fe racional. Pero ¿cómo debía ser el Dios de una religión así?, ¿qué características tendría?

Se trataba del dios de los filósofos. El de Descartes y Kant. El recomendado por los fríos silogismos intelectuales. Más amigo de la razón que de la fe. Un Ser Supremo que habría creado el universo pero pronto lo habría abandonado a su suerte. Un ente abstracto del que no cabría esperar consuelo, ayuda ni guía. Esa clase de dios del que resultaba fácil desprenderse. Un dios que conducía silenciosamente hasta las mismas puertas del materialismo o del ateísmo.

Se trataba, en realidad, de la reaparición del _deísmo_. De las viejas ideas, surgidas en la Inglaterra del siglo XVI, que reconocían un Dios personal creador pero no su posterior influencia en el mundo. Creencias que permitían aceptar una religión natural o racional pero no una religión revelada.

Son estas opiniones, acerca de un Dios ocioso y lejano que no puede tener relación personal con el ser humano, las que condujeron a la Ilustración materialista y a la aparición de las ideas de progreso y secularización.

Decir, hoy, que nuestra sociedad occidental es un mundo secularizado resulta casi tan tópico como afirmar que la Tierra da vueltas alrededor del Sol. Es algo en lo que todos los especialistas están de acuerdo. Un término utilizado por los sociólogos de la religión que ha pasado a formar parte del lenguaje contemporáneo. Aunque no todas las definiciones que se han dado coinciden, tampoco suelen diferir demasiado entre sí. L. Shiner, por ejemplo, ha señalado hasta seis tipos distintos, dentro del campo de la investigación sociológica,[30] que pueden resumirse así:

- _La secularización es el debilitamiento de la religión_. Es la pérdida del prestigio y de la influencia de que gozaba lo religioso. El fin último de este proceso sería el establecimiento de una sociedad sin religión.

---

30. L. SHINER, "Toward a theory of secularization", en _Journal of Religion_, n. 45, 1965. Después de él otros sociólogos de habla inglesa han corroborado la existencia de estos seis significados. Cfr. B. WILSON, _La religión en la sociedad_, Barcelona, 1969, pp. 49-63 y M. HILL, _Sociología de la religión_, Madrid, 1976, pp. 285-314.

- *La secularización es la aceptación de este mundo.* El ser humano religioso deja de estar exclusivamente pendiente del más allá sobrenatural para concentrarse, de manera más activa, en este mundo.

- *La secularización es la separación entre la sociedad y la religión.* La sociedad ya no necesita a la religión y ésta, si subsiste, lo hace solamente en el ámbito de lo individual y privado. Pero esta religiosidad íntima ya no influye en las conductas sociales.

- *La secularización es la transposición de creencias y actividades desde el ámbito de lo divino al de lo puramente humano.* La sociedad asume todas aquellas actividades que antes realizaban las instituciones religiosas. Las ideologías políticas ofrecen visiones del mundo similares a la del cristianismo.

- *La secularización es la desacralización del mundo.* El cosmos pierde su carácter mítico-sagrado y se transforma en objeto de estudio para la ciencia. Este proceso culminaría con la exclusión de lo sobrenatural.

- *La secularización es el paso de una sociedad sacralizada a una sociedad secular.* El final de este proceso secularizador sería una sociedad abierta permanentemente al cambio y movida sólo por consideraciones racionales utilitaristas. El hecho religioso resultaría innecesario.

Todas estas definiciones ponen en evidencia la espesa aureola de ambigüedad que rodea, de manera persistente, a este vocablo. Es conveniente, por tanto, recordar cómo se originó y pasar revista, aunque sea brevemente, a los avatares que ha experimentado.

Parece que la palabra "secularizar" se pronunció, por primera vez, en abril de 1646 con motivo de las negociaciones previas al tratado de la llamada "Paz de Westfalia"[31] que puso fin a la guerra de los Treinta Años. La creó el duque de Longueville para solucionar un problema político-religioso: había que encontrar un vocablo que expresara diplomáticamente el traspaso de ciertos territorios del clero católico a manos de príncipes protestantes. Así pues el término "secularización" se usó, por primera vez, con significado jurídico.

Etimológicamente "secular" significa "siglo", "generación", "época", "espíritu de la época" y también "mundo". Por lo que el concepto de "secularización" habría que entenderlo como "pasar de la Iglesia al mundo", hacer secular lo que era eclesiástico. En un principio esta definición se aplicaba exclusivamente a los bienes materiales pero a partir del siglo XVIII se empezó a utilizar también para referirse a las personas. Los clérigos secularizados eran aquellos que volvían al mundo y se hacían, de nuevo, laicos.

A partir del siglo XIX, y hasta nuestros días, se le da un significado más cultural. Hoy la secularización, como se ha indicado, tiene diversos aspectos. Bastantes funciones que antaño protagonizaban las iglesias han ido pasando progresivamente a la sociedad.

Con la separación entre Iglesia y Estado muchas sociedades han descubierto que no necesitan la tutela de lo religioso para conducirse social y políticamente. Esto, que hoy resulta obvio y que era impensable hace muy pocos años, es un ejemplo claro de este proceso secularizador. La libertad religiosa ha demostrado que no es imprescindible tener la misma religión para poder convivir. Basta con ponerse de acuerdo en las normas básicas de conducta social. Todas aquellas atribuciones que antes tenía la Iglesia de legitimar y asesorar a los soberanos han pasado de ésta a la sociedad.

Lo mismo ha ocurrido en otros ámbitos. En el de la cultura, por ejemplo y hasta hace bien poco, los libros publicados debían llevar el "nihil obstat" del censor en la primera página. La censura controlaba lo que era o no publicable. Todas las materias del saber estaban sometidas a la religión. Cualquier cuestión innovadora o hipótesis científica debía superar el escrupuloso examen de los clérigos. Hoy los libros ya no necesitan el visto bueno del censor porque el saber se ha secularizado.

En la Edad Media casi todas las instituciones dependían del clero: universidades, escuelas, bibliotecas, hospitales, centros de legislación, etc. Sólo hay que recordar que hasta los primeros bomberos de París fueron capuchinos, por citar un hecho puntual que refleja la notable influencia del catolicismo sobre la población francesa del momento. Este predominio ha venido desapareciendo, lentamente, con el transcurso de los años. No obstante, todavía hoy, perduran huellas de aquella época

como lo evidencia el hecho de que "el derecho catalán reconoce a los párrocos funciones notariales".[32] Al decir que todas estas instituciones se han ido secularizando se quiere afirmar que han pasado de la Iglesia Católica a la sociedad.

De manera que de la secularización, desde el punto de vista teológico, podría darse una primera definición -al estilo del profesor González-Carvajal- diciendo que es "el proceso por el cual diversos ámbitos de la vida social son sustraídos a la dominación que la Iglesia venía ejerciendo sobre ellos".[33]

Sin embargo, el verbo secularizar es también sinónimo de "desacralizar". Y este último concepto, mucho más primitivo que el primero, posee connotaciones que pueden conducir por otros derroteros.

Cuando los seres humanos dejan de creer que detrás de relámpagos, truenos y tempestades está la ira de los dioses y descubren que se trata sólo de fenómenos perfectamente explicables por las leyes naturales, entonces empieza la desacralización del mundo. Se derrumban los mitos. Los astros dejan de ser sagrados, ya no hay por qué adorar al Sol, la Luna o las estrellas. Ninguna planta, ningún animal, ningún humano puede aspirar a ser divino. Se devuelve a lo natural su verdadera dimensión. Los seres naturales recuperan su función original en el mundo.

La fe judeocristiana, que se refleja en las páginas de la Biblia, ha tenido una influencia decisiva en la desacralización del mundo. La naturaleza deja de ser divina precisamente porque es creación. La auténtica divinidad, el verdadero Dios-Creador del universo, que es exterior a su obra, es lo único permanentemente sagrado. Los primeros en expresar estas opiniones, después de la Segunda Guerra Mundial, son algunos teólogos protestantes como Bonhoeffer, Gogarten, Tillich, etc. Se llega a la conclusión de que lo secular está relacionado con lo santo y que "lo divino puede manifestarse en lo secular".[34] Desde esta perspectiva la secularización podría entenderse como el proceso gradual mediante el cual el ser humano llega a una valoración equilibrada de sí mismo y del cosmos. Un nivel de armonía entre lo sagrado y lo profano. Una concienciación respetuosa con lo divino pero que, al mismo tiempo, sabe valorar lo mundano como realidad creada que debe evolucionar en el ámbito de las leyes físicas naturales.

De lo anterior se obtiene la impresión de que la secularización ha sido un proceso histórico beneficioso para el desarrollo del ser humano. ¿Cómo entender entonces las seis definiciones sociológicas que enunciamos al principio? ¿Por qué casi siempre que se habla del proceso secularizador, que se viene produciendo en las sociedades occidentales, los religiosos se muestran compungidos? ¿Por qué, en ocasiones, la secularización aparece como enemiga de la fe? Tal vez habría que buscar la respuesta en la confusión de los términos. Conviene, pues, distinguir entre secularización y secularismo.

Si la secularización es un movimiento histórico, positivo para el cristianismo porque lo libera de la superstición, el secularismo, por el contrario, es una ideología negativa que propone la destrucción del hecho religioso. Se ha dicho que la Reforma protestante contribuyó, sin pretenderlo, al crecimiento de la actitud secular e individualista.[35] Seguramente esta afirmación es cierta porque al defender la libertad en la interpretación de la Biblia frente al dogmatismo de Roma, se estaba atacando y reduciendo el ámbito de influencia de lo religioso -representado por la Iglesia Católica- sobre los fieles. Cada creyente era responsable de sus actos ante Dios y no necesitaba de ningún intermediario eclesiástico.

Surge así un nuevo concepto de religiosidad más personal y consecuente. Servir a Dios será sinónimo de contribuir a la propia autorrealización ética del ser humano.

> **S**i la secularización es un movimiento histórico, positivo para el cristianismo porque lo libera de la superstición, el secularismo, por el contrario, es una ideología negativa que propone la destrucción del hecho religioso.

La cultura postmoderna

«Sociedad posmoderna: dicho de otro modo, cambio de rumbo histórico de los objetivos y modalidades de la socialización,... el individualismo hedonista y personalizado se ha vuelto legítimo y ya no encuentra oposición; dicho de otro modo, la era de la revolución, del escándalo, de la esperanza futurista, inseparable del modernismo, ha concluido. La sociedad posmoderna es aquella en que reina la indiferencia de masa...»

Gilles Lipovetsky,
La era del vacío

III.
LA CULTURA
POSTMODERNA

La humanidad ha asistido durante los últimos cincuenta años a la pérdida paulatina de todo tipo de fe. La mayoría de las esperanzas, por no decir todas, se han ido viniendo abajo. Esto no significa que no existan, todavía hoy, personas que mantengan viva la creencia en los ideales de la modernidad. Pero como fenómeno social mayoritario tales expectativas dejaron de motivar al mundo occidental.

Si bien es verdad que la ciencia gestada en la época moderna ha beneficiado notablemente al ser humano, también ha hecho posible, por desgracia, desde el holocausto judío hasta las fulminantes tragedias de Hiroshima y Nagasaki.

El marxismo, en vez de traer el prometido "paraíso comunista", originó algo tan diferente como el archipiélago Gulag, acontecimiento que carcomió sus fundamentos e inició el imparable derrumbe de todo el edificio. La espectacular caída se consumó con el desplome del muro de Berlín.

También resulta evidente que las sociedades capitalistas han alcanzado un elevado nivel de vida pero ¿acaso se ha conseguido aquel utópico estado de felicidad soñado por los hombres de la Ilustración? La realidad es que el mundo occidental, a pesar de su obstinada persecución del bienestar, está siendo corroído desde dentro por la carcoma del sinsentido y del aburrimiento.

De manera que para toda una generación, de repente en estos postreros años, el mundo se ha venido abajo. Todos los mitos modernos han sido destruidos. Los "grandes relatos" del pasado aburren al hombre contemporáneo que sólo acierta a soportar las pequeñas vulgaridades cotidianas. Se vive hoy en un "vagabundeo incierto" de tendencias y costumbres. No se tienen las ideas claras acerca del rumbo a seguir. El viaje parece demasido largo y hace tiempo ya que la brújula se perdió por el camino. La sociedad se ha quedado huérfana viviendo, como decía Walter Benjamin, en una especie de mesianismo sin Mesías. Se ha renunciado al pasado porque se conocen muy bien sus miserias. Jean-François Lyotard lo expresa así: "mi argumento es que el proyecto moderno (...) no ha sido abandonado ni olvidado, sino destruido, 'liquidado'. Hay muchos modos de destrucción, (...) 'Auschwitz' puede ser tomado como un nombre paradigmático para la 'no realización' trágica de la modernidad".[1] Gilles Lipovetsky, por su parte, señala una de las principales tendencias que, a su juicio, dominan en nuestra época: "se acabó la gran fase del modernismo,...entramos en la cultura postmoderna, ...en que el placer y el estímulo de los sentidos se convierten en valores dominantes de la vida corriente".[2] Pero quizás sea Michel Leiris el que manifieste esta ruptura de forma más contundente al afirmar que "la modernidad se ha convertido en mierdonidad".[3]

Después de leer estas declaraciones cabe preguntarse por el momento presente. ¿Qué es la postmodernidad?, ¿es posible aportar algún tipo de definición?

En la primera página de *La condición postmoderna*, Lyotard afirma que su libro tiene por objeto el estudio del saber en las sociedades más desarrolladas. Desde esta perspectiva "postmoderno" sería "el estado de la cultura después de las transformaciones que han afectado a las reglas

> **L**a realidad es que el mundo occidental, a pesar de su obstinada persecución del bienestar, está siendo corroído desde dentro por la carcoma del sinsentido y del aburrimiento.

de juego de la ciencia, de la literatura y de las artes a partir del siglo XIX".[4] Se ha indicado también que el comportamiento actual del mundo occidental sería la expresión última de una actitud de sospecha y de crítica socio-cultural que habría tenido su origen a principios de siglo y se habría venido desarrollando durante los últimos 90 años.[5] Según este planteamiento podrían señalarse cuatro períodos principales que habrían contribuido a la gestación del momento presente: el Vitalismo anti-intelectualista de comienzos de siglo, el Existencialismo de las décadas 30 a 50, la Contracultura de los años 60 y la actual Postmodernidad.

Las primeras manifestaciones críticas contra la Modernidad, que se producen a principios del presente siglo, se encuentran en autores como Unamuno, Bergson o Blondel. Estos pensadores se oponían a las interpretaciones puramente científicas de la vida. Creían que la razón no podía explicarlo todo y proponían una visión anti-intelectualista del mundo que motivase un regreso a la naturaleza y un respeto por los instintos naturales. Este culto a todo lo natural, lo corporal y lo erótico que propugnaban los vitalistas llevó a un neopaganismo. Nietzsche y Freud serían los más precoces opositores frente a los ideales del mundo moderno, especialmente por su crítica radical al cristianismo y a la moral vigente.

El segundo período u oleada pre-postmoderna podría ser el del existencialismo que se inicia poco antes de la Segunda Guerra Mundial y se desarrolla sobretodo durante la posguerra. Es la época de la decepción y del desengaño de todos los ideales modernos. La obra de Sartre refleja este pensamiento hacia la nada, la negación de toda trascendencia y la resignación del filósofo a ser un mero espectador que describe sólo los fenómenos de la realidad. Pero "el ser humano se siente ajeno a esta realidad (Kafka) y descubre su inevitable insinceridad para con los demás (Pirandello). Se ve obligado entonces a actuar de mala fe (Sartre y Beauvoir), en un régimen de sospecha permanente (Gide, Bernard Shaw). Esta situación de duda radical ante lo absurdo de la existencia, sólo puede superarse por la acción concreta, por la rebelión (Camus, Malraux) y por el compromiso solidario en la lucha contra los poderes opresores (Brecht, Pavese, Pratolini y tantos autores marxistas)".[6]

El mundo será sólo aquello que el ser humano quiera que sea. Son las acciones las que dan legitimidad a las ideas y no al revés. La tercera manifestación -a que se refiere Blanch- es la de la contracultura. Las revoluciones callejeras de mayo del 68 sirvieron para poner en evidencia el malestar generalizado de los estudiantes e intelectuales del mundo occidental frente al crecimiento tecnocrático y burocrático de la Modernidad. No se estaba de acuerdo con la asfixiante monotonía de la sociedad del bienestar y del progreso. Tampoco gustaban las políticas de rearme y seguridad nacional que practicaban los países más ricos. Lo que se exigía eran soluciones radicales. Una vida menos deshumanizada y más en contacto con la naturaleza; una existencia más espontánea y erótica que no estuviera en contradicción con la estética y que supiera valorar el presente, no desde la perspectiva hedonista, sino como materializador de las utopías. Las manifestaciones de aquellos intelectuales parisinos significaban una repulsa absoluta a la racionalidad represiva del sistema capitalista. Los planteamientos contraculturales querían sustituir una cultura académica y aburrida por otra más elemental, espontánea y excitante. Es el momento en que florecen los movimientos ecologistas y pacifistas así como el inicio de la gestación de lo que hoy se denomina postmodernidad.

Es difícil definir este último concepto. "Entiéndase bien que no pensamos exista una clara definición y menos aún una teoría sobre lo posmoderno. Al acercarnos al tema sólo podemos señalar ciertos síntomas".[7] La postmodernidad surge a partir del momento en que la humanidad empieza a tener conciencia de que ya no resulta válido el proyecto moderno. Por eso está hecha de desilusión y desencanto. Sin embargo, esta frustación de los ideales modernos parece no provocar ya tristeza alguna. El postmoderno recurre al humor como terapia contra el desengaño. Se busca la animación más que la emancipación. Woody Allen ha sido señalado, por Lipovetsky, como humorísta típico de la post-modernidad porque su humor es narcisista. Hace reír a la gente auto-analizándose, "disecando su propio ridículo, presentando a sí mismo y al espectador el espejo de su Yo devaluado".[8] Lo que hoy hace reír es la

conciencia de uno mismo puesta en evidencia. Antes las personas se reían de los vicios ajenos o de las acciones cómicas de los demás, pero en la actualidad el ego se ha convertido en el principal objeto de humor. Perdida la fe en el ser humano lo único que queda es la burla de uno mismo. Antaño Charles Chaplin, o los hermanos Marx, buscaban lo cómico en el cambio de la lógica de las situaciones o en los personajes inadaptados. Hoy el humor proviene de la reflexión propia, se ridiculiza el propio cuerpo, la propia sexualidad, los defectos del propio yo.

La broma y el humor desenfadado triunfan en la actualidad cuando ya nada se toma en serio. Cuando las creencias sólidas del pasado se desvanecen en la nada parece como si la mejor alternativa fuese reírse de todo. Se banaliza la realidad y las angustias cotidianas se disfrazan con máscaras lúdicas. Si la relación con los demás, y con uno mismo, deja de tener contenido se recurre a este tipo de humor tolerante, en el que todo vale, para seguir manteniendo contacto humano. Pero, muchas veces, este humor se convierte en ironía cuando se descubre que la ilusión y la fantasía de la risa, en el fondo, son alucinógenos que liberan sólo momentáneamente del terror cotidiano. Los grandes ideales se han perdido pero a nadie parece importarle. Como señala Baudrillard "hay algo de estúpido en nuestra situación actual".[9]

Muerte de los ideales

El individuo postmoderno, quizá por culpa de la avalancha informativa que debe soportar diariamente, se ha transformado en un vagabundo de las ideas. No suele aferrarse sinceramente a nada. Carece de certezas absolutas. No parece sorprenderse por casi nada y, desde luego, nada le quita el sueño. Hoy se cambia de opinión con la misma facilidad que de camisa.

El teólogo católico González Faus propone como ejemplo de postmodernidad la letra de las canciones de Joaquín Sabina.[10] En una de sus melodías dice:

Cada noche un rollo nuevo.
Ayer el yoga, el tarot, la meditación.
Hoy el alcohol y la droga.
Mañana el aerobic y la reencarnación.

Se trata de una lucha sin cuartel contra la permanencia de las ideas. Es como si el cambio produjera placer y los ideales estuvieran controlados por la moda. ¡Qué diferentes resultan estas letras de aquellas que cantaba Paco Ibáñez, durante los años sesenta, en el Olimpia de París o Joan Manuel Serrat con el "golpe a golpe, verso a verso" de Machado! Pero todo aquello terminó y hoy vivimos "tiempos triviales como un baile de disfraces"[11] en los que hasta la filosofía ha abandonado las grandes cuestiones para seguir el camino del "pensamiento débil". Los filósofos postmodernos prefieren la reflexión política local a los añejos temas de libertad, verdad o solidaridad. Ya no interesan los fundamentos supremos. La verdad ya no se concibe como antes, única y absoluta. Hoy hay muchas verdades y cada cual se queda con la que más le satisface. Verdades pequeñas, verdades a medias, verdades particulares que encierran también pequeñas mentiras. Por eso no conviene obcecarse demasiado con ninguna de ellas. El nuestro es un tiempo de "terminators cibernéticos" y "vagabundos sin techo", de tecnología punta pero también de "pateras abandonadas". Es la época de los contrastes y de la relatividad.

El periodista Fernando Castelló proponía a Fido Dido,[12] el famoso cómic internacional creado en 1985 por dos publicitarias de Manhattan, como representante ideal del individuo postmoderno. Decía que Fido ya no quiere cambiar el mundo como Marx, sino que sólo reivindicaba su derecho a pasar de la militancia a la desmovilización, del inconformismo al hiperconformismo y a aislarse en medio del rebaño social gregario. Insistía en que Fido sólo estaba consigo mismo y no contra nadie ni nada. "Ni siquiera contra la injusticia, la desigualdad, la intolerancia, la dictadura, el racismo, la opresión. Todo y todo el mundo es bueno". Lo más lamentable, sin embargo, era -según Castelló- que

Fido no tenía edad. Todos podíamos ser Fido de los ocho a los ochenta años.

Y es que estamos asistiendo, en la sociedad occidental, al desprestigio de las instituciones políticas. Se dice que la democracia está enferma y que la "apatía democrática" es su virus transmisor. Cada vez existe mayor distancia entre el ciudadano que vota y la organización o partido votado. Los representantes sociales, elegidos democráticamente, se han convertido en puros gestores desfasados que contemplan cómo, de vez en cuando, los que votan se aproximan a las urnas sin apenas ilusión por el resultado. Al perder los ideales se ha perdido también la confianza en un futuro mejor y esto puede resultar trágicamente peligroso porque "una democracia sin ilusiones puede abrir la puerta a cualquier fenómeno totalitario, incluso a través de los caminos aparentemente más democráticos".[13]

Un aspecto implícito a la democracia es el de igualdad. La creencia de que todos los seres humanos son iguales surge del ideal político de que los hombres deben ser tratados de forma igualitaria. Este mito igualitario ha sido una de las ideas más poderosas que ha perseguido desde siempre a la humanidad y que cristalizó sobre todo durante la modernidad. No obstante, en nuestros días, parece como si de nuevo se formulasen antiguas preguntas. ¿Son realmente iguales todos los hombres?, ¿puede acaso el mito de la conciencia igualitaria obviar las evidentes diferencias observables?, ¿a quienes interesa la igualdad? El profesor irlandés C. S. Lewis opinaba que "fuera del campo estrictamente político, la declaración de igualdad es hecha exclusivamente por quienes se consideran a sí mismos inferiores de algún modo".[14]

No puede negarse que la democracia ha contribuido a la erosión de las diferencias entre los humanos barnizando la sociedad con una capa de igualdad y otra de similitud a pesar de las aparentes divergencias. Pero desde las mismas entrañas de la democracia surge el postmoderno, individualista y narcisista, más preocupado por su propia persona que por los demás. El desmesurado interés por su Yo, por su ego, vacía de contenido la idea de igualdad. Se siente más atraído por las diferencias que por las semejanzas. La relación consigo mismo le resulta mucho más satisfactoria que la relación con el otro. Como afirma Lipovetsky "el despliegue del narcisismo significaría la deserción del reino de la igualdad".[15] Con esta manera de entender la realidad uno de los principales pilares de la democracia se viene abajo y toda la estructura se tambalea.

Se confunden también en la actualidad, con relativa frecuencia, dos ideas diferentes: democracia y libertad. Tiende a pensarse, generalmente, que la constante defensa de la democracia garantiza la auténtica libertad humana. Pero, a pesar de que en principio este argumento pueda resultar válido, en determinados casos no es cierto. ¿Es el hombre contemporáneo más libre que sus antepasados? El tremendo control administrativo que ejercen los estados sobre los ciudadanos ¿no merma notablemente la libertad de las personas? Actualmente, en las sociedades democráticas, los humanos nos creemos seres libres pero acaso ¿no es la nuestra una libertad dirigida? Las típicas concentraciones en los estadios deportivos, supermercados, grandes superficies comerciales, lugares de recreo en la playa, o en la nieve de la montaña, frente a los programas estrella de la televisión en la intimidad de los hogares, ¿constituyen auténticas conductas libres o en el fondo están siendo manipuladas por determinados intereses? Lo que se está vendiendo con la etiqueta de la libertad, en el fondo, no es más que otra trampa de las sociedades industrializadas.

Los representantes sociales, elegidos democráticamente, se han convertido en puros gestores desfasados que contemplan cómo, de vez en cuando, los que votan se aproximan a las urnas sin apenas ilusión por el resultado.

La libertad supone la capacidad de saber responder adecuadamente a las situaciones de opresión o de sometimiento.

Libertad implica responsabilidad y -como señala Eugenio Trías- "esta sociedad es 'libre' en apariencia, pues no favorece los hábitos de responsabilidad".[16] Esto se observa, sobre todo, en el mundo de la docencia. Los educadores suelen quejarse frecuentemente de la irresponsabilidad de sus alumnos. Pero es muy posible que uno de los factores importantes que influyen en este comportamiento sea el ambiente general de impotencia, desánimo, frustración y falta de perspectivas que se respira en Occidente. Tal actitud irresponsable se traduce en una falta de atención y de interés por los contenidos que imparte el profesor. Si a esto se añade el agravante de la llamada "conciencia telespectadora", que los sistemas audiovisuales se han encargado de desarrollar, resulta una especie de cóctel somnífero cuya resaca provoca síntomas como la pura indiferencia, la desaparición de los grandes objetivos, la extinción de ideales y, finalmente, el fin de la voluntad. Es adoptar ante la vida la misma actitud cómoda del televidente frente a la pequeña pantalla. Es intentar captarlo todo cuando, en realidad, no puede captarse casi nada. Es mezclar sentimientos excitantes con indiferencia pasiva. La consecuencia lógica de esta sobresaturación de informaciones conduce inevitablemente al debilitamiento de la voluntad, al incremento de la permisividad y a la creación de individuos que en el fondo son -como dice Lipovetsky- "nuevos zombis atravesados de mensajes".

Sin embargo, a veces, puede parecer todo lo contrario. Esta pasividad característica del ser humano contemporáneo se procura camuflar con el disfraz incesante del activismo. Se viaja velozmente a todas partes. Las autopistas van cargadas de vehículos que circulan a bastantes más kilómetros por hora del límite permitido. Pero, en realidad, se trata de una rapidez sin sentido. Es un movimiento que produce inmovilidad. Un oscilar vertiginoso en torno al vacío. El postmoderno manifiesta una avidez, casi insaciable, de velocidad, de espacio y de tiempo; pero, paradójicamente, este consumo acelerado no se traduce en un enriquecimiento de su persona. Esta velocidad no genera auténtica relación con los demás, ni con el mundo; no llega a producir una verdadera experiencia que podría transformar y mejorar al ser humano. Hoy se hace mucho turismo por el tercer mundo pero lo único que se impresiona de los occidentales es el negativo de sus cámaras fotográficas. No se conservan verdaderas experiencias, sólo se acumulan diapositivas o vídeos de pequeño formato.

Las ideas son como las chispas eléctricas, unas se encienden a otras. Sin embargo, en la postmodernidad es como si alguien hubiese desconectado casi todos los fusibles. Se vive en un apagón general. Las "chispas eléctricas" de la filosofía, economía o política despiertan hoy el mismo interés que cualquier noticia de la página de sucesos. Las ideas se han ahogado en el mar de la banalización social.

Auge del sentimiento

Si la modernidad se caracterizó -como vimos- por su reverencia ante la poderosa razón, la postmodernidad gritará todo lo contrario. ¡Muera la razón, viva el sentimiento! El individuo contemporáneo, harto de escuchar las históricas "batallitas" racionales de sus antecesores, se ha convertido en un sentimental que valora las emociones personales por encima de la razón.

Max Weber fue el primero, a principios de esta centuria y en plena reconstrucción del Estado alemán, que se atrevió a dudar del proceso emancipador de la sociedad. A través de su análisis de la economía capitalista, la burocracia y la ciencia, llegó a la conclusión de que la pretendida "racionalización" de la sociedad -con la que había soñado la modernidad- no conducía a ninguna sociedad utópica sino más bien a un progresivo aprisionamiento del hombre moderno en un sistema completamente deshumanizado. Aplicar los parámetros de la razón al desarrollo de la sociedad era como introducir al ser humano en una auténtica jaula de hierro. Esta crítica al discurso de la modernidad

empezó a consolidarse después de la Segunda Guerra Mundial contagiando también los campos del arte y la filosofía.

Un proceso a la razón como el que empieza a plantear la postmodernidad, en los años sesenta, significa una ruptura con todos los formalismos de la razón. Significa una primacía de lo inconsciente, de lo corporal, del deseo y del sentimiento. Esta transformación puede detectarse fácilmente en la literatura actual.

El escritor checo Milan Kundera, que ha sido señalado como representante de la post-modernidad, escribe: "Pienso, luego existo es el comentario de un intelectual que subestima el dolor de muelas. Siento, luego existo es una verdad que posee una validez mucho más general y se refiere a todo lo vivo".[17] Esta afirmación trata de la exaltación del sentimiento que supera al pensamiento. Kundera resalta lo que denomina el nacimiento del *Homo sentimentalis* y afirma que "el Homo sentimentalis no puede ser definido como un hombre que siente (...), sino como un hombre que ha hecho un valor del sentimiento".[18] Esto es precisamente lo que ocurre hoy. El sentimiento se ha revalorizado y la razón devaluado.

Los artistas postmodernos dirán que la obra artística tiene valor en función de la energía que transmite al consumidor de arte; en función de los sentimientos que despierta en el espectador. Cuanto menos figurativa sea una pintura o escultura, tantos más impulsos emotivos transmite hacia el que la contempla porque el abanico imaginativo que despierta es más amplio. En definitiva, de lo que se trata es de sentir más que de comprender; de experimentar sensaciones o sentimientos más que de escudriñar racionalmente la obra.

El racionalismo, que tanto agradaba a las juventudes románticas de la modernidad, hastía a las generaciones postmodernas. González-Carvajal recuerda una singular "pintada" en los andenes del metro madrileño: "*La sabiduría me persigue, pero yo corro más*". La estatua de la diosa Razón ha caído de su pedestal como cayó la de Lenin. La sabiduría ha perdido su aureola sublime y mítica para aburrir, hasta el tedio, a los jóvenes contemporáneos. Las consecuencias de aquella educación autoritaria, que idolatró el conocimiento inculcándolo en las mentes a fuerza de vara y coscorrón, han sido el desprecio escolar del saber y, sobretodo, del esfuerzo que éste implica. Hoy se rinde culto al régimen informático, a la programación a la carta, a la liberación personal y al relajamiento. La edad autoritaria de la razón ha dado paso a la autonomía del individuo, a la subjetividad, a los valores individualistas, al libre despliegue de la personalidad íntima, a la sensibilidad y a la manifestación sin recato de los sentimientos.

El autor de *Ideas y creencias del hombre actual*[19] comenta el resultado de una encuesta, sobre sexualidad juvenil, aparecida en EL PAÍS (21/I/90) y vislumbra en sus resultados todos los temas fuertes de la postmodernidad: vivencia del momento presente, ausencia de reglas, repudio de la razón y exaltación del sentimiento. Al parecer, el 40% de los adolescentes encuestados, que mantenían relaciones sexuales con coito, no utilizaban ningún método anticonceptivo. La interpretación que las autoras del estudio daban a este fenómeno era que, al comportarse de esta manera, los muchachos estaban reivindicando su propia libertad y espontaneidad y su deseo de manifestar los sentimientos personales sin reglas ni límites. "Utilizar anticonceptivos, significaría pararse a pensar,... Y ellas no quieren pensar; quieren sentir". El sentimiento somete, una vez más, a la razón.

La postmodernidad sabe demasiado sobre las miserias de la razón como para seguir confiando en ella. En esta época se está perdiendo la fe en la ciencia por culpa de factores como la amenaza nuclear que, aunque en algún momento llegara a parecerlo, lo cierto es que no cesa. El optimismo científico y tecnológico de la modernidad, que había imaginado paraísos de bienestar y felicidad, estalla por los aires en pleno siglo XX con la primera explosión de la bomba atómica. El fin de una guerra acaba también con la esperanza de una época.

Otra miseria de la razón es el deterioro ecológico del planeta que no supone únicamente un desafío medioambiental sino, principalmente, un desafío ético. El mundo se contempla hoy como una inmensa nave que sólo podrá salvarse del desastre hacia el que se dirige, cambiando

radicalmente de rumbo. El teólogo alemán Jürgen Moltmann plantea así el problema: "la nueva era es la era de la máquina inanimada. Las fábricas destrozan la belleza de la naturaleza. Hacen de los bosques un montón de madera utilizable, de modo que después tengan que volverse a crear parques naturales protegidos. Hacen de los 'templos' canteras, hasta que luego tengan que reconstruirlos como monumentos del pasado para turistas. El hombre mismo se convierte en 'muñeco' dentro de una sociedad en la que, como en un teatro de marionetas, todo se mueve 'como por hilos'... La fría luz del entendimiento calculador destruye todo sentimiento para percibir la poesía de la vida.[20]

La aparición de la enfermedad del sida, como auténtica peste de la postmodernidad, constituye la tercera miseria que viene a debilitar, todavía más, la confianza en la utopía científica. Las miserias se acumulan, una sobre otra, desvaneciendo toda esperanza científica de un futuro mejor.

Esto no significa, sin embargo, que la postmodernidad sea ciega o insensible a las posibilidades de la ciencia. Lo que se pone en duda no son las posibilidades, sino que éstas se lleguen a usar para hacer el bien. Los hombres modernos no dudaron, ni un momento, en que su revolución industrial iba a contribuir notablemente al bien de la humanidad. Tenían fe en que la ciencia y la tecnología serían usadas en beneficio del hombre. Esta es la principal discrepancia entre el hombre moderno y el postmoderno. Hoy se ha perdido la fe en la ciencia porque se ha dejado de confiar en el hombre. Lo que se ha perdido hoy es aquella creencia ilustrada en la bondad natural humana. Que el hombre sea bueno, por naturaleza, no se lo cree ya ningún postmoderno. ¿No es esto darle la razón a lo que dice la Escritura? En efecto, en este caso concreto, la postmodernidad debe reconocer que la Biblia tenía razón. No se puede confiar en el ser humano porque "ninguno hay bueno sino sólo uno, Dios".[21]

Todavía hoy, no obstante, quedan optimistas que confían en que la humanidad no se puede autodestruir y que la revolución informática, por ejemplo, será utilizada para bien. Sin embargo, la postmodernidad está convencida de lo contrario. El ser humano ha proporcionado ya sobradas muestras de que es, del todo, capaz de su propia aniquilación.

De ahí que el postmoderno desconfíe de los grandes proyectos científicos y de las grandes revoluciones tecnológicas por aquello de que el progreso puede reducirse simplemente a que los antropófagos coman "con tenedor y cuchillo y no con los dedos", pero sin haber dejado de ser antropófagos.[22]

El hecho de que, en la actualidad, la ciencia se haya puesto al lado de la técnica, transformándose en su fiel servidora, ha repercutido negativamente sobre la humanidad. Argullol lo explica así: "el efecto de la tecnología es trivializador con respecto a la propia imagen que el hombre tiene de sí mismo. Es uno de los factores que influyen determinantemente en el adelgazamiento espiritual del hombre contemporáneo.[23]

El cientifismo y el pensamiento tecnocrático intentan hacernos creer que ya conocen perfectamente al ser humano. La fisiología de nuestra especie se nos muestra como una radiografía diáfana que aclara todos los misterios del alma humana. Seríamos, desde una tal perspectiva tecnológica, casi como una máquina perfecta sin secretos para la ciencia. Esta tremenda vulgarización de la idea de hombre provoca, lógicamente, un empobrecimiento moral y espiritual. No hace falta discurrir mucho para reconocer que el ser humano es mucho, muchísimo más que una máquina biológica. Nos encontramos ante el mayor enigma del universo y hemos de admitir que trivializando no se soluciona el problema. Las máquinas inanimadas no pueden explicar la misteriosa grandeza del hombre.

❝ La aparición de la enfermedad del SIDA, como auténtica peste de la postmodernidad, constituye la tercera miseria que viene a debilitar, todavía más, la confianza en la utopía científica. ❞

De manera que el pensamiento postmoderno ve la técnica más como una grave amenaza que como un medio para alcanzar bienestar. Es lo que escribe el famoso etólogo austríaco Konrad Z. Lorenz: "la técnica amenaza con establecerse como tirana de la humanidad. Una actividad cuya función esencial debería ser la de medio para alcanzar un fin, se instaura como el propio fin.[24] La pérdida de la fe en la ciencia y la tecnología lleva implícita también la pérdida de la fe en el progreso. Uno de los primeros pensadores que se atreve a manifestar esta increencia es el poeta francés Baudelaire afirmando que "el progreso no es sino el paganismo de los imbéciles". Con esta frase la religión secular del progreso, que había anidado en el corazón y en la mente de los hombres desde la Ilustración, inicia su retirada. Al fracaso de las utopías científico-técnicas le acompaña también el de las utopías políticas, tanto de izquierdas como de derechas, y el mito del progreso entra en un claro declive. En nuestro país Sabina toma su guitarra y compone "Cuando era más joven":

> *Pasaron los años, terminé la "mili",*
> *me metí en un piso, senté la cabeza,*
> *me instalé en Madrid,*
> Después recuerda a sus antiguos amigos que ahora,
> *hacen quinielas, hacen hijos, van al bar.*

Y eso es todo lo que queda de las seductoras promesas de los paladines del progreso. Al Partido Socialista Obrero Español y a su líder Felipe González le dedica la canción "Cuervo ingenuo":

> *Tú decir que si te votan, tú sacarnos de la OTAN.*
> *Tú convencer mucha gente, tú ganar gran elección.*
> *Ahora tú mandar nación, ahora tú ser presidente.*
> *Hoy decir que esa Alianza ser de toda confianza,*
> *incluso muy conveniente.*
> *Lo que antes ser muy mal, permanecer todo igual*
> *y resultar excelente...*
> *Tú tirar muchos millones en comprar tantos aviones*

al otro gran Presidente.
En lugar de recortar loco gasto militar,
tú ser su mejor cliente...
Hombre blanco hablar con lengua de serpiente...

¿Dónde están los jóvenes de mayo del 68?, ¿dónde los hijos de Marx y de la Coca-Cola? Sabina sólo ve hijos de la derrota y de la frustración. Este pesimismo de los postmodernos les lleva a aceptar la idea de que no existen posibilidades de cambiar o mejorar la sociedad y ante esta imposibilidad de modificar el mundo se opta por disfrutar de él. Se decide vivir plenamente el momento presente.

Decía Concepción Arenal, la escritora española del siglo pasado, que el ruido de las carcajadas pasa pero la fuerza de los razonamientos queda. Sin embargo, el postmoderno contemporáneo invierte los términos de esta frase, convencido de que hoy lo que pasa es el razonamiento y lo que permanece la fuerza de las carcajadas que, al fin y al cabo, son la expresión visible de los sentimientos.

Crisis de la ética

Asistimos, en nuestro tiempo, a lo que se ha llamado "muerte de la ética". Esta época postmoderna, con su ausencia de reglas, la ha matado. La filosofía del "todo vale" ha acabado con ella. A su funeral se presentan sólo dos herederas, la estética y la belleza. Van de negro y aparentan dolor sólo porque queda bien. Los trámites y las formalidades burocráticas ya se han realizado. Ahora la estética sustituirá a la ética y la belleza hará lo propio con la moral. Durante la ceremonia fúnebre, con aire de resignación, canta Joaquín Sabina:

Al deseo los frenos le sientan fatal,
¿Qué voy a hacer yo si me gusta el güisqui sin soda,
el sexo sin boda, las penas con pan...?

Es una letra pegadiza que intenta consolar a los asistentes. Se trata de aquella antigua melodía, recordada por todos, que procuraba infundir coraje para seguir viviendo al margen de cualquier creencia. La única finalidad de esta música es convencer a las personas de que, en estos tiempos, no hay porqué obedecer las reglas y las normas. El brindis que se propone es doble: ¡No a la moralidad, sí al desenfreno del placer!, y también ¡manifiesta tus sentimientos como te dé la gana, sin reglas ni límites! Hoy el principio ético que goza de mayor aceptación es el de "vale lo que me agrada, no vale lo que no me agrada" y "siempre puedo hacer lo que quiera".

Esta manera de pensar cala en el hombre postmoderno. La idea que se tiene de la moral, en la actualidad, ha sido definida por Javier Sádaba con estas palabras: "...no sólo no hay más vida que la cotidiana, sino que sólo en ésta tiene su asiento la moral... Entiendo por moral la idea de que hay que ser feliz y que no está dicho cómo. Me explico. ¡Vive feliz! ¡Es el único imperativo categórico![25] Y es que para alcanzar hoy la felicidad nada está prohibido.

Manolo García, el vocalista de EL ÚLTIMO DE LA FILA, canta en uno de sus discos compactos:[26]

Arropados por la bendición
del desorden lunar
dejaremos toda ley atrás
divina o terrenal.

Déjame asomar a tu sueño, amor,
y olvidar el dolor;
que es duro aceptar
la dictadura
de un único dios...

No hay deberes que nos llamen
ni doctrinas que seguir.
Cerrar los ojos y ver
que la gente nos acuse
de conducta inmoral.

Es la negación rotunda de toda ley, norma o doctrina que atente contra la felicidad personal. Pero ¿y si la moral protesta? Pues, sencillamente, se cierran los ojos para no verla. Lo malo es que, de tanto cerrar los ojos, la moral se ha roto en las manos del hombre contemporáneo y la ética ha llegado a su fin. Hoy se vive con los trozos de esa ruptura. Hay tantas reglas morales como necesidades tiene cada cual. Lo que determina la moralidad son las preferencias y los sentimientos del Yo. Las acciones están bien, o están mal, en función de la felicidad o el placer que producen. Por eso ya no se habla de lo que está bien sino de lo que da placer. "La moral heroica se emborrona y lo que manda es una moral relativa, miniutilitaria y desobjetivada."[27] El fin supremo de la vida es, para el postmoderno, conseguir placer. Es una actitud hedonista que recuerda el *carpe diem* del poeta latino Horacio: "¡aprovecha el día, aprovecha la hora!".

Cuando este palpable hedonismo es detectado por los expertos publicistas del mundo del consumo aparece lo que Lipovetsky llama "la estrategia de la seducción". Vivimos en la época del autoservicio y la diversidad. Puede elegirse, casi siempre, a la carta entre una abundante gama de productos expuestos en los seductores escaparates de los hipermercados. Los grandes centros comerciales vienen a sustituir así a las antiguas iglesias de la modernidad. Son las catedrales postmodernas que siempre permanecen abiertas y repletas de "consagrados devotos", especialmente los domingos. Es la religión del consumo que promete la felicidad inmediata. Aquí mismo, en esta tierra. Sólo hay que "comprar". La adquisión de lo que sea es su único sacramento que comporta beneficios rápidos. El placer que supone comerciar. Este síndrome de la mercadería provoca en los adictos un estilo de vida en permanente fiebre de época de rebajas. Una insaciable búsqueda de novedades y oportunidades para poder seguir existiendo. Es el pensamiento cartesiano, transformado en postmoderno por Kundera, del "siento placer al comprar, luego existo". Se es, en tanto se adquiere; se deja de ser, si no se puede comprar. La misma característica contemporánea, consistente en el goce que producen los bienes materiales, que ha sido denominada por Vattimo, como

el "pensamiento de la fruición".[28] Las consecuencias de tal comportamiento, agravado por la facilidad que supone el uso de las tarjetas de crédito, son evidentes. El desequilibrio de todo intento de economía doméstica saneada. La queja es unánime y ni las centrales sindicales saben como hacer que los sueldos lleguen hasta final de mes.

Como la ola hedonista revaloriza el tiempo libre, la cultura del ocio se desarrolla y, por todas partes, proliferan las ofertas para matar el tiempo. La sociedad postmoderna aumenta el número de opciones y la posibilidad de elección. El abanico de ofrecimientos se confecciona a gusto del cliente. Los guías turísticos tienen en cuenta todas las preferencias a la hora de realizar los itinerarios. La moda es lo suficientemente amplia e informal como para agradar a la mayoría y hasta las relaciones humanas y sexuales se brindan, de todos los matices y colores, desde las páginas de los periódicos.

Esta cultura del placer procura suavizar todo aquello que pueda resultar molesto. Se inventan nuevos deportes que sirvan para satisfacer todas las necesidades pero que no supongan demasiado esfuerzo. La disciplina, el enfrentamiento y la rigidez de ciertos ejercicios se deja para los profesionales mientras que los aficionados prefieren sensaciones que no requieran luchar contra el adversario o el cronómetro, como el jogging, footing, windsurf, parapente, rafting, aerobic, etc.

Incluso hasta en el lenguaje ha penetrado esta estrategia de la seducción. "Desaparecidos los sordos, los ciegos, los lisiados, surge la edad de los que oyen mal, de los no-videntes, de los minusválidos; los viejos se han convertido en personas de la tercera o cuarta edad, las chachas en empleadas del hogar, los proletarios en interlocutores sociales. Los malos alumnos son niños con problemas o casos sociales, el aborto es una interrupción voluntaria del embarazo.[29] Todo lo que signifique inferioridad, deformidad o pasividad desaparece del lenguaje cotidiano. Lo que no es agradable, o no supone placer, no puede tampoco seducir por lo tanto conviene censurarlo.

El mejor ejemplo de este fenómeno lo proporciona ese acontecimiento, tan cotidiano y a la vez singular, al que el filósofo existencialista alemán Heidegger definía como el máximo enigma de la condición humana: la muerte. En otras épocas la idea de morir era más real y estaba más presente en las personas que en la actualidad. Obligaba a los humanos a adoptar una determinada postura. Había que definirse y tomar partido ante ella. Hoy parece como si aquella "vieja amiga" hubiera dejado de serlo. El hedonismo postmoderno viene, de alguna manera, a silenciar lo personal del morir. En la sociedad del bienestar no tiene cabida la muerte. Por eso se la ha convertido en algo tremendamente contradictorio. A veces se la presenta como si se tratara de una función cinematográfica mientras que, en ocasiones, se la silencia con celo de secreto estatal. Los noticieros televisivos acostumbran a mostrarla como constante espectáculo. Cadáveres humanos, resultado de conflictos armados, accidentes de tráfico o crímenes de todo tipo, son exhibidos a los espectadores con todo lujo de detalles y a las horas más inoportunas. La publicidad morbosa de ciertas muertes, especialmente de los famosos, se está transformando casi en una moda que mueve grandes cantidades de dinero. Sin embargo, este carácter obsceno de ciertas imágenes, que ha llegado a denominarse la "pornografía de la muerte", contrasta notablemente con el escrupuloso silencio y ocultación de la defunción personal. Para la mayoría de los individuos de nuestros días, la muerte se ha convertido en un tema tabú. Ya no se muere en casa, como antaño, para eso están los asépticos hospitales. Los niños no suelen ver nunca a

La sociedad postmoderna aumenta el número de opciones y la posibilidad de elección. El abanico de ofrecimientos se confecciona a gusto del cliente.

los difuntos porque, rápidamente, se les traslada a los cómodos y perfectamente acondicionados tanatorios. Hoy los chiquillos saben bien cómo vienen los bebés al mundo pero poseen considerables lagunas acerca de la manera en que sus abuelos lo abandonan. Todos comprenden que los nenes ya no vengan de París pero no aciertan a entender cómo desaparecen los adultos. La muerte es el gran fracaso del hombre postmoderno. Como señala Louis Evely "nuestros contemporáneos viven como si no tuvieran que morir nunca" y esta negación de la muerte "nos aturde con ilusiones, nos distrae de lo real, impide que vivamos de una manera verdaderamente humana".[30]

El alejamiento que se procura hoy de la enfermedad y de la realidad del morir no contribuye, como pudiera pensarse, a la felicidad de las personas; sino que, por contra, origina un debilitamiento moral y espiritual de la vida. La muerte resulta molesta, incómoda y hasta irritante, por eso no se piensa en ella. Se procura borrarla de la esfera de lo cotidiano. No se reflexiona sobre la cesación de la existencia humana y esta carencia de meditación repercute, de manera negativa, en el estilo de vida actual. El postmoderno se refugia en lo placentero del presente. El futuro no existe y el pasado es mejor olvidarlo. Tal actitud, aunque parezca despreciativo reconocerlo, se aproxima bastante al comportamiento de los animales. Despreocuparse de la muerte ignorándola por completo.

La nueva ética hedonista, en la que todo lo adverso o lo que supone esfuerzo y disciplina ya ha pasado de moda sustituido por el culto a la realización inmediata de los deseos, origina individuos que sólo se preocupan por satisfacer sus necesidades propias. Hombres y mujeres que viven separados, a la vez, de sus antepasados, de sus descendientes y también de sus contemporáneos. Es la independencia más total y absoluta. Se trata del acentuado individualismo contemporáneo. Una de las principales características de la postmodernidad.

Se ha dicho que en esta época nada parece tener sentido. Sin embargo, los pensadores postmodernos opinan que esto no es cierto. En esta época perdura un valor cardinal, intangible e indiscutido: el individuo y su derecho a realizarse y ser libre.[31] La cultura del placer es la responsable de este individualismo postmoderno. El hedonismo tiende a destruir lo social al promover el aislamiento. Hoy cada cual busca su propio bienestar sin pensar demasiado en el de los demás. Cada uno se hace responsable de su propia vida. Busca su propia verdad. Los ideales y valores sociales menguan mientras se produce un aumento descarado del "propio interés", la "liberación personal", la búsqueda del yo, el énfasis en todo lo relacionado con el cuerpo y el sexo. Se mitifica lo privado y se destruye lo público. Los problemas personales adquieren proporciones exageradas y, a la vez, crece una progresiva despolitización. Los aspectos psicológicos prevalecen sobre los ideológicos. De ahí la proliferación de programas televisivos que desvelan y convierten la intimidad de las personas en el principal entretenimiento de la población. Las estrellas de estos espectáculos son hombres y mujeres comunes, sin ningún tipo de preparación especial, pero capaces de compartir problemáticas de su mundo privado con el gran público. Son los pequeños héroes de la postmodernidad. Se han suprimido diferencias. Entre el virtuoso y el vulgar ya no hay tanta distancia. Lo chabacano se aproxima a lo sublime hasta homogeneizarse. La era individualista del consumo reduce, a la vez, las diferencias entre los individuos. En la ética hedonista postmoderna lo masculino y femenino se mezclan[32] y pierden sus características diferenciadas de antes; la homosexualidad de masa empieza a no ser considerada como una perversión, se admiten todas las sexualidades o casi y forman combinaciones inéditas; el comportamiento de los jóvenes y de los no tan jóvenes tiende a acercarse: en unos pocos decenios éstos se han adaptado al culto de la juventud, a la llamada edad "psi", a la educación permisiva, al divorcio, a los atuendos informales, a los pechos desnudos y a los juegos y deportes. El resultado final es hacer idéntico lo que era diferente. Estandarizar las distintas identidades sociales. Igualar las generaciones y normalizar los sexos. Pero ¿qué es lo que hoy se considera normal?, ¿cuál es el patrón que debe seguirse en este proceso homogeneizador? El prestigioso ensayista francés Alain Finkielkraut, apasionado crítico de la cultura postmoderna, afirma que "ya no son los adolescentes los que, para escapar del mundo, se refugian

en su identidad colectiva; el mundo es el que corre alocadamente tras la adolescencia... El largo proceso de conversión al hedonismo del consumo... culmina hoy con la idolatría de los valores juveniles. ¡El Burgués ha muerto, viva el Adolescente! El primero sacrificaba el placer de vivir a la acumulación de las riquezas..., el segundo quiere, ante todo, divertirse, relajarse, escapar de los rigores de la escuela por la vía del ocio."[33]

La sociedad postmoderna se ha vuelto adolescente. Esta etapa de la vida es la que sienta la pauta de la normalidad. Es el momento sobre-valorado que se ha transformado en modelo envidiado por el mundo occidental. Hoy hasta los cuarentones se visten como quinceañeros. En cuanto llega el fin de semana los convencionales trajes y corbatas se sustituyen apresuradamente por el relajante "jean". Hay que parecer joven física y espiritualmente. Lo manda la moda. La antaño venerada madurez resulta hoy desagradable y, por mucho que ciertos "carrozas" se empeñen en recordar aquello de que "la arruga es bella", lo cierto es que por todas partes proliferan cremas y maquillajes para camuflarla. Los ancianos que tienen éxito en estos días no son los que han desarrollado su sabiduría, su honestidad o su seriedad, sino aquellos que han sabido permanecer jóvenes de espíritu y, sobretodo, de cuerpo. La publicidad y el cine se dirigen esencialmente al público joven. Casi todas las radios emiten la misma música rítmica de guitarra eléctrica que viene a sustituir a la palabra. Es la lucha de la música rock contra la expresión verbal.[34]

El envejecimiento ha pasado, en pocos años, de la realeza a la mendicidad. Antes había que aparentar experiencia y madurez para aspirar a cualquier profesión. Convenía avejentarse, mediante el uso de barbas y bigotes, si se deseaba alcanzar un puesto relevante y ser tratado con respeto. Hoy a los cuarenta años ya resulta difícil entrar en el mercado laboral. La juventud acapara pronto los escasos puestos de trabajo existentes y los mayores suelen ser los más rechazados.

Donde más evidente resulta el choque entre las dos éticas, la moderna y la postmoderna, es en la escuela actual. Los pedagogos de las Luces entendían la educación como el único método capaz de liberar al ser humano. La ignorancia se entendía como el principal obstáculo para alcanzar la auténtica libertad. Shakespeare decía que "no hay oscuridad; sólo ignorancia". La modernidad veía la ignorancia como el oscuro impedimento que mediaba entre un hombre y una persona. Había que superar esa barrera, controlando los deseos desordenados, el ruin interés propio, y esforzase por mejorar. En la postmodernidad las cosas no se ven así. La libertad y la cultura no derivan ya de la austeridad o del esfuerzo personal, sino de la satisfacción inmediata de las necesidades. Hoy para ser persona no hay por qué romper con las apetencias del instinto. Por eso la escuela ha entrado en crisis. Por eso fracasan los alumnos y se frustran padres y educadores. Porque la escuela es moderna y los alumnos postmodernos.[35]

Algunas sociedades avanzadas han intentado solucionar este problema postmodernizando la escuela. Muchas de las principales asignaturas se las ha envuelto en una melodía rock para que puedan ser escuchadas a través de los populares walkmans. Se han diseñado programas educativos de todas las materias y los ordenadores personales han invadido las aulas. Los profesores se esfuerzan para que las programaciones ofrezcan contenidos amenos, divertidos y que no alejen demasiado, a sus alumnos, del mundo del juego infantil. Se trata de conseguir que todos los estudiantes encuentren placer en su educación. Es, una vez más, la influencia de la sociedad hedonista hasta en la misma enseñanza. Sin

---

34. Finkielkraut cita en *La derrota del pensamiento* (p. 133) a Paul Yonnet, quien en *Jeux, modes et masses* afirma que actualmente "las guitarras están más dotadas de expresión que las palabras, que son viejas (poseen una historia), y por tanto hay motivo para desconfiar de ellas". Es como si las guitarras suprimiesen la memoria; como si el calor que generan sustituyese a la conversación. Los adolescentes de hoy parecen preferir el ritmo estrepitoso de la aglomeración a la comunicación personal.

35. A. FINKIELKRAUT, *op. cit.*, p. 131. La escuela intenta forjar los espíritus de los alumnos pero éstos atienden con el mismo interés que si mirasen cualquier programa televisivo. Se confunde al profesor con el amo que les intenta dominar y al programa de estudios con una aburrida lista de cosas inútiles.

embargo las voces discordantes no han tardado mucho en alzarse. Con este tipo de formación consumista postmoderna ¿no se corre el riesgo de que los niños y adolescentes aprendan muy bien a manipular las máquinas pero muy mal a razonar? ¿Es suficiente este apaño tecnológico para solucionar el fracaso escolar? ¿Qué clase de cultura disfrutarán los jóvenes actuales el día de mañana?

Estas cuestiones ya no preocupan demasiado pues para el pensamiento postmoderno, la cultura no se considera como un instrumento de emancipación.[36] Según tal concepción actualmente existe un "odio a la cultura" que se manifiesta en esa aspiración a la sociedad *polimorfa*. Ese mundo abigarrado que pone a disposición de cada persona todas las formas de vida posibles. Al postmoderno "le gusta pasar sin trabas de un restaurante chino a un club antillano, del cuscús a la fabada, del jogging a la religión, o de la literatura al ala delta".[37] Lo importante es "colocarse" con lo que sea. En la actualidad todo es cultura. Tan importante puede ser una frase publicitaria con "gancho" como un poema de Machado; un ritmo rockero puede equivaler a una melodía de Mozart; un partido de fútbol a una ópera de Verdi; y un gran modisto puede alcanzar tanto prestigio como Velázquez o Miguel Angel. Al fin y al cabo todos son "creadores" con los mismos derechos. Todos hacen cultura. Cualquier tipo de distracción se considera hoy cultura. La postmodernidad sería la época en la que el pensamiento y la cultura occidental habrían sido derrotados por el caleidoscopio multicultural del resto del mundo. La indignación por el estado moral de la sociedad contemporánea lleva a decir, al pensador francés Finkielkraut, que cuando el odio a la cultura pasa a ser a su vez cultural, la vida guiada por el intelecto pierde todo su significado.[38]

Crecimiento del narcisismo

Dentro del apartado anterior sobre la crisis de la ética en nuestros días, hemos resaltado dos características relevantes que la literatura especializada atribuye al hombre postmoderno, el hedonismo y el individualismo. Nos falta todavía analizar una tercera: el narcisismo. La gran figura mitológica que mejor parece simbolizar el espíritu de nuestra época es, sin lugar a dudas, la de Narciso.[39] El individuo narcisista es el que paulatinamente se va desligando de la sociedad en la que vive por medio de fantasías personales de grandeza. Pasa tanto tiempo reconociendo sus valores y virtudes que no le queda nada para pensar en los demás o en el resto del mundo. A la vez que idealiza su persona, menosprecia a los que le rodean. Los otros sólo cuentan si le son útiles. Si le admiran o le alaban. Su necesidad de ser amado hace que la mayoría de las relaciones con los demás sean interesadas. Utiliza a los amigos sin ningún tipo de consideración. Cuando ya no le siguen el juego los abandona sin remordimiento. El narcisista se caracteriza por su superficialidad. Mucha palabrería y poca sustancia. Gran apariencia externa pero, por dentro, el vacío más desolador.

Esta nueva forma de ser y de actuar, de gran parte de nuestros contemporáneos, no resulta del todo original a lo largo de la historia, pero sí aporta ciertas novedades significativas. El narcisismo postmoderno constituye un nuevo estadio del individualismo de siempre. Las relaciones que el ser humano mantenía consigo mismo, con los demás, con el mundo y el tiempo, durante la época del capitalismo

---

36. A. FINKIELKRAUT, *op. cit.*, p. 120. Sino, más bien, como algo que la obstaculiza. Los postmodernos creen que, desde esta perspectiva, los individuos habrán realizado un paso decisivo hacia su mayoría de edad el día en que el pensamiento deje de ser un valor supremo y se vuelva tan facultativo como la lotería primitiva o el rock'n'roll.

39. El mito de Narciso cuenta la desgraciada historia de un apuesto joven que rechazaba a todas las personas que de él se enamoraban. Al no corresponder al amor de la ninfa Eco, Narciso fue culpable de que ésta se transformase en roca. Némesis castigó a Narciso con una terrible maldición. Despertó en él un sentimiento que jamás podría alcanzar satisfacción: enamorarse de sí mismo. Un día, al borde de una fuente, el muchacho contempló su propia imagen reflejada sobre las aguas y quedó prendado de su inconfundible persona. Loco de amor por sí mismo, y al no poder alcanzar el objeto de su pasión, languideció poco a poco hasta morir de inanición y melancolía. La leyenda explica cómo la bella flor del narciso florece en el mismo lugar donde la muerte se lo llevó.

autoritario, han cambiado de manera radical durante el presente capitalismo permisivo y hedonista. Aquel individualismo de la modernidad que era competitivo en lo económico, sentimental en lo doméstico, revolucionario en lo político y artístico, se ha trasformado durante la postmodernidad en un individualismo puro y duro, sin los valores morales y sociales de la familia, de la revolución o del arte. Ya no hay marcos trascendentales, sólo permanecen los deseos cambiantes del individuo. Si la modernidad se identificaba con el espíritu de empresa, con la esperanza futurista, hoy está claro que el narcisismo, por su indiferencia histórica, inaugura la postmodernidad.[40]

Puede parecer exagerado pero lo cierto es que el mundo occidental presente ha sido contagiado por una ola de egoísmo narcisista. Es la ética del "vivir para sí mismo". La obsesión exacerbada del culto al ego. Primero yo, después yo y luego yo. Lo importante es la realización personal. Es primordial la preocupación por mi cuerpo, mi salud, mi hogar, mi bienestar, mi patrimonio, mis sentimientos. Y esta forma de vivir para uno mismo hace que la historia se emborrone. Las tradiciones del pasado y los ideales del futuro desaparecen bajo la voraz presión del presente. No hay más realidad que la actual. Nada puede ser más importante que mi "ahora". La vigencia del Yo es el valor supremo del mundo postmoderno. Es la exaltación del egoísmo ilustrado como única moral de la humanidad.

Esta manera de entender la vida humana, dando prioridad absoluta a lo propio, lo inmediato y cotidiano, repercute negativamente sobre la creencia en el más allá. No sólo se rechazan los compromisos estables sino también cualquier referencia a los valores permanentes y, desde luego, a la Trascendencia.[41] No puede haber una filosofía de la vida más opuesta a la moral cristiana que la del narcisismo. ¿Cómo amar al prójimo cuando el amor se agota en uno mismo? ¿Cómo preocuparse por los otros cuando el interés del Yo acapara todo el tiempo?

Los problemas y las necesidades de los demás no logran atravesar la epidermis del hombre contemporáneo. Ésta se ha endurecido a causa del empacho de informaciones. La velocidad con la que los medios de comunicación hacen desfilar, ante el ser humano actual, los acontecimientos que ocurren en cualquier rincón del planeta provoca una disminución en la duración y profundidad de las emociones. El resultado es esa honda indiferencia frente a todo lo que provenga de los otros. Da igual que el prójimo se encuentre en Brasil, en Pekín o en la esquina de más abajo. Sus carencias no llegan a afectar porque, en el fondo, no se le considera un semejante. El humano necesitado ha dejado de ser persona afín. Ya no se mira como a un igual. "Cuando la relación con uno mismo suplanta la relación con el otro, el fenómeno democrático deja de ser problemático; por ello, el despliegue del narcisismo significaría la deserción del reino de la igualdad."[42]

Si la idea de democracia implicaba la igualdad de todos los seres humanos -pensamiento que, a decir verdad, siempre tuvo sus detractores-,[43] el narcisismo contemporáneo viene a desmontar esa similitud e identidad entre los individuos. La igualdad da paso a la diferencia. Las fronteras de la democracia se diluyen en el mar de la introspección psicológica. Cuando la relación con uno mismo se vuelve más importante que la relación con los demás, la misma concepción de democracia empieza a zozobrar. El mandamiento bíblico de "amarás a tu prójimo como a ti mismo" se convierte hoy en "ámate a ti mismo y olvídate de tu prójimo". La evangélica cuestión sobre "¿quién es mi prójimo?" inventa, en la postmodernidad, una nueva respuesta. Mi prójimo ya no es el Otro, sino Yo mismo. El Yo contemporáneo aparece como el principal sujeto, y a la vez objeto, de deseo y amor.

---

43. C. S. Lewis, en su obra *El diablo propone un brindis*, (pp. 42, 48 y 49) se refiere a la democracia afirmando que es un nombre altamente venerado por los hombres y que está conectado con el ideal político de que todos los seres humanos debieran ser tratados de forma igualitaria. Sin embargo, señala que la democracia sirve también, por desgracia, para ocultar los más viles y menos deleitables sentimientos. El ideal democrático del trato igualitario no debiera fundamentarse en la creencia en la igualdad de todos los seres humanos. De igual modo que no hay dos personas morfológicamente idénticas también es cierto que existen diferentes grados de honestidad, inteligencia, sentido común, diligencia o bondad. No todos los humanos son iguales.

Un aspecto importante del narcisismo -que ya ha sido señalado- es el culto al cuerpo. Esta especie de veneración se evidencia actualmente en la obsesión generalizada por la salud, por "guardar la línea", la dieta adecuada a cada edad, la eliminación de las arrugas, los "chequeos" médicos, el deporte o los masajes. El cuerpo ya no es -como pensaba Santa Teresa- la cárcel del alma, sino la totalidad de la persona. Hoy ya no hay porqué avergonzarse de él. Los contemporáneos exhiben su desnudo integral en las playas. Los cuerpos adquieren una mayor dignidad. Se les cuida, se les controla, se les mima. El organismo debe estar siempre joven y en perfecto funcionamiento, igual que los automóviles. Por eso no se acepta la vejez. Es viejo aquel que ya no puede presumir de cuerpo fresco. De ahí que los ancianos hayan inaugurado esa terrible infancia llamada tercera edad. Ahora ya no se les soporta. El miedo al envejecimiento y a la decrepitud se vuelve visceral en la sociedad narcisista. ¿Cómo puede enfocarse la degradación de la vejez en un mundo que valora a las personas por su belleza natural? Si los individuos no son más que su cuerpo físico, ¿en qué se transforman los seres cuando los cuerpos se arrugan?, ¿siguen siendo personas?, ¿se las continúa considerando como tales? No son las arrugas de los ancianos lo que horroriza al postmoderno sino el sinsentido de la vejez y de la muerte. La dualidad típica de la antropología clásica se ha desvanecido. El cuerpo ha asesinado al espíritu como Caín hizo con su hermano Abel. Hoy los cuerpos viven errantes, solitarios y extranjeros sobre la tierra. Son lo único que queda de las personas y se lucha frenéticamente por prolongar su imagen, su belleza y su longevidad. ¿Qué ocurre, entonces, con los cuerpos rebeldes a las normas? ¿Cómo interpretar la obesidad desde la perspectiva postmoderna? Jean Baudrillard, refiriéndose a esos fascinantes obesos que se encuentran en Estados Unidos por todas partes, dice que son "masas obscenas" y lo que -según él- les confiere la obscenidad no es que tengan demasiado cuerpo, sino que el cuerpo les resulta superfluo. Es como si hubieran engullido en vida su propio cuerpo muerto.[44] Ese es el pecado contemporáneo de los gordos que el individuo con mentalidad postmoderna considera imperdonable. ¿Cómo es posible poseer un cuerpo superfluo? ¿Puede alguien hoy, en su sano juicio, defender una filosofía así? ¿Cómo considerar innecesario lo único que se posee? Para el postmoderno los obesos son cadáveres vivientes. Zombis monstruosos que no tienen razón de ser. Elementos sin imagen excomulgados de la congregación que rinde culto al cuerpo. En la sociedad que entiende a la persona exclusivamente como cuerpo físico, los pasotas de la imagen son auténticos suicidas. Camicaces de la gula que desafían, con desprecio, el credo postmoderno. La rabia y la crueldad de las ideas postmodernas estalla frente a la enfermedad de los obesos por considerarla representativa de la modernidad.

El gusto por lo transexual

Vivimos en un mundo egoísta en el que las relaciones entre los seres humanos se han vuelto tremendamente interesadas. Hoy se corteja a las personas por el interés. Por lo que puede obtenerse de ellas. Las ciudades no son sólo junglas de asfalto, también son selvas burocráticas en las que la rivalidad de todos contra todos deviene el modo de vida habitual. A esta forma de proceder se la considera normal e, incluso, se crean escuelas y educadores especializados para enseñarla. Si se trata de convencer lo mejor es prepararse. Si hay que persuadir se recurre a

El miedo al envejecimiento y a la decrepitud se vuelve visceral en la sociedad narcisista. ¿Cómo puede enfocarse la degradación de la vejez en un mundo que valora a las personas por su belleza natural?

los profesionales de la comunicación. El buen orador debe también aprender a dominar al auditorio para obtener, sea como sea, aquello que le interesa. De esta manera, las relaciones humanas se transforman en relaciones de posesión y dominio. Los superiores abusan de sus subordinados mientras halagan a los que están por encima de ellos. El chantaje se utiliza frecuentemente como moneda de cambio. Lo importante es conseguir provecho, admiración o, al menos, provocar la envidia de los demás. ¿Qué repercusiones está teniendo, en la actualidad, este comportamientoególatra sobre la relación entre los sexos?

"Bajo la influencia del neofeminismo, las relaciones entre el hombre y la mujer se han deteriorado considerablemente, liberadas de las reglas pacificadoras de la cortesía. La mujer, con sus exigencias sexuales y sus capacidades orgásmicas vertiginosas -los trabajos de Masters y Johnson, K. Millet, M. J. Sherfey presentan a la mujer como 'insaciable'-, se convierte para el hombre en una compañera amenazadora, que intimida y genera angustia."[45] El trato que la mujer suele recibir en la producción cinematográfica actual, pródiga en escenas de violaciones y vejaciones, sería -en opinión del pensador francés- una evidencia de este creciente e imparable odio contra la mujer. De manera recíproca el feminismo habría originado también sentimientos de animadversión hacia el hombre y hacia todo lo que, hasta ahora, éste ha representado. Sería imposible ver con buenos ojos a quien se considera opresor, tirano, enemigo y fuente de continua frustración sexual. Tales sentimientos enfrentados estarían en la base de esa especie de guerra sexual que se observa en nuestra época. La batalla entre lo masculino y lo femenino.

González Faus se refiere al amor y a la mujer como a uno de los mitos propios de la postmodernidad.[46] El amor, entre hombre y mujer, se ha convertido en uno de los mitos de nuestro tiempo. Ha llegado a transformarse en una palabra vacía. Un concepto hueco que ha perdido casi todo su significado. Desde luego que existe todavía "amor" pero, actualmente, se considera como una divina palabra de la que no habría que esperar demasiado. Esto no significa que a uno no le pueda tocar la lotería pero, lo que se debería tener claro es que, si no toca tampoco hay que amargarse. Lo importante, para el individuo contemporáneo, es no sufrir. Que nada nos quite el sueño, ni siquiera el amor. Pero, por el contrario, la imagen del amor que se vende en los medios de comunicación es la de un amor romántico "rápido", apasionado pero fácil, intenso y a la vez poco duradero, indisolublemente asociado a la relación genital. Hay una enorme disociación entre el modelo que se interioriza inconscientemente a través de los *mass media* y lo que constituye la realidad. Los jóvenes que han crecido con este modelo practican, en muchos casos, el amor de "usar y tirar" en una búsqueda frustrante de ese ideal que no existe.

En la canción *Hay mujeres* Sabina dice:

> *Hay mujeres envueltas en pieles*
> *sin cuerpo debajo,*
> *hay mujeres que van al amor*
> *como van al trabajo...*
> *hay mujeres que dicen que sí*
> *cuando dicen que no,*
> *hay mujeres que buscan deseo*
> *y encuentran piedad,*
> *hay mujeres que ni cuando mienten*
> *dicen la verdad,*
> *hay mujeres que empiezan la guerra*
> *firmando la paz...*

En el fondo de esta descripción subyace un deseo amargo de venganza. Cuando se pierde, después de haber arriesgado tanto, no queda más que el recelo y la sospecha. Tampoco del amor puede uno fiarse. En adelante lo mejor será calcular bien los deseos. Negarse a entregar ninguna parcela del corazón. Vivir la sexualidad de forma egoísta recogiendo los placeres fugaces y procurando que nada ni nadie nos ate. El

---

45. G. LIPOVETSKY, *op. cit.*, p. 68. El autor se refiere a la obra de Chr. Lasch, T*he Culture of Narcissism*, New York, 1979, en la que se afirma que la impotencia masculina está aumentando en razón del miedo a la mujer y a la liberación sexual.

sexo postmoderno no quiere bodas. Sin embargo, este enfrentamiento de sexos no se ha detenido aquí. La rivalidad ha conducido a la indiferencia. Del juego de la guerra sexual se ha pasado al de la más pura neutralidad. Si antaño la sexualidad se fundamentaba en el placer, hoy predomina el artificio sobre el goce. Baudrillard señala la transexualidad como el principal exponente de este juego de la indiferencia sexual. El cambio de sexo o de vestimenta, propios de los travestis, sería el indicativo de lo que está ocurriendo en la sociedad actual. De la misma manera en que todos podemos llegar a ser mutantes biológicos, también seríamos transexuales en potencia. Las preferencias eróticas, la moda, el ritmo, las formas y muchos de los artistas que gustan hoy señalarían que "todos somos simbólicamente transexuales". "El ectoplasma carnal que es Cicciolina coincide aquí con la nitroglicerina artificial de Madonna, o con el encanto andrógino y frankensteiniano de Michael Jackson. Todos ellos son mutantes, travestis, seres genéticamente barrocos cuyo look erótico oculta la indeterminación genérica. Todos son 'gender-benders', tránsfugas del sexo".[47]

Los niños de la postmodernidad se habitúan y encuentran normales a estos personajes. ¿Por qué Michael Jackson gusta tanto al público infantil? ¿Será acaso una preparación inconsciente para la sociedad mestiza ideal del futuro de la que tanto se habla últimamente? ¿Será ese, de verdad, el porvenir que nos espera?

"Michael Jackson se ha hecho rehacer la cara, desrizar el pelo, aclarar la piel, en suma, se ha construido minuciosamente: es lo que le convierte en una criatura inocente y pura, en el andrógino artificial de la fábula, que, mejor que Cristo, puede reinar sobre el mundo y reconciliarlo porque es mejor que un niño-dios: un niño-prótesis, un embrión de todas las formas soñadas de mutación que nos liberaría de la raza y del sexo".[48]

Muy mal deben andar las cosas en la mente y en el corazón del hombre contemporáneo para que Michael Jackson pueda ser comparado, ni más ni menos, con la persona de Cristo. Cuando el hombre se aleja de Dios, tarde o temprano, se transforma él mismo en su propio dios. Seguramente hay algo de cierto en que el ser humano se ha convertido en un agnóstico o, lo que es lo mismo, en un travestido de la creencia, del arte o del sexo. Ya no existen convicciones religiosas, éticas, estéticas, o sexuales. Se profesan todas las creencias. Gustan todas las tendencias. Crece el mito transexual en el que lo andrógino y lo hermafrodita seducen por igual. La ambigüedad viene a instalarse en el corazón mismo de las apetencias humanas. Se pierde la identidad. Se diluye la referencia a lo que de inmortal tenía el individuo moderno. Las personas ya no se definen por su existencia, sino por su apariencia. Lo importante hoy no es "ser", sino "parecer". Mostrar una buena imagen. Un buen *look*. Vivimos en la sociedad de la apariencia, en el imperio de lo efímero. Donde lo natural cansa y sólo lo artificial parece seducir.

Sin embargo, la cristiandad debe continuar confiando en el Señor de la historia. No le es posible dejar de ser y sentirse sal de este mundo. Tiene que levantar la voz de la cordura por encima de la del narcisismo humano. Gritar a los puntos cardinales que el mensaje de Cristo es infinitamente superior al de todos los Michael Jackson de este planeta. Convencer de que los gustos divinos siempre serán mejores que los humanos.

Dios prefiere la diversidad mientras que el hombre postmoderno propone la uniformidad. Dios creó los sexos para que se comprendieran y llegaran a ser "dos en una carne", no para desatar absurdas y pueriles batallas campales. Hoy se reivindica la monotonía artificiosa de lo transexual porque, a pesar de los milenios transcurridos, todavía no hemos aprendido a amar de verdad. Muchos individuos se encierran actualmente en su propia persona dando prioridad absoluta a lo suyo. Su propio Yo se transforma en el único valor referencial creíble. Antes se amaba a Dios amando al prójimo; hoy se ignora a los demás porque, para muchos, Dios está muerto. Pero, resulta que, Dios no puede morir. El origen de la vida y de toda existencia no puede dejar de ser lo que es. El hombre proporciona rutina, regularidad, homogeneidad y hastío; pero Dios origina variedad, diferencia, complejidad y sentido. Cuando, tarde o temprano, se produzca el desengaño de la moda transexual y las personas dejen de creer en los "niños-dios" de este mundo, la auténtica

divinidad del universo, el verdadero y único Dios de amor estará, una vez más, esperando con los brazos abiertos y una misericordiosa sonrisa en los labios. A Él no se le puede engañar cambiando de *look*.

Fracaso del desarrollo personal

De este deseo de apariencia nace la acusada veneración hacia las personas célebres. El fervor que despiertan los que han conseguido triunfar utilizando su buena imagen. Membresías de apasionados "fans" que se doblegan ante la celebridad. Miles de brazos que dirigen sus índices rítmicamente hacia sus estrellas favoritas. Masas aborregadas y sudorosas que expresan su devoción obedeciendo cualquier consigna del vocalista. Es el culto a la popularidad y a la apariencia. Las super-estrellas, los ídolos de Hollywood o de la música rock, estimulados por los *mass media*, cultivan los sueños narcisistas de gloria del postmoderno. El hombre de la calle aprende a identificarse con ellos. Se transforman así en el único fin de la vida. La monótona existencia cotidiana se hace soportable por la continua referencia a la estrella. Es el sentido de los clubs de fans. El culto a la celebridad es la fe suprema y la fuerza para vivir de miles de jóvenes occidentales. En el marco de una sociedad con familias cada vez más apáticas y desestructuradas, los jóvenes y adolescentes encuentran en el grupo una identificación socio-afectiva que les brinda esa seguridad de la que carecen en su propio ambiente familiar.

No obstante, esta religión también cansa. No hay estrella que cien años dure, ni postmoderno que la aguante. Los ídolos se derrumban porque tienen los pies de barro. Las estrellas dejan de brillar por culpa de la envidia narcisista. No se puede soportar por mucho tiempo la tremenda desigualdad existente entre admirador y admirado. Todo exceso de imágenes llega a aburrir y las estrellas se suceden velozmente. Lo que da placer no es el sentimiento de devoción al ídolo, sino la realización personal del adepto. Cuando esto ya no se consigue hay que buscar otro famoso. La vida de muchas personas se convierte en un rastreo interminable de ídolos. Se anda a la caza del último mito con carisma. También aquí se dan los tránsfugas de estrellas. Sólo hay que fijarse en lo poco que duran los posters de famosos sobre las paredes de las alcobas juveniles. Hubo una época en la que los fans llegaban incluso a suicidarse por su afamado. Se daba la vida por lo que se adoraba. Hoy tales actitudes serían impensables. Como mucho se mantiene la fidelidad durante una o dos temporadas. Después el fervor se va enfriando. Abundan las estrellas de verano. Proliferan las canciones de una sola estación porque, en el fondo, no se las soporta más. Cada vez hay más artistas y menos admiradores. La indiferencia postmoderna hacia los ídolos y el entusiasmo pasajero que se observa nace también de ese oscuro narcisismo que empapa todos los rincones de la sociedad.

Cuando lo que realmente interesa es la realización y el desarrollo placentero de uno mismo, no queda más remedio que apartarse de los demás. Construir un grueso muro que aisle y proteja del mundanal ruido. El bullicio del mundo molesta y se procura huir de él. No hay nada mejor para conseguir tal objetivo que sustituir los sonidos. Cambiar de vibraciones. Desenchufarse del mundo y conectarse los "cascos". La potencia acústica de la música preferida es capaz de atenuar la realidad cotidiana. El volumen sonoro reduce la algarabía exterior y las palabras de los demás a meros parásitos. Los "walkmans" se convierten así en

---

No hay estrella que cien años dure, ni postmoderno que la aguante. Los ídolos se derrumban porque tienen los pies de barro. Las estrellas dejan de brillar por culpa de la envidia narcisista.

artilugios imprescindibles para replegarse sobre uno mismo. "Adeptos al jogging y al esquí practican sus deportes con los auriculares estéreo en los tímpanos, coches equipados con pequeñas cadenas con amplificadores hasta 100 watios, salas de fiestas con 4.000 W, conciertos pop que alcanzan los 24.000 W, toda una civilización que fabrica, como titulaba hace poco Le Monde, 'una generación de sordos', jóvenes que han perdido hasta el 50 % de su capacidad auditiva".[49] En el fondo se trata de la indiferencia narcisista hacia todo lo que provenga del mundo exterior y pueda suponer una amenaza contra la realización personal. El Narciso postmoderno necesita, además de contemplar su propia imagen, escuchar también sus particulares sonidos.

El repliegue en la intimidad hacia el que tiende el narcisismo no debe identificarse, no obstante, con una falta total de desconexión social. Los humanos se siguen relacionando como lo han hecho siempre. Incluso podría hablarse de un cierto "entusiasmo relacional"[50] propio de nuestro tiempo. Por todas partes proliferan asociaciones y agrupaciones con objetivos muy concretos. Movimientos regionales que defienden idiomas o dialectos minoritarios. Grupos ecologistas que se unen en su lucha antinuclear o para exigir la protección de algún paraje natural. Alianzas de alcohólicos que prometen el anonimato. Confederaciones de padres de hijos drogadictos que buscan soluciones y promueven acciones sociales. "Agrupaciones de viudos, de padres de hijos homosexuales, de tartamudos, de madres lesbianas", etc. Son colectivos con intereses muy particulares, "miniaturizados, hiperespecializados". Es la "solidaridad de microgrupo" que viene a confirmar, una vez más, el acusado narcisismo del mundo occidental. Aunque se trate de relaciones humanas dentro de un grupo, en el fondo sigue siendo "narcisismo colectivo". Lo que se busca es la relación interesada. "Nos juntamos porque nos parecemos, porque estamos directamente sensibilizados por los mismos objetivos existenciales". El motivo de tales uniones no es el altruismo sino, todo lo contrario, el egoísmo. La pregunta que subyace siempre debajo de estas relaciones es "¿qué beneficio obtengo yo?" Muchas veces el provecho que se obtiene es la propia comunicación. La necesidad de relación se ha transformado hoy en el deseo de explicar los asuntos propios a los demás. El postmoderno necesita comunicar sus problemas a alguien que esté dispuesto a escuchar.

La principal paradoja de las relaciones interpersonales, que se ha visto incrementada en nuestro tiempo, es que todo el mundo está dispuesto a contar su vida a los demás, pero casi nadie quiere escuchar los problemas del prójimo. En realidad el otro no interesa. Ni él, ni su vida, ni sus problemas. Es lo que se quiere afirmar con la popular frase: "es tu problema". Exclusivamente tuyo y, para nada, mío. Es el "no me comas el tarro con tu rollo". Por que lo que estimula el placer narcisista es contar el "rollo", no escucharlo. Es más importante el acto de comunicación, en sí, que el contenido del mismo. La gente se queja hoy de no ser escuchada ni comprendida. Las estadísticas apuntan hacia la falta de conversación como la segunda recriminación importante que las esposas estadounidenses hacen a sus maridos. Parece que numerosas parejas casadas dedican tan sólo media hora a la semana a "comunicarse". Ha habido que crear, en numerosos países occidentales, un teléfono para escuchar a las personas que necesitan hablar con alguien. La criatura humana precisa explicar lo que lleva dentro aunque sea a través de un frío e impersonal aparato telefónico. Lo trágico de esta época es que la gente no sabe escuchar. Sólo habla de sí misma pero no le importan las vivencias de los demás. Muchos diálogos postmodernos no son más que monólogos duplicados. Dos personas que hablan pero ninguna escucha.

Lipovetsky se refiere al notable cambio sufrido, durante los últimos 25 ó 30 años, en el tipo de trastornos psíquicos de la población occidental. Si antes las neurosis típicas eran las histerias, fobias u obsesiones, actualmente los desórdenes más frecuentes son los de naturaleza narcisista. No suelen ser enfermedades que presenten síntomas claros y bien definidos, sino que más bien se trata de trastornos del carácter. Es un cierto malestar que invade toda la persona. "Un sentimiento de vacío interior y de absurdidad de la vida, una incapacidad para sentir las cosas y los seres."[51] Resulta paradójico constatar que cuando la sociedad parece alcanzar el soñado bienestar, los humanos siguen siendo infelices.

Ahora que lo tenemos todo descubrimos que no nos sirve de nada. Cuando acabamos de llenar nuestros hogares de objetos que nos prometían la felicidad, resulta que nos sentimos vacíos por dentro, deprimidos e impedidos para sentir, libres de emociones, desiertos de ilusiones. El narcisismo conduce, inevitablemente, al vacío espiritual y a la soledad merecida. El abuso egoísta de las relaciones interpersonales, así como el miedo al fracaso en el amor y a la frustración de los sentimientos desemboca en el aislamiento de las personas. Vivir solo se ha convertido en una moda; en un fenómeno de masas. El 20% de los hogares americanos están ocupados por una única persona.[52] En París el 50% de las viviendas son hogares solitarios en los que únicamente vive un ciudadano. Estimaciones del vecino país indican que hay más de cinco millones de individuos viviendo sólos.[53] De ahí la proliferación en la adquisición de animales de compañía. Perros, gatos, periquitos y tortugas se convierten así en involuntarios sustitutos del calor y la compañía humana.

La soledad es una consecuencia directa del fracaso de los sentimientos. Muchos individuos procuran vivir hoy en su "bunker de indiferencia" privado, a salvo de cualquier relación monótona y duradera, porque se han convencido de que "las relaciones *repetitivas*, con su inercia o pesadez, perjudican la 'personalidad' viva del individuo". Lo que, según ellos, habría que hacer sería "buscar el frescor de vivir, reciclar los afectos, tirar todo lo que envejece" porque "la única 'relación peligrosa' sería una relación de pareja prolongada indefinidamente".[54] Y estas relaciones que los postmodernos consideran "peligrosas" cuando se rompen producen víctimas. Son las víctimas del desamor, los abandonados, los separados, los condenados a vivir solos. Amores rotos, proyectos fracasados, sueños quebrados. Ahora de lo que se trata es de llenar la vida con canciones, con "tequila para las dudas", con melodías que se burlen del miedo. Miedo ¿a qué? Pues seguramente a la soledad, al futuro sin amor, al individualismo más radical y forzado. He aquí la desgraciada contradicción del individuo postmoderno. Un auténtico Narciso tan sumamente embelesado consigo mismo que nada de los demás le puede afectar. Pero ese interés propio no le proporciona tampoco la felicidad porque, en lo más profundo de su ser, sigue deseando y necesitando una relación afectiva con alguien que le ame y le comprenda. ¿Quién podrá ser ese alguien? Después de haber perdido la capacidad de educar y cultivar a sus propios hijos, este hombre actual que "no soporta vivir con personas enfermas o ancianas, que huye de la vista de los moribundos, que evita cuidadosamente verse implicado en casos de ayuda a víctimas de accidentes",[55] ¿a quién puede solicitar ayuda, cariño y comprensión? ¿Quién le va a hacer caso cuando se encuentre solo y necesitado? Si vive siempre para sí mismo, ¿cómo puede pretender que los demás se muestren diferentes?

Albert Camus escribe en las primeras páginas de *El mito de Sísifo* que "sólo hay un problema filosófico verdaderamente importante: el suicidio". Y más adelante afirma que "suicidarse sería confesar que la vida ha dejado de tener sentido, que se ha descubierto que no tiene ninguno y que, por lo tanto, se la deja correr". Esta es la única puerta que siempre permanece abierta. La que muchas criaturas han ido atravesando, en todas las épocas, a lo largo de la historia. Como señalan Joan Estruch y Salvador Cardús "el suicida es una persona que previamente ha aprendido que el suicidio es un comportamiento posible, pensable, y que constituye una respuesta 'adecuada' a determinadas situaciones".[56] Sin embargo, los estudiosos del comportamiento humano, de principios de siglo, hicieron sonar las campanas del optimismo al afirmar que los suicidios cesarían cuando terminase el malestar de la civilización.[57] Creció la ilusión de que, con el progreso, dejaría de contemplarse el suicidio como la respuesta adecuada y definitiva. No obstante, hoy sabemos que no ha sido así. Desgraciadamente, el número de personas que se autodestruye cada año sigue aumentando. Lipovetsky asegura que "la sociedad

---

57. Cf. Emile Durkheim, *Le suicide*, Paris, 1960. En este libro se señala una disminución en el número de suicidios, ocurridos en Francia, entre los años 30 y 60 del presente siglo. En base a tales estadísticas algunos sociólogos llegaron a suponer que el número de personas que se quitaban la vida iría disminuyendo progresivamente hasta desaparecer de la sociedad contemporánea.

postmoderna, al acentuar el individualismo, ha multiplicado las tendencias a la autodestrucción" y asegura que "la era narcisista es más suicidógena aún que la era autoritaria".[58] El principal problema es que hoy las personas que deciden dejar de vivir son bastante más jóvenes que en épocas pasadas. En Estados Unidos el suicidio constituye la segunda causa de muerte entre la población juvenil, después de los accidentes de tráfico. Exactamente igual que en España, donde la cifra de suicidios adolescentes se ha multiplicado por tres, desde 1985. Sólo en 1994 se quitaron la vida, en nuestro país, cuatrocientos chicos y chicas. Los datos del Japón resultan aún más escalofriantes. Los niños, entre cinco y catorce años, han aprendido también a inmolarse. De 56 suicidios infantiles, registrados por el gobierno nipón durante el año 1965, se pasó a 265 en 1980. ¿Cómo explican estos datos los sociólogos? Parece que, una vez más, el individualismo narcisista es el culpable. El egoísmo en que vivimos los ciudadanos del mundo occidental contribuye a crear personas cada día más frágiles y seres incapaces de afrontar la realidad; débiles y vacíos por dentro; sin armas psicológicas y emocionales para hacer frente a este competitivo mundo que hemos creado; sin recursos espirituales que sirvan de referencia y a los que se pueda recurrir siempre, pero sobre todo, en los momentos difíciles de la vida. Personas con anorexia espiritual que se desvanecen frente a lo real; individuos que se derrumban ante las dificultades. Hay que reconocer que antaño, quizá como consecuencia de la educación autoritaria, los jóvenes estaban más preparados que hoy para la lucha de cada día pero, en la actualidad, son los primeros en caer destruidos por el individualismo porque no acaban de encontrar su lugar en este mundo. No se les ha programado para el frenesí competitivo. Son jóvenes sí, pero -al revés que el *slogan*- "insuficientemente preparados". El exceso de libertad o de protección ha hecho de esta generación, la de los niños mimados de occidente, el blanco preferido por los dardos del suicidio. En ellos el deseo de vivir se mezcla con el de morir. Muchos, inmediatamente después de haberse tragado medio bote de pastillas solicitan ayuda médica. "El individuo postmoderno intenta matarse sin querer morir".[59]

El ser humano de nuestro tiempo ha llegado desnudo y con las manos vacías a su deseada emancipación. Ha sido víctima de un gran engaño. El pacífico planeta que se le prometió para el futuro ha resultado ser un auténtico polvorín. La presencia de la violencia en el mundo contemporáneo es una realidad fácilmente constatable.[60] La guerra siempre está llamando a la puerta. Incluso en el patio de nuestra casa europea se desencadenan los más miserables y crueles conflictos bélicos. El terrorismo nacional e internacional, que ha sido comparado a una brecha del fuselaje que se abriera de repente en la cabina presurizada de un avión,[61] amenaza con aspirar violentamente el universo democrático que se creía tan bien protegido. Los diversos crímenes, la inseguridad que se vive en las calles de múltiples ciudades, la violencia racial, el culto al consumo, las profundas transformaciones de la familia, la educación permisiva y, en general, las relaciones humanas cada vez más conflictivas y degradadas son los nefastos frutos de ese narcisismo contemporáneo. El amor propio y el deseo de reconocimiento se han fusionado entre sí provocando este *"Apocalipsis now"* que se contempla hoy por todo el globo.

59. G. LIPOVETSKY, *op. cit.*, p. 213. El suicidio de los jóvenes postmodernos sería una violencia sin proyecto.

60. Lipovetsky defiende la tesis de que la violencia física estaría remitiendo de nuestro mundo debido, precisamente, al individualismo y al narcisismo. El individuo postmoderno renunciaría -en su opinión- a las acciones violentas no por la aparición de nuevos bienes y objetivos privados, sino porque los demás ya no cuentan. Cada vez se tendría menos interés por los otros y, a la vez, un mayor deseo de comunicarse, de no ser agresivo, de intentar comprender. El hombre contemporáneo es, desde nuestro punto de vista, menos violento y cruel que sus antepasados. Para convencerse de ello sólo habría que repasar las páginas de la historia. Sin embargo, hoy, la violencia sigue latente sobretodo en las regiones periféricas de las grandes ciudades y del mundo occidental. La delincuencia juvenil, por ejemplo, se ha vuelto más violenta y más desesperada que nunca. Carece de proyecto y de objetivos claros. Pero sigue ahí en forma de vandalismo absurdo que proclama el final del respeto por las cosas. Otro tanto podría decirse de ese "cadáver ideológico liofilizado" que es el terrorismo. Quizá la violencia, desde el punto de vista estadístico, no aumente pero de lo que no hay duda es de que sigue estando presente. (*op. cit.*, pp. 173-220).

A la vista de tal espectáculo la postmodernidad no tiene más remedio que reconocer la inherente maldad humana. Los pensadores de la modernidad estaban totalmente equivocados. Las revoluciones no son posibles porque el hombre no es de fiar. Las ideologías no cristalizan debido a que el ser humano sigue siendo el mismo. Su renovación moral y espiritual continúa estando pendiente. El mundo no puede cambiar, para bien, en tanto los individuos no se transformen por dentro. Esta reciente constatación postmoderna resulta ser tan antigua como las Sagradas Escrituras. El hombre tiene por naturaleza una irresistible inclinación hacia lo malo. La Biblia estaba en lo cierto al afirmar que "el intento del corazón del hombre es malo desde su juventud".[62] Y el apóstol Pablo comprueba, en carne propia, esa especie de ley natural realizando una introspección personal y confesando que "en mi carne no mora el bien; porque el querer el bien está en mí, pero no el hacerlo. Porque no hago el bien que quiero, sino el mal que no quiero, eso hago".[63] Tal comprobación lleva forzosamente a la pérdida de la fe en el ser humano. Ya no se puede seguir creyendo en él. Todas las esperanzas que la modernidad depositó en el hombre se han consumido en el fuego de esta decepcionante confirmación. Al menos en este punto, el pensamiento postmoderno coincide con lo previsto por la revelación.

Las facturas de la moda

En este tiempo de profundos cambios ideológicos el ser humano ha dejado de pensar y actuar como lo hacía hace, tan sólo, veinte o treinta años atrás. Hemos visto como las ideas políticas y sociales, por las que muchas criaturas estaban dispuestas a sufrir represión, encarcelamiento, tortura, e incluso la muerte, han venido cayendo, poco a poco, en el olvido. Ya no exaltan el ánimo de las jóvenes generaciones.

Aquella época contestataria de los sesenta, la de las ideologías revolucionarias, la de los Beatles y la minifalda, la del culto a Marx y Freud, se ha arrugado como la piel de un anciano centenario. No queda más que el recuerdo romántico de los que entonces tenían veinte años. En tan sólo tres décadas las ideas más veneradas de la humanidad se han esfumado originando el más puro y total desinterés general. Hoy, el hombre y la mujer postmodernos cambian la orientación de su pensamiento como se cambia de casa, de coche o de trabajo. Se vive sumido en una especie de "lógica del kleenex".[64] De lo que se trata es de poder usar y tirar. Lo utilizado conviene sustituirlo apresuradamente por lo novedoso.

Pero cuando parece que el reino de la ideología se derrumba, levantando espesas humaredas de indiferencia, resulta que, de entre los escombros, ha ido surgiendo otro reino igual de poderoso. Se trata del reino de la moda. El de lo pasajero. Al que se ha denominado como el "imperio de lo efímero". Es aquel que genera una sociedad seducida, casi en su totalidad, por lo móvil, lo inestable y lo cambiante. Si antaño las ideologías exigían a sus sustentadores sacrificio y abnegación, actualmente la moda sólo procura el bienestar inmediato de las personas. En este occidente hedonista el imperio de la moda ha hundido sus raíces en profundidad ofreciendo, a todo el mundo, aquello que más placer le pueda producir. La seducción de la novedad y de la sustitución.

La moda ha calado en todos los rincones de la sociedad contemporánea. No se trata sólo del atuendo o del vestido. Es mucho más que eso. La moda ha influido en las costumbres de los pueblos. Ha modificado los modos de vida habituales. El tipo de alimentación que se consume, la forma de hacer ejercicio físico, los deportes, las creencias políticas y

---

Si antaño las ideologías exigían a sus sustentadores sacrificio y abnegación, actualmente la moda sólo procura el bienestar inmediato de las personas.

religiosas, los gustos, las preferencias y el comportamiento de los individuos, se ven profundamente alterados por los tentáculos de la moda. El número de hijos que deciden tener las parejas, el tipo de fiestas que se deben celebrar y cómo hay que hacerlo, las formas de las relaciones humanas, la moda impone cuándo y cómo hay que hacer las cosas. Indica cuándo hay que reír y cuándo hay que llorar. Es el ubicuo dictador de las conciencias que manipula sutilmente y de manera seductora. Su poder, con frecuencia infravalorado, es mucho más importante de lo que parece.

Como ha señalado el famoso modisto español, afincado en Francia, Paco Rabanne, la moda no es un juego o la voluntad de un modisto sino "un momento de la civilización". Pero un momento que está teniendo unas consecuencias nefastas para la sociedad. Un tiempo postmoderno dominado por la continua mudanza de la moda. Un momento histórico en el que lo inestable aspira a ser la base y el fundamento de la sociedad. En nuestros días los cambios se han convertido en moneda corriente. Está de moda cambiar de ideas, de partido, de equipo, de trabajo, de sexo, de pareja y de religión. En poco tiempo, en este país y en todo el mundo occidental, se ha podido asistir al triste espectáculo que han ofrecido los tránsfugas de todo tipo. Hemos podido ver como los "más convencidos políticamente hacían tabla rasa de sus opiniones y daban impresionantes giros de 180 grados". Hoy parece como si "sólo los idiotas no cambiaran de opinión".[65]

La moda está siempre gobernada por la tiranía del presente. Vivir el instante es el imperativo categórico. Hoy se rinde culto a la vida inmediata. El amor por las novedades arraiga en todos los corazones. Es casi imposible resistirse. Tarde o temprano se acaba sucumbiendo. Es como si en las conciencias postmodernas alguien hubiera escrito, con letras de oro, el emblema: "todo lo nuevo es bueno y todo lo viejo malo". En todas las disciplinas se procura alcanzar las novedades. El último modelo siempre es el mejor. El último grito suena preferible en todos los campos. La antigua y tradicional veneración por el pasado ha sido sustituida por la fiebre de la moda. Lo viejo ya sólo gusta a los anticuarios porque hoy casi nadie soporta la carcoma de lo arcaico.

De igual manera se desata la locura por la imitación de los contemporáneos. Vivimos en la sociedad de la imitación. La caricatura del japonés, con su cámara fotográfica, robando ideas en los mercados europeos se ha convertido en la imagen representativa del individuo postmoderno. Todo lo que lleva fulano se lo coloca mengano. Si él lo hace ¿por qué no lo voy a hacer yo? Se imita como acto reflejo. La persona se transforma en un pulido espejo que proyecta la imagen de lo que le llega. Somos, a veces, como autómatas en el mundo de la seducción. Reaccionamos a estímulos premeditados de la moda ofreciendo respuestas imitativas y poco, o nada, reflexivas. No se dedica tiempo, ni esfuerzo alguno, a la consideración. No se piensa lo suficiente. De ahí que verbos como "meditar", "recapacitar", "cavilar" o "discurrir" resulten cada vez más anticuados.

La moda ha llegado a convertirse en la ley del mundo actual. Toda la cultura de Occidente contribuye a la imitación y sacralización de lo nuevo. Es como si el postmoderno encontrara en las novedades su salvación personal. La redención ya no se busca en el más allá, sino en el más acá de la novedad presente. Por eso la moda viene a mitificar la sociedad del bienestar. La moda arroja el agua bendita de sus favores sobre el bienestar privado de los individuos. Y ¿qué consecuencias tiene todo esto?

La solidaridad se agrieta porque, una vez más, se fomenta el individualismo. Es una lucha sin cuartel por tener más que el vecino. Se vive para aparentar más de lo que se es. El afán por presumir frente a los demás es la manifestación narcisista irreprimible de nuestra época. Parecer mejor que el otro. Demostrar que se es más importante, más competente, más inteligente, más puesto al día, con más belleza. La moda se transforma así en el enterrador de la fraternidad porque genera rivalidad, tensiones emocionales y, a la larga, un profundo sentimiento de fracaso y frustración. La sinrazón de la moda nos vuelve insolidarios porque "la moda tiene razones que la razón no conoce en absoluto".[66]

El culto a la moda conduce a la era del vacío existencial. Lipovetsky acaba su libro con estas palabras: "Esta es la grandeza de la moda, que

le permite al individuo remitirse más a sí mismo, y ésta es la miseria de la moda, que nos hace cada vez más problemáticos, para nosotros y para los demás".[67] ¿Qué quiere decir con "más problemáticos"? Pues que, por culpa del dios de la moda, los seres humanos estamos padeciendo: crisis de comunicación, soledad, depresión, infelicidad y -como vimos- se nos está abriendo, de par en par, la oscura puerta del suicidio.

Todo lo que es moda pasa de moda pero sus amargas facturas son las que hoy estamos pagando.

Pérdida de la fe en la historia

Si, como se vio, una de las principales características de la modernidad fue su ferviente creencia en la historia humana como proceso floreciente de emancipación, durante las últimas cinco décadas esa clase de fe se ha ido perdiendo poco a poco. Jean-François Lyotard se preguntaba, en 1986: "¿Podemos continuar organizando la infinidad de acontecimientos que nos vienen del mundo, humano y no humano, colocándolos bajo la Idea de una historia universal de la humanidad?".[68] Un año antes Gianni Vattimo afirmaba que "lo que caracteriza el fin de la historia en la experiencia postmoderna es la circunstancia de que, mientras en la teoría la noción de historicidad se hace cada vez más problemática, en la práctica la idea de una historia como proceso unitario se disuelve..."[69] ¿Por qué no puede considerarse ya la historia de la humanidad como un proceso unitario? ¿Dónde radica la dificultad en seguir estudiando las huellas de la humanidad como se hacía durante la modernidad? ¿A qué se debe esa especie de crisis de sentido que padecen los historiadores contemporáneos?

La idea que tenía el hombre moderno acerca de la historia de la humanidad le llevaba a investigar el pasado con el fin de conocer mejor el presente y poder así fabricar un óptimo futuro. De alguna manera, el historiador moderno procuraba explicar cómo se había desarrollado la sociedad, desde el modesto primitivismo de sus orígenes hasta el evolucionado progreso industrial, dirigida por alguna causa universal que le confería sentido. Esta causa podía ser diversa: "la historia de la humanidad era la historia de la libertad, o la historia de la lucha de clases, o la historia de la razón, o la historia de la liberación de los pueblos, o la historia de la salvación".[70] La función del historiador modernista se parecía bastante a la del profeta veterotestamentario. Explicaba los acontecimientos dotándolos de sentido. Procuraba la unidad y coherencia interna del relato. Intentaba demostrar que todos los sucesos cumplían las leyes históricas del desarrollo y que apuntaban hacia el glorioso futuro.

Todo esto es, precisamente, lo que critica hoy la postmodernidad. Las preguntas que reverberan, como ecos intermitentes, en todos los pasillos del mundo de la historia son: ¿tiene sentido esta concepción unitaria? ¿Son los relatos del mundo occidental los únicos del planeta? ¿Es el año del nacimiento de Cristo el centro de todos los tiempos posibles? ¿Dónde habría que situar a las culturas llamadas primitivas? ¿Tienen cabida los pueblos en vías de desarrollo en el concepto de historia unitaria? La ciencia de los anales siempre fue esclava de la ideología dominante. Las clases sociales que ostentaron el poder fueron las que explicaron los relatos con arreglo a sus propias conveniencias. Vattimo lo cuenta así: "por ejemplo, en la escuela aprendimos muchas fechas de batallas, tratados de paz, incluso revoluciones; pero nunca nos contaron las transformaciones en el modo de alimentarse, en el modo de vivir la sensualidad, o cosas por el estilo. Y así, las cosas de que habla la historia son las vicisitudes de la gente que cuenta, de los nobles, de los soberanos y de la burguesía cuando llega a ser clase poderosa; en cambio, los pobres e incluso los aspectos de la vida que se consideraban 'bajos' no hacen historia...".[71] Estos juicios son los que han provocado la crisis de la idea de historia unitaria y la creciente convicción de que no habría una, sino múltiples historias. ¿Cómo, en un mundo repleto de razas y culturas diferentes, se le puede dar la exclusividad y el protagonismo histórico sólo a los europeos? ¿Por qué en un planeta tan polimorfo y rico en minorías étnicas, culturales, religiosas y estéticas iba a imponerse una única forma de humanidad? ¿Es justo conceder carta

de ciudadanía sólo a una lengua central, como el inglés, francés o castellano, despreciando y colocando al margen de la ley tantos idiomas o dialectos, como el galés, bretón, euskera o catalán? Los postmodernos responden que no.

Cuando sólo contábamos con el revolucionario invento de Gutenberg todavía podía sostenerse el concepto tradicional de historia. Entonces los acontecimientos se sucedían con relativa lentitud porque se veían obligados a superar el pausado filtro de la letra impresa. La historia se escribía en fascículos periódicos que permitían ser escudriñados minuciosamente por los expertos. Pero el vendaval que ha supuesto la intromisión de los nuevos medios de comunicación hace tal tarea prácticamente imposible. La historia hoy, al servirse de estos medios, "sobre todo de la televisión, tiende a achatarse en el plano de la contemporaneidad y de la simultaneidad, lo cual produce así una des-historización de la experiencia".[72]

La conclusión que sacan los filósofos postmodernos, de todo esto, es que si las crónicas de la humanidad no siguen un desarrollo unitario, entonces tampoco puede sostenerse que progresen hacia un fin. Desde esta perspectiva "el futuro ya no existe. Pero si no hay futuro, tampoco hay fin. *Por lo tanto ni siquiera se trata del fin de la historia.* Estamos ante un proceso paradójico de reversión, (...) de recurrencia y de turbulencia".[73] Es como si la historia se hubiese convertido en una especie de cinta de vídeo que pudiera pasarse tantas veces como fuera necesario. Los postmodernos alertan del peligro de volver a vivir la historia de manera restrospectiva con el fin de corregirla y limpiarla de todos los escándalos y acontecimientos monstruosos. Lo que hay que hacer, según ellos, es vivir el presente, sin preocuparse para nada de lo que ocurrió en el pasado ni de lo que nos deparará el futuro. Olvidarse del sentido histórico occidental y procurar ofrecer a las demás culturas, no europeas, la posibilidad de que también ellas puedan participar en la búsqueda común de un sentido universal. Sentido que no se basaría en criterios dogmáticos o absolutos, sino en lo que Vattimo denomina el "pensamiento de la contaminación".[74] Un intento de interpretación de las múltiples civilizaciones contemporáneas; una mezcolanza de ideas, creencias, filosofías, gustos, comportamientos, técnicas y costumbres; un *collage* de pequeñas historias en una época sin coordenadas estables. La antigua creencia de ciertos historiadores de que el conocimiento del pasado era la clave del futuro se ha sustituido hoy por la convicción de que los conocimientos históricos sólo aportan un incierto saber del pasado y no dicen absolutamente nada acerca de lo que está por venir.

El hombre de la postmodernidad no desea anclarse a nada; no le gustan las verdades absolutas; sólo acepta ligarse a opiniones de las que pueda desembarazarse rápidamente cuando lo crea oportuno. Hoy se quiere vivir sobre la cuerda floja de la inestabilidad permanente. Se procura el pensamiento tolerante y se huye de las valoraciones que impliquen o comprometan. Se presume de aceptar cualquier diferencia y de reconocer múltiples posibilidades. Nada es completamente cierto o falso por aquello de que todo depende de la perspectiva. Con esta forma, tan poco ambiciosa, de entender la realidad y la historia se llega al relativismo y a la provisionalidad.

El postmoderno vive en el mundo de lo parcial donde nada es duradero ni, mucho menos, eterno; sólo tiene memoria de lo inmediato; sólo le concede crédito al presente.

¿Cómo se puede entonces responder a la pregunta acerca de quién soy? Es del todo imposible. Y si no sabemos quienes somos ¿podemos

---

El hombre de la postmodernidad no desea anclarse a nada; no le gustan las verdades absolutas; sólo acepta ligarse a opiniones de las que pueda desembarazarse rápidamente cuando lo crea oportuno.

acaso vislumbrar hacia dónde vamos? Si se carece tanto de memoria individual como colectiva es imposible conocer nuestra identidad y destino. En el Antiguo Testamento el pueblo de Israel nos proporciona un valioso ejemplo de esto que comentamos. La relación entre Dios y el pueblo elegido se caracteriza siempre por una constante apelación a la memoria colectiva del pueblo. Dios pacta con Israel varias veces en el tiempo y en el espacio. La experiencia histórica colectiva, aunque tenga también una parte subjetiva, es constatable y se convierte en un signo de identidad del propio Yahveh -de su fidelidad, su misericordia, su juicio, etc.- y de su pueblo. Sin esa identidad el pueblo de Israel hubiera sido fácilmente manipulable. Esta es precisamente la desgracia del hombre postmoderno. Sin memoria colectiva, ni individual, el postmoderno es un individuo sin identidad que renuncia a ella voluntariamente porque no tiene conciencia de su importancia y/o no quiere utilizar su capacidad de razonamiento para comprenderse a sí mismo y a su entorno. Es un solitario, no en sentido espacial, sino desde el punto de vista psicológico, emocional, mental e histórico. El postmoderno vive en la soledad más absoluta en que se puede encontrar el ser humano.

Comparación de valores entre modernidad y postmodernidad

«Para no caer en la trampa de las palabras conviene dejar claro que obviamente todo no vale igual ni da igual. Si las personas, todas y cada una de ellas, son iguales en dignidad y se hacen merecedoras del más o del menos según sus obras -"por sus frutos los conoceréis"-, las ideas, no digamos ya las ideologías, y las cosas no valen todas igual. Unas valen más que otras, y algunas no valen un pimiento.»

Gustavo Villapalos,
El *libro de los valores*

IV.

COMPARACION DE VALORES
ENTRE MODERNIDAD Y POSTMODERNIDAD

A modo de resumen de estas dos maneras de ver el mundo, que se han venido analizando hasta aquí, proponemos la siguiente lista que incluye veinticuatro valores contrapuestos. No resulta extraño encontrar ciertos paralelismos entre algunos ya que en realidad la mayoría de ellos derivan del relativismo con que se acepta hoy el concepto de valor, la idea de razón y la esencia de lo que es el ser. La importancia actual que recibe lo presente y cotidiano así como la supremacía de lo estético, el individualismo y el hedonismo narcisista constituyen también las raíces desde donde brotan todos los demás valores y contravalores. Es evidente que tal enumeración no pretende ser exhaustiva aunque sí refleja, a nuestro modo de ver, lo más significativo de la controversia:

VALORES MODERNOS	VALORES POSTMODERNOS
1. FE	INCREENCIA
2. SACRALIZACION	SECULARIZACION
3. ABSOLUTO	RELATIVO
4. OBJETIVIDAD	SUBJETIVIDAD
5. RAZÓN	SENTIMIENTO
6. ÉTICA	ESTÉTICA
7. CULPABILIDAD	ACULPABILIDAD
8. PASADO/FUTURO	PRESENTE
9. HISTORIA	HISTORIAS
10. UNIDAD	DIVERSIDAD
11. COLECTIVISMO	INDIVIDUALISMO
12. PROGRESISMO	NEOCONSERVADURISMO

13.	INCONFORMISMO	CONFORMISMO
14.	IDEALISMO	REALISMO
15.	HUMANISMO	ANTIHUMANISMO
16.	SEGURIDAD	PASOTISMO
17.	FUERTE	"LIGHT"
18.	ESFUERZO	PLACER
19.	PROMETEÍSMO	NARCISISMO
20.	SERIEDAD	HUMOR
21.	FUNDAMENTAL	SUPERFICIAL
22.	INTOLERANCIA	TOLERANCIA
23.	FORMALIDAD	INFORMALIDAD
24.	NECESARIO	ACCESORIO

A continuación se comentará brevemente cada una de estas confrontaciones de valores. Con el fin de hacer más ágil la descripción se emplearán las siglas: M para modernidad y PM para postmodernidad.

1. *Fe - Increencia*. La M se caracterizó, como pudimos comprobar en la primera parte de esta obra, por la fe en casi todas las empresas humanas. En la PM sin embargo se ha perdido cualquier tipo de fe en el hombre. Es la época del nihilismo y del agnosticismo. De la certeza se ha pasado a la increencia.

2. *Sacralización - Secularización*. La M heredó de la Edad Media cierto dogmatismo de las ideas y de las creencias. Conceptos como la libertad, la tecnología, la ciencia y el imparable progreso histórico de la humanidad llegaron a sacralizarse. La PM contribuirá, no obstante, a secularizar todos estos mitos, es decir, a despojarlos de su aureola sagrada y a entenderlos de una manera más equilibrada y realista.

3. *Absoluto - Relativo*. Los grandes relatos o "metarrelatos" propios de la M, como el desarrollo de la razón, la emancipación progresiva de los trabajadores, el progreso científico e incluso el cristianismo, son descartados en la PM por considerarlos Verdad Absoluta. Hoy se creería en las pequeñas verdades relativas, pero en ninguna que fuera absoluta.

4. *Objetividad - Subjetividad*. Al postmoderno no le interesa conocer la realidad total del mundo o de las cosas. Se conforma sólo con la realidad parcial y momentánea que perciben sus sentidos. De ahí resulta una visión personal subjetiva sin norte ni orientación fija. La objetividad de los grandes fines desaparece y como alternativa queda un pensamiento débil y fragmentado.

5. *Razón - Sentimiento*. La razón ha demostrado su insuficiencia para explicar las calamidades que han azotado a la humanidad durante el presente siglo. La historia de la razón sería "la historia de los desengaños de la razón, o de lo irracional de la razón".[1] Al perderse el fundamento de la razón el centro de la moral y de la persona es el yo, los sentimientos o los gustos individuales.

6. *Ética - Estética*. La ética propia del pensamiento moderno también habría llegado a su final y, en la actualidad, asistiríamos a una multiplicación de "microéticas" escépticas y desorientadas. La PM propone como alternativa la estetización de la vida, la eliminación de toda norma, el relativismo de las conductas y el politeísmo de los valores. Como escribe Dostoievsky: "si Dios no existe todo está permitido".[2]

7. *Culpabilidad - Aculpabilidad*. En el reino de la moral subjetiva, en el que "todo vale", se hace difícil distinguir entre lo que está bien y lo que está mal. Todo depende del momento y del criterio de cada persona. Esto hace imposible que pueda darse el sentimiento de culpabilidad y la conciencia de pecado. El reino de la moral subjetiva es, en realidad, el de la antimoral y el de la aculpabilidad.

8. *Pasado/Futuro - Presente*. El postmoderno desea vivir su propia realización exclusivamente en el presente sin preocuparse del pasado, ya que le trae amargos recuerdos, ni del oscuro porvenir. En esto diferiría notablemente del hombre moderno que se sentía honrado por ser heredero de su pasado y, a la vez, forjador esforzado de su futuro.

9. *Historia - Historias*. En la PM se asiste a la disolución del sentido de la historia única y a la proliferación de las pequeñas historias individuales. Se cree que la historia no tiene ningún sentido oculto; ningún fin predeterminado por nadie. Por eso se opta por el presente; por eso se vive para uno mismo porque, en el fondo, se acepta que este mundo no va a ninguna parte.

10. *Unidad - Diversidad*. La M procuró unificar y centralizar todas las culturas de manera escandalosa. Esto produjo la exaltación de la cultura central y el desprecio de las periféricas. Desde el punto de vista lingüístico lo que se hizo fue reconocer o potenciar unas lenguas (castellano, inglés, francés) y situar las otras al margen de la Ley (catalán, euskera, bretón, galés). Sin embargo, la PM reconoce la diversidad cultural; ofrece carta de ciudadanía a todas las lenguas y tiende a descentralizar la cultura.

La postmodernidad propone como alternativa la estetización de la vida, la eliminación de toda norma, el relativismo de las conductas y el politeísmo de los valores.

11. *Colectivismo - Individualismo.* Los ideales colectivistas, que aspiraban a fomentar la confianza en el Estado para que éste distribuyera equitativamente la riqueza, germinaron y se desarrollaron durante la M. Sin embargo, la PM ha visto su estrepitoso fracaso y ha optado por el individualismo. La persona ya no se concibe al servicio de la colectividad sino que deberá ser ésta, la sociedad, la que se subordine a la persona.

12. *Progresismo - Neoconservadurismo.* Después de observar los males hacia donde nos ha conducido el progreso salvaje la PM empieza a desconfiar del mismo y en su seno surgen actitudes tradicionalistas. A nivel político crece el neoconservadurismo que hace del trabajo controlado un valor importante y, a nivel social, se exalta el mérito de la familia y de la religión.

13. *Inconformismo - Conformismo.* La M fue fecunda en revoluciones sociales que intentaron mejorar la condición humana. El inconformismo frente a las injusticias fue el motor que movilizó a casi todas sus generaciones. Pero en la PM las cosas han cambiado. El postmoderno no daría un paso por cambiar las injusticias de este mundo. El conformismo es la actitud que predomina cuando se acepta la imposibilidad de cambiar la realidad. Es lo que expresan estos versos de Fernando Pessoa:

> *Haber injusticia es como haber muerte.*
> *Yo nunca daría un paso por alterar*
> *aquello que llaman la injusticia del mundo.*
> *Acepto la injusticia como acepto*
> *que una piedra no sea redonda,*
> *y un alcornoque no haya nacido pino o roble.*[3]

14. *Idealismo - Realismo.* Casi todos los idealismos modernos han sido aniquilados por acontecimientos históricos tan realistas como: las dos guerras mundiales, Hiroshima y Nagasaki, el nazismo de Auschwitz, invasiones como las de Polonia, Praga, Berlín o Budapest, las guerras de

Vietnam y del Golfo Pérsico, el desastre nuclear de Chernobil o la reciente crisis de los Balcanes. Los proyectos idealistas no se corresponden con la realidad.

15. *Humanismo - Antihumanismo.* La M se preocupó por cultivar las humanidades. Durante el Renacimiento florecieron las tendencias intelectuales y filosóficas que pretendían desarrollar las cualidades esenciales del ser humano, para que éste pudiera alcanzar el ideal arquetípico de la antigüedad grecolatina. Sin embargo, a este humanismo que miraba hacia el pasado le sucedieron los humanismos proyectados hacia el futuro (el de Comte, el marxista, el existencialista, el socialista, etc.). La PM se torna antihumanista en el momento que decide concentrarse exclusivamente en el presente, prescindiendo tanto de los utópicos "superhombres" futuristas como de los pretéritos arquetipos. El postmoderno no imita a nadie, vive y deja vivir.

16. *Seguridad - Pasotismo.* El hombre de la M estaba seguro de lo que creía. Hoy aquella seguridad se ha perdido. El desencanto de la razón y la fragmentación de todas las creencias han producido este "pasotismo" típico de la PM que se manifiesta en todas las actitudes del postmoderno, sobretodo en el lenguaje juvenil. Con el tópico "yo paso" se expresa el desinterés y la desconfianza en todo aquello que antaño ofrecía seguridad.

17. *Fuerte - "Light".* Lo mismo puede afirmarse de los razonamientos "fuertes" del hombre moderno. Los ilustrados, por ejemplo, estaban convencidos de que el desarrollo del conocimiento humano no sólo contribuiría a comprender mejor la Naturaleza sino que también proporcionaría progreso moral, justicia social y felicidad para todos los hombres. Pero la PM ha comprobado el fracaso de todas estas esperanzas. La razón "fuerte" se ha roto para dar paso al tiempo del pensamiento débil, "light", relativo, inseguro y desilusionado.

18. *Esfuerzo - Placer*. Si el trabajo, el esfuerzo y la laboriosidad eran virtudes fundamentales durante la M, especialmente en los países protestantes, en la PM la cultura del esfuerzo será sustituida por la del placer. La cultura postmoderna es una cultura placentera que se ocupa sólo de lo que le satisface. El saber se busca a través del placer.

19. *Prometeísmo - Narcisismo*. El hombre moderno se identificó con el mítico Prometeo quien, arriesgando su vida, trajo a la tierra el fuego de los dioses para que los mortales pudieran progresar. Sin embargo, el postmoderno prefiere el mito de Narciso, a quién no le interesa el progreso de la humanidad sino tan sólo la realización de su propia persona.

20. *Seriedad - Humor*. En la PM se recurre al humor como terapia contra el desengaño. Cuando ya nada se toma en serio triunfa la broma y la ridiculización de la realidad cotidiana. El mundo que ha abandonado las sólidas creencias del pasado banaliza lo real por medio de la máscara del humor.

21. *Fundamental - Superficial*. Los pilares ideológicos sobre los que se fundamentaba la M se han venido abajo durante el violento seísmo del siglo XX. Hoy sólo quedan las techumbres superficiales ocultando toneladas de escombros doctrinales. De ahí que la PM perciba únicamente las tejas que no se rompieron en el terremoto.

22. *Intolerancia - Tolerancia*. Las grandes cosmovisiones de la M se caracterizaron por su intolerancia. Casi siempre que los humanos se han sentido depositarios de la verdad han procurado imponerla a los demás, surgiendo así paradojas como la Inquisición "cristiana", la KGB marxista, la bomba atómica de los "buenos" o la guerra santa de los musulmanes. Es por eso que la PM considera peligrosos todos los grandes relatos. Lo mejor será, según ella, instalarse en el pensamiento débil que es más comprensivo y tolerante.

23. *Formalidad - Informalidad.* La seriedad y compostura moderna emanaban de la aceptación de unos principios morales absolutos. Había que guardar la forma porque ésta evidenciaba la existencia de un fondo moral auténtico e incuestionable. No sólo era necesario ser bueno sino también parecerlo. Durante la PM, en cambio, al disociarse la moralidad de las acciones humanas ya no hay por qué guardar las apariencias. Hoy no preocupa ser bueno ni tampoco parecerlo. Lo importante es ser feliz, viviendo con sinceridad, en el mundo de la informalidad. El peligro de tal actitud es que de la amoralidad a la inmoralidad sólo hay un paso. El que, por desgracia, se da con demasiada frecuencia.

24. *Necesario - Accesorio.* El hombre moderno sabía distinguir fácilmente entre lo necesario y lo superfluo. Su fe en el mañana mejor le hacía esforzarse durante el presente y aprendió a vivir con lo que realmente le resultaba imprescindible. Sin embargo, el hombre postmoderno ha visto desarrollarse, en el seno de la sociedad del consumo, la seducción por lo accesorio. Se vive actualmente en el imperio de lo efímero y en la lógica de la moda que es la piedra angular del mismo.

Como puede comprobarse fácilmente, durante la postmodernidad se han abolido casi todas las diferencias que antaño existían entre los valores. Hace ya una década Jesús Ibañez escribía las siguientes palabras: "La publicidad ha abolido la diferencia entre verdadero y falso. La moda ha abolido la diferencia entre bello y feo. La política ha abolido la diferencia entre bueno y malo. La liberación sexual ha abolido las diferencias entre hombres y mujeres, entre padres e hijos, entre vivos y muertos (piénsese en la posibilidad de inseminación artificial con semen de difuntos). Todos los términos y todos los caminos son indiferentes, todas las relaciones son simétricas y todas las operaciones son reversibles. Flotamos en el vacío, nuestras trayectorias son brownianas. Las comidas light hacen reversible, en la realidad, la operación de comer. El aborto hace reversible, en la realidad, la operación de parir. Somos todos machembras, padrijos, vimuertos".[4]

Nos queda todavía una última cuestión. ¿Qué hay de Dios en la postmodernidad? ¿Cómo se concibe lo divino durante la era llamada postcristiana? Veremos a continuación que, en contra de las predicciones de Nietzsche, Dios no ha muerto ni ha sido destronado. Lo que ha ocurrido es que otros cien dioses más han venido a gobernar otros tantos cielos humanos.

CAPITULO V

Fe y religión en la postmodernidad

«Un hombre puede ignorar
que tiene alguna religión,
del mismo modo que
puede desconocer
que tiene un corazón; mas
sin religión, lo mismo
que sin corazón, el hombre
no puede existir.»

León Tolstoi,
Religión y moral

V.
FE Y RELIGIÓN
EN LA POSTMODERNIDAD

Las ideas de la postmodernidad han influido también en el mundo de las creencias religiosas. La sociedad occidental se caracteriza hoy por su acentuada secularización y por su omnipresente secularismo. El ateísmo humanista propio de la modernidad que permitió comparar la religión con el "opio del pueblo", según Marx, o con una especie de "reliquia neurótica", conforme escribió Freud, ha sido transformado por el hombre postmoderno en agnosticismo y nihilismo. El agnóstico afirma que es imposible saber si Dios existe o no y que, por lo tanto, es mejor hablar de otra cosa. Es preferible conformarse con la vida presente y olvidarse de la pretensión de dar respuesta a las preguntas últimas. Lo mejor es instalarse perfectamente en la finitud sin echar nada de menos, ni siquiera a Dios.[1] Esta actitud ha proliferado notablemente en Occidente. Por lo que respecta a nuestro país, Enrique Tierno Galván contribuyó a ponerla de moda entre los no creyentes españoles.[2] El agnosticismo sería, según el fallecido alcalde de Madrid, la postura del futuro que sustituiría al ateísmo. El ateo moderno negaba categóricamente la existencia de Dios, el agnóstico postmoderno dice simplemente que es imposible saberlo. ¿Hay alguna diferencia práctica entre ambas posturas? El resultado final sigue siendo el mismo. Es la increencia que procura acomodarse a la brevedad de la vida humana buscando el sentido de la misma en valores ajenos a lo divino.

Por su parte el nihilismo, como negación de cualquier creencia religiosa, política o social, también ha arraigado fuertemente en el hombre contemporáneo contribuyendo a la atrofia espiritual que se observa hoy. Nietzsche lo profetizó acertadamente: "describo lo que viene: El advenimiento del nihilismo. Lo que cuento es la historia de los dos próximos siglos".[3] Y en efecto así ha sido. La postmodernidad ha aprendido a negar casi todos los valores del pasado: la verdad, la libertad, la razón, el bien, la moral y también la creencia en Dios. La vida sin ideales ni objetivos trascendentes se ha convertido en la forma más común de la existencia humana. La pregunta que subyace detrás de todo comportamiento postmoderno es siempre la misma: ¿por qué ocuparse de cuestiones para las que no hay respuestas claras?, ¿a qué perder el valioso tiempo con suposiciones racionalmente indemostrables?

El reino de la inestabilidad

El nihilismo mata la fe. Destruye la confianza. Es como un virus que penetrara en las neuronas cerebrales desajustando el sistema inmunitario y provocando la impotencia para cualquier aventura reflexiva. Nihilista es el acostumbrado a practicar el gesto del encogimiento de hombros frente a las preguntas verdaderamente importantes. Es el "no sabe no contesta" ante lo espiritual. El nihilismo como enfermedad anímica de la postmodernidad adelgaza los espíritus hasta que sobreviene la muerte de lo subjetivo. Lo singular de esta nueva forma de ateísmo nihilista, que se da en la postmodernidad, estriba en que desconoce por completo cualquier sentimiento de tragedia. Hoy "ninguna ideología (...) es capaz de entusiasmar a las masas, la sociedad postmoderna no tiene ni ídolo ni tabú, (...) ningún proyecto histórico movilizador, estamos ya regidos por el vacío, un vacío que no comporta, sin embargo, ni tragedia ni apocalipsis".[4] No se sabe si existe Dios pero tampoco importa demasiado.

---

1. E. TIERNO GALVáN, *¿Qué es ser agnóstico?*, Madrid, 1986, pp. 26, 30, 64. Ser agnóstico es, para Tierno, vivir perfectamente en la finitud, sin necesitar nada más. Acomodarse al hecho de tener que morir porque no se puede concebir que exista nada fuera de la vida humana. No habría más remedio que aceptar las imperfecciones a las que nos somete la realidad porque asumir lo imperfecto formaría parte de esa perfecta instalación en lo finito. La persona agnóstica sería aquella que sabe vivir su vida sin ningún tipo de tragedia teológica.

Nietzsche se dio cuenta de que la muerte de Dios representaba también la muerte del hombre. Si la fe religiosa era arrojada al abismo arrastraría detrás de ella a toda la humanidad. Sin embargo, el postmoderno parece no darle excesiva importancia a las palabras del filósofo alemán y asiste a la pretendida muerte de Dios sin suspiros, traumas o sobresaltos. Lo que más le preocupa es el nivel de sus ingresos mensuales, su estado de salud y, a lo sumo, las vacaciones estivales. Sin creencias sabe vivir, pero sin dinero no.

Conviene indicar, no obstante, que la vida en la increencia tampoco es, ni mucho menos, un camino de rosas. Más bien se parece a la travesía de un enorme desierto. De modo que el postmoderno "cruzando solo el desierto, transportándose a sí mismo sin ningún apoyo trascendente, se caracteriza por su *vulnerabilidad*".[5] El ser humano que no cree en la existencia de Dios está desarmado frente a la vida. Cualquier problema por pequeño que sea puede derrumbarlo. Cualquier nimiedad le saca de sus casillas. Como se plantea apropiadamente Lipovetsky: "¿Qué cosa hoy no da lugar a dramatizaciones y *stress*? Envejecer, engordar, afearse, dormir, educar a los niños, irse de vacaciones…todo es un problema. Las actividades elementales se han vuelto imposibles".[6] Son los inconvenientes inmediatos de haber expulsado a Dios; las consecuencias directas de atravesar solos el fatigoso desierto de la vida.

La dimensión agnóstica de la postmodernidad no se cansa de gritar a los cuatro vientos que "hoy ya no hay trascendencia"[7] ni existen sentidos ocultos en este universo que habitamos. Javier Sádaba -que se confiesa agnóstico- asegura que en la actualidad el hombre "razonablemente instruido no es un creyente o un incrédulo, sino que se *despreocupa* de tales cuestiones"[8] e incluso que el que todavía conserva su fe, orienta su vida prescindiendo de la religiosidad. Sin embargo, esta despreocupación de las cuestiones trascendentes tampoco produce satisfacción porque "al agnóstico, las cosas, le rezuman inestabilidad", no vive feliz "sino que permanece insatisfecho, irreconciliado con un mal mundo".[9] De manera que, después de todo, resulta que la instalación en la finitud no es tan perfecta como pretendía Tierno. Hay cosas que se siguen echando de menos.

Pero, a pesar de estos sentimientos, lo cierto es que la religión ha dejado de ser la base cultural y social de la sociedad española. La enseñanza religiosa en las escuelas ha desaparecido de los programas obligatorios y sólo se contempla de manera opcional. Su presencia es completamente lateral o marginal y las consecuencias de tal ausencia resultan bastante evidentes. La merma de cultura religiosa que sufren los jóvenes estudiantes les hace incapaces para entender adecuadamente muchos de los procesos históricos que dieron origen a la civilización occidental. Se ha pretendido una educación laica y plural, alejada de los dogmatismos, pero se ha conseguido una penuria cultural que ha engendrado superficialidad y pasotismo.

La carencia de base religiosa ha originado también un modo de vida sin referencias estables. Hoy todo puede ser o dejar de ser; todo depende de algo que puede cambiar. Actualmente hay muchas posibilidades entre las que elegir y la fe cristiana es tan sólo una más. Aunque, como se verá más adelante, sigue todavía estando presente.

Nuevas formas de religiosidad

Pese a este crecimiento postmoderno del nihilismo y agnosticismo conviene apresurarse a decir que la postmodernidad no es irreligiosa.

Se ha pretendido una educación laica y plural, alejada de los dogmatismos, pero se ha conseguido una penuria cultural que ha engendrado superficialidad y pasotismo.

Conviven en esta época diversas tendencias que constituyen un amplio abanico de creencias. En la cultura del gran vacío sigue permaneciendo la nostalgia de lo religioso. La postmodernidad no es "ni propiamente atea ni propiamente antirreligiosa".[10] Pero esta sed de trascendencia del hombre contemporáneo se procura saciar en abrevaderos que no siempre satisfacen. El gran vacío postmoderno se intenta llenar con caricaturas de lo religioso que, en vez de liberar, esclavizan más aún al ser humano. Asistimos hoy a un tránsito de formas religiosas que sustituyen a las tradicionales religiones cristianas. Veamos algunas de ellas.

1. Retorno a lo esotérico

Sólo hay que echar un vistazo a cualquier periódico o revista para comprobar la importancia del fenómeno. Horóscopos, astrología, ciencias ocultas, cartomancia, videncia y esoterismo barato compiten por abrirse paso en la sociedad de consumo. La radio y la televisión también se han hecho eco de tal tendencia y fabrican programas dirigidos a este importante sector de la audiencia en los que se mezcla lo enigmático y misterioso con ciertas doctrinas cristianas deformadas. Lo que interesa no es tanto el mensaje de Cristo o lo que dicen los evangelios sino lo que no dicen. Atraen sobre todo los años oscuros de la vida de Jesús; el período de la infancia; las fechas dudosas que inciten a elucubrar si nació en Belén o en Cachemira; todo aquello que permita desvelar los misterios que supuestamente han ocultado las iglesias. El retorno a lo esotérico demuestra que la inquietud por lo religioso no ha desaparecido totalmente de la sociedad. Sin embargo, se pone de manifiesto, al mismo tiempo, que con ese afán desmesurado por lo oscuro y secreto sólo se consiguen caricaturas deformadas. Se inventa así un Jesús apócrifo tergiversado y marginal que poco, o nada, tiene que ver con la historia real. Un Jesucristo milagrero que atrae al supersticioso y al ansioso de novedades pero que aleja al ser humano de la auténtica Palabra de Dios. Si el racionalismo moderno contribuyó a minar las creencias religiosas, la postmodernidad representa un retorno ingenuo a la brujería medieval. Del escepticismo radical se ha pasado a la credulidad más increíble. Se produce así lo que José Mª. Mardones denomina la "trivialización de lo sagrado". Ese "intento variopinto de recuperar el olor y sabor del incienso sagrado en medio de la ciudad secular".[11] La religiosidad postmoderna engaña el hambre de Dios con manifestaciones desfiguradas que pretenden restar importancia al cristianismo. El aire esotérico impregna desde los vulgares horóscopos hasta la sofisticada New Age.[12] Es la búsqueda afanosa de soluciones alternativas para el cuerpo (homeopatía, acupuntura, magnetoterapia, etc.); para la mente (telepatía, radiestesia, sofrología, hipnosis, etc.) y para el espíritu (espiritismo, meditación trascendental, canalismo, chamanismo, etc.).

Todo lo existente estaría relacionado con esa energía inicial unificadora a la que el ser humano es llamado a acceder. Pero para alcanzar tal relación habría que iniciarse previamente en los ocultos conocimientos "herméticos". ¿De dónde vienen estas ideas?

La investigación de la naturaleza a través de la alquimia y de la magia natural se fundamentó, durante el Renacimiento, en una serie de textos que se suponían de la época de Moisés y que fueron atribuidos a Hermes Trimegisto (el "tres veces grande"). Aunque en realidad, según afirman hoy los historiadores, se escribieron entre el 100 y el 300 d.C.[13] en la cultura de la Alejandría helenística. Hermes fue el nombre que los griegos dieron al dios lunar de los egipcios, Thot, el creador de las artes y las ciencias. Posteriormente la leyenda griega hizo de Thot un rey muy

---

12. La Nueva Era es un movimiento que carece de dogmas, textos sagrados, organización más o menos estricta o líder representativo. Es un conglomerado sincrético de ideologías diversas. Se apela a las nuevas concepciones sobre la materia de la física cuántica para afirmar que el universo es como un gran cuerpo vivo gobernado, no por leyes mecánicas, sino por relaciones que unen a todos los seres, incluso a Dios mismo, en un todo viviente espiritual. Por eso la conciencia personal podría salir del individuo y dilatarse hasta fusionarse con la conciencia universal del cosmos. Este deseo de unidad les hace proponer un ecumenismo amplio que valora la religiosidad oriental por encima de la judeo-cristiana. Se recurre a la psicología para profundizar en las facultades no conscientes, en la introspección, con el fin de conseguir la paz interior y la claridad espiritual. Se cree que a través de los *mediums* es posible el contacto con personalidades alejadas en el espacio y en el tiempo; exactamente igual que propone el espiritismo clásico. Y, en fin, se diviniza la tierra y sus relaciones con la humanidad en un intento de reencantamiento de la naturaleza por medio del ecologismo, el biocentrismo y el culto a todo lo natural.

antiguo de Egipto que habría escrito abundantes tratados esotéricos sobre magia, astrología y alquimia. En los escritos herméticos ciertas ideas filosóficas de Platón se mezclaron con concepciones de la Biblia para producir toda una amalgama de elementos místicos, cristianos y mágicos. El ocultismo se consideró como la ciencia que permitía manejar las fuerzas mágicas y secretas de la naturaleza en beneficio del hombre; mientras que la astrología, por su parte, pretendía adivinar el porvenir mediante el estudio de las estrellas. La creencia de que el futuro de cada persona estaba determinado por el correspondiente signo zodiacal influyó en las masas helenísticas que, de esta forma, se entregaron en manos del destino transformándose así en esclavos del mismo.[14] Sólo mediante la vía contemplativa se podía alcanzar la divinidad del alma humana a través del conocimiento de la voluntad creadora de Dios. A esta contemplación se le llamó más tarde *gnosis*. Se creía que éste era el único camino que podía liberar al ser humano de su cuerpo malo. De manera que de los herméticos, bajo la influencia de ciertos pensadores cristianos, derivó el gnosticismo que puede rastrearse en algunos capítulos de la Biblia.

Los escritos herméticos afirmaban que la Tierra, centro del universo, mantenía un entramado de afinidades y correspondencias con el resto de los planetas. El mundo estaba encantado y la materia impregnada de un espíritu activo por medio del cual actuaba la influencia de los astros. La misión del mago natural era apropiarse de los poderes ocultos de la naturaleza y descubrir el secreto de las leyes de antipatía y simpatía. ¿Cuáles eran las relaciones existentes entre planetas y plantas o entre estrellas y minerales? ¿Qué sentido tenía la analogía entre el brillo de las gemas y la luz de las estrellas en el firmamento? ¿Podría descubrirse el misterio de la correspondencia entre la forma de una raíz y aquel órgano humano que se le parecía?

La obra de Paracelso (1493-1541) contribuyó a rescatar la sabiduría oculta de Hermes, que había permanecido olvidada, y desarrolló de nuevo las ideas herméticas y alquimistas fundamentadas en estas hipotéticas correspondencias y analogías entre los poderes ocultos del mundo natural. Paracelso estaba persuadido de que, con sus estudios herméticos, lograría recuperar el conocimiento que el ser humano había perdido al ser expulsado Adán del Paraíso.[15] La observación de la naturaleza fue promocionada por tales ideas y esto supuso un empuje importante en el surgimiento de la Revolución científica.

¿Qué ha ocurrido en nuestros días para que el ser humano retorne una vez más al paradigma de Hermes-Thot?, ¿a santo de qué vuelve esta fiebre ecléctica[16] de lo esotérico? La respuesta puede que venga de la mano del malestar cultural que se respira hoy. Las ciencias humanas están sufriendo una aguda crisis metodológica. El postmoderno -como vimos- ha perdido la fe en la razón, en la historia, en la ciencia y en el hombre. Cuando resulta que el glorificado método del racionalismo deductivo tampoco aporta las respuestas necesarias que pudieran satisfacer plenamente todos los aspectos de la personalidad humana, el individuo contemporáneo le da la espalda y se busca otro paradigma. Quizás las respuestas esotéricas se centran más en el sujeto que en los objetos; quizás el modelo hermético propicie más la singularidad de la persona frente a las generalizaciones socializantes de la razón; es posible que el principio unificador sincretista, que lo une y engloba todo en el cosmos, satisfaga más porque diviniza lo humano y lo aleja de esos impresentables "animales racionales aristotélicos"[17] que tan malos ejemplos vienen dando. Parece además que en los momentos de crisis aparecen los fantasmas del hermetismo y de la gnosis. Cuando la razón se pone en tela de juicio le llegaría el turno a la intuición.

Sin embargo hay, a nuestro entender, una causa espiritual mucho más profunda que fue señalada ya por José Mª Martínez: "La cultura moderna ha producido un gran vacío espiritual y este vacío no siempre queda vacante; a menudo es ocupado por las creencias más irracionales".[18] La grave anemia espiritual, en que vive sumido el postmoderno, es la causa principal en el auge de las actuales tendencias neo-esotéricas. Cuando

---

16. Pues une los saberes herméticos de la antigüedad con los últimos conocimientos científicos.

se le cierra la puerta del alma al Dios de la Biblia resulta que los fantasmas se cuelan por las ventanas. Como indica Manuel Guerra: "Dios ha puesto el 'sentimiento religioso' como un medio para que el hombre consiga uno de sus fines: el religioso. Un síntoma de inmadurez o de decadencia es trastocar este ordenamiento, convertir los medios en fin, en este caso, la búsqueda ansiosa del sentimiento religioso precipitándose en el irracionalismo religioso".[19] El auge del sentimiento que se observa en la postmodernidad lleva al ser humano a buscar afanosamente, en sus prácticas religiosas, las experiencias sensitivas. Kundera nos recordaba que la filosofía actual propone que hay que sentir para existir; es necesario emocionarse; el cuerpo y el espíritu tienen que vibrar con la fe religiosa. Las creencias sin emotividad hoy no satisfacen. Pero, sin ánimo de menospreciar las virtudes del sentimiento, depender siempre de él, incluso para las cuestiones religiosas, ¿no es realmente un grave síntoma de inmadurez? Durante la adolescencia es normal el deseo de sentir algo con la práctica religiosa, pero no lo es cuando llega la madurez. La fe cristiana no es sentimiento, sino "asentimiento"; es admitir como cierta la doctrina de Jesucristo sin estar siempre esperando que ésta nos emocione las veinticuatro horas del día. La persona madura en su fe no se deja arrastrar por la irracionalidad religiosa. ¿Cómo es posible que alguien prefiera los consejos del tal Hermes frente a los de Cristo? ¿Pueden acaso las primitivas religiones herméticas compararse con la elevada calidad moral del Evangelio?

El individuo inmaduro suele caer fácilmente en los nuevos movimientos esotéricos porque siempre anda buscando sentir algo que las religiones institucionales no le saben dar. La despersonalización y la falta de atención a los problemas individuales que se vive hoy en el cristianismo oficial contribuye a este retorno a lo esotérico. La persona que se abraza a tales movimientos y rechaza el cristianismo está repudiando consciente, o inconscientemente, una religión institucionalizada; un sistema eclesial aliado con la modernidad racionalista y calculadora; un clero que ha predicado la doctrina del amor, pero no la ha puesto en práctica. El que ama lo hermético es porque no ha conocido al auténtico Cristo que se revela en las Escrituras; porque no ha tenido un encuentro personal con Él. Quizás porque ningún cristiano se lo ha sabido presentar.

2. Rebrotes de lo satánico

Muchas personas creen que la idea del diablo no es más que una tradición cristiana, bastante folklórica, que subsiste como leyenda medieval pero que hoy resulta ya inaceptable para el creyente que pretenda haber alcanzado la madurez. Incluso ciertos teólogos contemporáneos opinan que la predicación cristiana no debería alimentar la creencia en los demonios como seres personales[20] por entender que tales ideas fueron introducidas, en la tradición judeo-cristiana, por la influencia dualista de pueblos periféricos. Pues bien, una vez más nos encontramos frente a la paradoja. Cuando en ciertos sectores liberales del cristianismo parecía que la fe en seres espirituales demoníacos se iba debilitando, en la actualidad asistimos a su resurgimiento pero en ambientes completamente opuestos al mundo cristiano. Resulta sorprendente que hoy, en la época de los satélites y de la inteligencia artificial, todavía se busquen las pretendidas posesiones diabólicas, los exorcismos, las misas negras o los cultos satánicos.

Es cierto que el morbo de lo infernal ha acompañado siempre al ser humano, contribuyendo en numerosas ocasiones a crear una caricatura

Resulta sorprendente que hoy, en la época de los satélites y de la inteligencia artificial, todavía se busquen las pretendidas posesiones diabólicas, los exorcismos, las misas negras o los cultos satánicos.

pueril de lo que la Biblia realmente enseña. Sin embargo actualmente se ha producido una proliferación espectacular de grupos demoníacos o sectas luciferinas y satánicas. Es el desarrollo del lado oscuro de lo religioso; la fascinación por lo oculto y misterioso; la búsqueda de la malignidad como recurso contracultural y contrarreligioso; la rebeldía, la desobediencia, la manifestación descarada contra Dios y el principio del bien en el mundo. Lo que embruja, a ciertas criaturas, es el poder terrorífico del mal. Mardones dice que "es como tocar la orla de lo sagrado por la parte de atrás, por su zona sombría".[21] Tanto el cine como determinada literatura se han hecho amplio eco de tales tendencias. La prensa no escatima esfuerzos a la hora de airear exorcismos y vejaciones cometidas a seres inocentes que creen estar poseídos por el maligno. Incluso podría afirmarse que la sociedad de consumo explota lo demoníaco a través del miedo calculado, las películas de terror, los fantasmas para niños y hasta las historias del satanismo en fascículos y videos coleccionables. Es una forma de hacer negocio con el misterio del mal en el mundo.

Pero lo cierto es que el número de grupos demoniacos actuales que se congregan clandestinamente para adorar a Satán, Lucifer o Belcebú está aumentando en todo el mundo. Guerra menciona para España hasta 33 grupos satánicos con nombres propios que les definen.[22] Títulos tan sugerentes como: "Barón Rojo" en Madrid, "Amigos de Lucifer" en Galicia y Cataluña, "Caballeros del Anticristo" en Zaragoza, "Hermanas del Halo de Belcebú" en la Comunidad valenciana y Huelva, "Hermandad de Satán" en el Pirineo catalán, "Hijas de las Tinieblas" en Barcelona, "Iglesia de Satanás" en Cataluña y Levante o "Papá Satánico" de Valencia. Siempre se trata de grupos con un reducido número de miembros ya que prefieren dividirse antes de constituir una agrupación demasiado numerosa que pudiera poner en peligro su clandestinidad. Las sectas satánicas son realmente más peligrosas que las luciferinas porque su principal objetivo es rendir culto a Satanás experimentando cualquier tipo de emociones fuertes. Las luciferinas, en cambio, aunque también son destructivas, al estar formadas por personas de cierta formación intelectual, como "yuppies" con dinero o personas con profesiones liberales, su destructividad se muestra más educada y centrada en la consecución de dinero y poder. Pero las satánicas llegan incluso a practicar ritos que han producido, en ciertas ocasiones, víctimas humanas. Son muy frecuentes los transtornos psíquicos de los individuos que participan en tales actos. A veces ingieren alucinógenos con el fin de facilitar los llamados viajes astrales. Algunos grupos, como "Juicio Nera" de Barcelona, fuman la "savia del demonio" que es una mezcla de droga y huesos humanos triturados. Las orgías sexuales son muy corrientes; a veces es la "sacerdotisa" la que mantiene relaciones con el iniciado que desea ingresar en la secta, mientras que en otros grupos la relación genital es sólo de carácter homosexual. La profanación de cementerios y de lugares considerados sagrados es una costumbre habitual así como la decapitación de animales. El cambio de nombre de las personas iniciadas puede hacerse mediante una especie de "contra-bautismo". Pero lo que resulta más grave, desde el punto de vista ético y legal, es el rito sadomasoquista que acaba en el sacrificio humano. La prensa registra, de vez en cuando, casos que ponen los pelos de punta como el ocurrido en 1988 en Huelva donde murió una mujer, miembro de la "Comunidad del Espíritu de la gran Aguila", durante la celebración de uno de estos ritos. La líder del grupo, Ana Camacho, fue juzgada y condenada, en octubre de 1992, por la Audiencia de Huelva.

Lo más cruel de las ceremonias satánicas es, sin duda, el sacrificio de seres humanos inocentes. La muerte de niños e incluso bebés ha sido denunciada en varios países. Dianne Core, presidente de la "Childwach", asociación inglesa para la protección de los menores, manifestó que al menos 4.000 niños mueren cada año víctimas de los practicantes del satanismo. "En Suecia se han descubierto numerosos infanticidios en misas negras. Incluso algunas mujeres quedaban embarazadas para después abortar; los sacerdotes satánicos asesinaban meses más tarde el feto y bebían su sangre durante el ritual. A veces mataban a la madre que no quería acceder a sus propósitos (declaración de una ex-satanista sueca) (ABC, 14/III/1993, p. 103)".[23] Guerra comenta en su minuciosa obra cómo se realizan los sacrificios con víctimas humanas. "El rito consiste

en la captura de la víctima, su introducción hasta el altar en procesión mientras cantan la letra de Onnis, dios antropófago o devorador de hombres. (...) Ponen la víctima atada sobre el altar. La torturan grabándole los signos satánicos con el cuchillo ritual. Durante la misa negra (...) le extraen el corazón y a veces también otras vísceras, que comen todavía calientes y palpitantes a imitación de la 'omofagia' o comida en crudo de la carne (...). Consideran la omofagia como el recurso más eficaz para apropiarse la fuerza divina presente y actuante (...), es un modo de participar de la malicia de Satanás y un medio eficaz para apropiarse de su energía y conocimientos mientras sienten como fuertes descargas emocionales y una extraña sensación de poder".[24] Durante todo el ceremonial el que hace de "sacerdote" se burla y maldice continuamente a Jesucristo. Por último los participantes permanecen inmóviles hasta quedar convencidos de que Satanás se ha posesionado de ellos. Es entonces cuando pueden empezar a experimentar convulsiones.

Hay en todos estos grupos satánicos una influencia sincrética de la mitología griega. Se identifica a Lucifer con Prometeo, el enemigo de Zeus que odia todo lo divino. De la misma forma en que el titán Prometeo se atrevió a robar el fuego del Cielo para ofrecérselo al ser humano, los adoradores de Lucifer creen que éste infundió la inteligencia al hombre después de rebelarse contra un Yahveh cruel. Un Dios sanguinario que pretendía tenerlos prisioneros eternamente en su Edén como si fueran unos animales más. Pero Lucifer se reveló contra Dios dando la Luz de la inteligencia al ser humano. Por eso fue expulsado del paraíso. Tanto Prometeo como Lucifer encarnan perfectamente el prototipo de la irreligiosidad. Lo que se reivindica al referirse a la dimensión prometeica del hombre es la soberbia intelectual, el egocentrismo, la autosuficiencia irreligiosa producida por los avances tecnológicos y científicos que, en definitiva, se deben a la utilización adecuada del fuego. No es pues nada descabellado que estas sectas satánicas hayan elegido al mítico Prometeo como su símbolo principal. Tampoco es ningún secreto que la música moderna ha sido utilizada, por tales grupos, como medio para aproximar el satanismo a los jóvenes. Algunos conjuntos de rock han conseguido grandes éxitos gracias, en parte, a las letras claramente satánicas de sus canciones. Dentro de estos ejemplos cabe mencionar a "Kiss", sigla que corresponde a *Kings in Satan's Service*, "AC/DC", "Nazareth" y "Black Sabbath". El tema de Satanás aparece en numerosos títulos de ciertas melodías: *El número de la bestia* del grupo heavy "Iron Maiden"; el disco *Bienvenido Infierno* de "Venon" que contiene temas como *En alianza con Satán* o *Vive como un ángel, muere como un demonio*; *La Bestia* y *Arder en el infierno* del grupo "Twisted Sister"; *Hablando del diablo* de Ozzi Osborne quien fue iniciado en el culto satánico en el castillo de Aleister, posteriormente adquirido por el conjunto "Black Sabbath".[25]

El rock satánico apareció en 1968 con el "Devil's White Album". Disco que incluía mensajes subliminales con el fin de divulgar el "evangelio de Satanás". Se trata de comunicaciones que escapan a todo control ético o moral ya que llegan a los oyentes por debajo del umbral de la conciencia. Las técnicas utilizadas para la impresión subliminal varían desde frecuencias muy bajas (entre 14 y 20 oscilaciones por segundo) hasta otras muy elevadas (entre 17.000 y 20.000), pasando por las de frecuencia variable que sólo pueden oírse mediante un aparato especial. ¿Cómo pueden afectar este tipo de mensajes si aparentemente no parece que puedan ser captados por la conciencia? A veces la letra de las canciones va dirigida sólo a los iniciados, ya que si tales discos se hacen girar al revés se puede escuchar el mensaje de manera consciente. Guerra pone, entre otros, el ejemplo de *Empty spaces* de Pink Floyd, tema que escuchado al revés dice: "Acabas de descubrir el mensaje secreto del diablo. ¡Comunícate con el Viejo, enhorabuena!" y seguidamente recomienda una dirección a la que se puede acudir.[26]

---

26. Al escribir sobre estos temas conviene contrastar todas las informaciones con rigor, estudiando el grado de fiabilidad de su procedencia, ya que resulta fácil caer en la exageración y en las posturas radicales. No hay que olvidar que ni toda la música moderna es mala, ni todo tipo de rock conduce necesariamente al satanismo. (Cfr. R. SANSANO, *El grito del averno. Un análisis del rock satánico y la música moderna*, Terrassa, 1991).

¿Qué representan todas estas manifestaciones contemporáneas de retorno a lo satánico? ¿Se trata sólo de una moda consumista para explotar el lado negro de lo sagrado o hay algo más? Es posible que, si a la crisis de valores y de principios personales, tanto éticos como religiosos que se sufre en la actualidad, se le adhiere el deseo de evasión de lo vulgar y rutinario así como la curiosidad morbosa por descubrir nuevos aspectos ocultos del mundo, se cree un caldo de cultivo apropiado para que florezcan las agrupaciones que buscan en lo demoniaco el sentido de la vida. Quizás el ambiente estresante que impone la vida moderna, el incremento de los desequilibrios psíquicos y esa especie de rabia y odio constante, contra todo y contra todos, en que viven al-gunas criaturas hace que se recurra a lo peor. Los múltiples problemas de la sociedad postmoderna generan una frustración que, en ciertos individuos, produce deseos de venganza. Cuando se ha perdido, como ocurre hoy, la conciencia de pecado; cuando no existe frontera entre lo que está bien y lo que está mal; cuando la masificación de las grandes urbes despersonaliza al hombre, la voluntad y el intelecto se debilitan y no son capaces de acallar las voces internas que exigen revancha. Lo único que se anhela es placer, poder, dinero, impresiones nuevas y emo-cionantes. Caminos que pueden conducir fácilmente al satanismo. La respuesta cristiana a los hombres y mujeres de nuestros días, que han quedado atrapados en la tela de araña de lo demoniaco sigue siendo la misma de siempre: el ocultismo es el tobogán que hunde al hombre en las entrañas de la Muerte, por el contrario, la fe en el Hijo de Dios es la única escalera que puede elevarlo hasta la auténtica Vida. El apóstol Juan lo explica así: "Todo aquel que comete pecado, comete maldad, pues pecar es cometer maldad (...), que nadie os engañe: el que practica la justicia es justo; pero el que comete pecado es del diablo, porque el diablo peca desde el principio. Precisamente para esto ha venido el Hijo de Dios: para deshacer lo hecho por el diablo. (...) Se sabe quiénes son los hijos de Dios y quiénes son los hijos del diablo, porque quien no hace el bien o no ama a su hermano, no es de Dios".[27]

Salir de una secta satánica puede ser muy difícil. Pero no es imposible.

3. *Encanto por lo asiático*

Oriente siempre ha ejercido una influencia exótica en la mente del hombre occidental. Las tierras del continente asiático, así como las del sol naciente, han sido contempladas desde la vieja Europa como lugares envueltos en el halo del misterio. La multiplicidad de tradiciones insólitas, así como la singular forma oriental de reflexionar y actuar, han ejercido desde la más remota antigüedad una poderosa atracción sobre nuestra manera de ser. Fue, sin embargo, durante el pasado siglo cuando empezó a crecer de forma notable el interés occidental por la religiosidad de Oriente. Las religiones de impronta indo-budista llegaban a Europa haciendo la correspondiente escala en Estados Unidos. Primero fueron las "sociedades teosóficas"[28] quienes, en 1875 y gracias al trabajo de su fundadora H.P. Blavatsky, empezaron a introducir las creencias orientales en la cultura occidental. La Conferencia mundial de las Religiones, que se celebró en Chicago (1893), supuso una perfecta plataforma divulgativa. A partir de ahí las asociaciones de procedencia asiática proliferaron gradualmente a medida que los maestros, yoguis, gurúes, bonzos o *swamis* se trasladaban a los Estados Unidos. El segundo acontecimiento importante para la penetración de las filosofías orientales fue la Segunda Guerra Mundial. El contacto de la cultura oriental con los soldados norteamericanos favoreció la introducción del yoga, del zen y de la idiosincrasia religiosa de Oriente en Norteamérica y después en Europa. Posteriormente, durante los años sesenta y setenta del presente siglo, los jóvenes *hippies* pusieron de moda las peregrinaciones a la India para relacionarse con algún famoso gurú que les descubriera ese sentido de la vida que Occidente parecía negarles.

---

28. La teosofía es un intento humano por alcanzar una visión de Dios y de todas las cosas sin ayuda de la razón ni de la fe, sólo mediante el desarrollo y perfeccionamiento de ciertas cualidades naturales que se supone poseen todas las personas. Se afirma que cuando se consigue alcanzar esta misteriosa inteligencia se obtiene la iluminación o unión perfecta con la divinidad.

Actualmente, a pesar de la militancia de ciertos artistas y personajes públicos, parece que el número de adeptos habría empezado a decrecer.[29] Tal vez en esta tendencia haya podido influir el desprestigio creado en torno a algunos grupos debido a sus conflictos con la justicia. Sin embargo todavía subsisten entre nosotros asociaciones que gozan de cierta popularidad, a pesar de aparecer en las listas de la prensa como sectas peligrosas: tal es el caso de los Hare Krishna; los seguidores del gurú Maharishi que practican la Meditación Trascendental; el grupo Alfa y Omega que comprende varios movimientos con parecido trasfondo; Ananda Marga o "el camino de la felicidad"; la comunidad del Arcoiris; el saísmo o, entre otros, el polémico rajnesismo. Guerra cita, en su monografía sobre las sectas, más de treinta nuevos movimientos religiosos, afincados en España, que se inspiran en la tradición oriental hindobudista así como en las creencias esotéricas occidentales, la parapsicología y la psicología profunda.[30]

La finalidad principal de todos estos movimientos es la búsqueda de la felicidad personal. Lo que interesa es conocerse a sí mismo y profundizar en la propia conciencia individual para conseguir el bienestar, el equilibrio psíquico, la armonía entre mente y cuerpo. Aprender a prescindir de lo externo, evitar que los estímulos negativos del mundo exterior puedan perturbarnos o hacer mella en nuestro mundo interior. Es como robustecer la epidermis de la persona hasta que alcanza el grosor de un auténtico muro monacal que protege del mundanal ruido. Las "sentadas" de meditación serían el paralelo de los ejercicios espirituales en los monasterios de clausura. Se supone que quien consigue este difícil aislamiento, por medio de la meditación trascendental y el autocontrol, habría alcanzado la dicha, la paz o la bonanza. Lógicamente una tal búsqueda de la felicidad individual ha conseguido sintonizar con el hombre postmoderno porque el individualismo y el narcisismo, característicos de nuestra época, aspiran exactamente a lo mismo.

Sin embargo, este anhelo de ventura personal que manifiestan las religiones orientales deja de lado a los demás. ¿Qué ocurre con la idea del prójimo?, ¿dónde queda la sensibilidad social del ser humano?

Conceptos como la solidaridad, la fraternidad, el amor al prójimo que proclama el cristianismo, el cuidado de los enfermos, de los necesitados o de los indigentes no parecen tener una respuesta clara en las religiones de origen asiático. En todo caso se cuidaría a los demás sólo cuando pertenecieran al propio grupo o fueran posibles seguidores. La mayoría de estos nuevos movimientos religiosos de carácter neo-oriental, que tan atractivos han resultado para numerosos ciudadanos occidentales, se alimentan de vaguedades espirituales que aspiran a llenar la propia vida pero ignoran el destino de los otros. Se olvidan del dolor ajeno, de la miseria en que viven tantas criaturas. En sus esquemas, basados casi siempre en la creencia en reencarnaciones sucesivas, no entran las causas de los menesterosos ni se contempla la dignidad de todos los seres humanos. Son experiencias religiosas que empiezan y acaban en uno mismo. Como si lo único importante fuera satisfacer las necesidades propias olvidándose del destino de los demás. Tal como lo expresa Juan Antonio Tudela, las religiones asiáticas presentes en nuestro país manifestarían "un cierto anhelo de espiritualidad que llena pero no requiere, que posibilita el equilibrio de una vida que encuentra serenidad, pero que rehúye el cuerpo a cuerpo de ese combate religioso en que el ser humano lucha consigo mismo, se transforma o se pone en la piel de los otros".[31] Este adelgazamiento de la dimensión social lleva, en determinadas ocasiones, a la aparición de grupos sectarios en los

> La mayoría de estos nuevos movimientos religiosos de carácter neo-oriental se alimentan de vaguedades que aspiran a llenar la propia vida, pero ignoran el destino de los otros.

que el egoísmo, e incluso el despotismo, del líder carismático llega a extremos verdaderamente grotescos. Uno de los ejemplos más representativos es el que proporciona el movimiento Bhagwan Rajneesh, también llamado "rajnesismo".[32] Su fundador, Rajneesh Chandra Mohan nacido en la India en 1931 y fallecido recientemente, ha sido denominado "el gurú del sexo" por sus creencias libertinas y sus ceremonias, que pretendían liberar de los traumas y represiones por medio de una terapia de grupo en la que se practicaba la desinhibición sexual pública y la violencia contra los iniciados que se resistían. Rajneesh se comparaba a sí mismo con una pantalla que proyectara el auténtico ideal humano. Sus creencias en la reencarnación de las almas y en la posibilidad de que en alguna vida anterior hubiera sido insecto, pez o ratón, le llevó a rechazar para sí y para sus adeptos todo trabajo que implicase la muerte de cualquier animal (labranza, caza, pesca, ganadería, etc.). Sus doctrinas proponen la rebeldía contra la religión india que profesaba su familia: el jainismo. Si en éste se predicaba el ascetismo riguroso, el ayuno severo, el odio al cuerpo, la infravaloración de la mujer -cuya alma sólo podía conseguir la salvación después de haberse reencarnado en un varón-, Rajneesh propuso todo lo contrario: vivir rodeado de comodidades, practicar la promiscuidad sexual, colocar a las mujeres en puestos de gran responsabilidad, abolir la familia así como cualquier regulación del matrimonio y de las relaciones sexuales.

Cuando lo único que se busca es la felicidad individual, a través de lo lúdico y lo libertino, se consigue como en este caso una caricatura religiosa extravagante que no consigue llenar sino que, por contra, produce desequilibrios psíquicos, frustraciones y más sufrimiento. El eclecticismo religioso del rajnesismo, que pretende una amalgama de aportaciones místicas de todas las religiones, ha sido muy criticado y desacreditado, sin embargo sus seguidores prosiguen todavía difundiendo estas enseñanzas. Desde luego, no todo el mundo religioso de matriz oriental resulta tan criticable y negativo como el rajnesismo. Hay grupos bastante más moderados que hacen hincapié sobretodo en la dieta vegetariana, la vida sencilla en el campo, la sensibilidad ecológica y la existencia comunitaria. Los problemas surgen en aquellos otros que además intentan someter a sus adeptos a disciplinas férreas o procuran técnicas despersonalizadoras con el fin de obtener la obediencia ciega al líder o a los dirigentes del grupo.

En líneas generales, y desde el punto de vista doctrinal, lo que todos estos movimientos tienen en común es la creencia de que lo que salva no es la fe, sino la conciencia que es capaz de alcanzar la "iluminación" mediante "psicotécnias" o métodos de meditación que no estarían al alcance de todas las personas. De lo que se trataría es de descubrir el "absoluto", que se encuentra dentro de cada uno, mediante la profundización y el despojo del yo a través de procedimientos meditativos relajantes. No se espera el fin del mundo, sino el cambio de Era. Actualmente viviríamos todavía en la "Era del Hierro" propia de la mitología greco-romana; la "Era de Piscis" o de Poseidón-Neptuno; la "Kali-yuga" del hinduismo. Una época caracterizada por la violencia, la opresión y el odio; la era del oscurantismo y las tinieblas que ciertos grupos denominan también "Era de Cristo, Era de Pedro". La nueva Era, en cambio, sería la de Acuario, en la que el ser humano alcanzaría la paz, la felicidad y la armonía total. Tal evento se iniciaría en el año 2160 en el cual se cree que el sol pasará del signo zodiacal de Piscis al de Acuario, inaugurando así la nueva Edad de Oro: la época de la abundancia y de la reconciliación de todas las religiones.[33] Según los adeptos este cambio se estaría empezando a notar ya en el mundo.

¿A qué se debe la fascinación del hombre occidental por los movimientos religiosos de raíz oriental? La situación de Occidente podría calificarse de paradoja tragicómica. La modernidad creyó descubrir la

---

33. Esto es también lo que creen los partidarios de la New Age. De ahí el nombre del movimiento. Es lo mismo que afirma la letra del espectáculo musical "Hair": "Armonía, lealtad, claridad/ simpatía, luz y verdad/ Nadie suprimirá la libertad/ Nadie amordazará al espíritu/ La mística nos proporcionará la comprensión/ y el hombre aprenderá a pensar/ Gracias a Acuario, gracias a Acuario" (Cit. en J. Mª. MARDONES, *Las nuevas formas de la religión*, p. 122).

felicidad en la acumulación de los objetos. Se pensó que al poseer más cosas el hombre sería más feliz. Pero para producir esas ansiadas piezas del bienestar había que dominar la naturaleza y transformarla poco a poco; era necesario trabajar a ritmo creciente e impedir que se detuvieran las ruedas dentadas de la dinámica capitalista. Cuando se poseían unas cosas era menester seguir trabajando para poder cambiarlas por otras mejores o más nuevas. La historia se parece mucho al mito de Sísifo: subir la pesada roca a la cima de la montaña; tirarla, ver como cae y volverla a subir. Trabajar para comprar cosas y comprar cosas para poder seguir creando trabajo. Pero ni Sísifo ni el hombre occidental se sienten felices. El dominio y la explotación de la naturaleza ha hecho progresar la tecnología que posibilita el bienestar, pero también ha originado contaminación, desempleo y despersonalización. El ser humano se ha convertido en una pieza de producción y consumo de cosas artificiosas e innecesarias. La humanidad se ha fabricado su propia cárcel con muros de activismo y rejas de técnicas aplicadas. Hasta que en lo más profundo de esta mazmorra postmoderna algunos descubren que la felicidad no está en tener más sino en ser mejores. Pero ¿cómo llegar a ser mejores? La antigua filosofía asiática responde que mediante la gimnasia mental de la psicotecnia. Se cambia así el frenesí del activismo por los métodos de relajación. Contra el mal del estrés la terapia del relax. Esto explicaría el encanto de Occidente por lo oriental, pero desde la perspectiva del Evangelio las soluciones de los mejores movimientos asiáticos sólo son parciales. No resuelven el problema del ser humano porque son religiones antropocéntricas. Se trata de intentos humanos por alcanzar lo absoluto; por aferrarse desesperadamente a la epidermis de lo divino. Son saltos sobre el trampolín de la ascesis, de la meditación, del comportamiento ético e incluso de la renuncia a lo material que aspiran a llegar a Dios. Pero no lo consiguen nunca porque a Dios no se llega por el camino de los méritos humanos ni de los trapos de inmundicia. Aquí radica precisamente la originalidad del cristianismo. Si religión es un conjunto de creencias sobre Dios, entonces el cristianismo, en efecto, es una religión. Pero una religión eminentemente cristocéntrica; una religión centrada en la persona de Jesucristo, el enviado de Dios hecho hombre que habita entre los hombres; un intento divino de contactar con la criatura humana situándose a la altura de ésta. No es la meditación, por más trascendental que sea, la que nos acerca a Dios, sino la persona humana y divina del Señor Jesucristo, penetrando en el tiempo histórico de manera real, muriendo primero en una cruz y resucitando después al tercer día.

4. *Seducción de lo extraterrestre*

El salmista cantaba, con razón, que los cielos cuentan la gloria de Dios y el firmamento anuncia la obra de sus manos. Y es que resulta imposible mirar la bóveda celeste, en una noche estrellada de estío, y no formular inmediatamente las cuestiones trascendentes que todo ser humano se ha planteado alguna vez. La oscura inmensidad de los espacios siderales, salpicada muy de vez en cuando por esas minúsculas manchas de luz que son las galaxias de estrellas, ha inspirado desde siempre al hombre. Lo mismo a investigadores de la naturaleza que a humanistas y poetas; tanto a astrólogos como a sus adversarios los astrónomos. Sin embargo, en nuestro tiempo la imaginación se ha aliado con las probabilidades científicas y el universo se ha poblado, para algunos, de vida extraterrestre inteligente. Lo que fuera una remota posibilidad en el mundo de la astronomía se ha transformado en fe ciega e incluso en culto religioso.

La "ufología"[34] es una disciplina que interesa a muchas personas en todo el mundo y que, por lo tanto, mueve importantes cantidades de dinero. Miles de publicaciones sobre los extraterrestres aparecen cada año y algunas llegan a convertirse en auténticos bestsellers, como ciertas obras de E. von Däniken, quién vendió en once años (entre 1968 y 1979) 45 millones de libros,[35] o en nuestro país las de J. J. Benítez.

---

34. El nombre proviene de la palabra OVNI (Objeto Volante No Identificado) en inglés: UFO (Unidentifiet Flying Objet). A los supuestos seres extraterrestres se les denomina "ufones", y "ufónico" sería todo lo que se refiere al tema. En España la principal revista que trata de tales asuntos es *Cuadernos de ufología*.

Este tipo de literatura interpreta las Sagradas Escrituras en clave extraterrestre. Tanto el Antiguo como el Nuevo Testamento se convierten en escenario forzado sobre el que se asiste a un ir y venir de platillos volantes. Seres bajitos y macrocéfalos de otros mundos se esconden detrás del Arca de Noé, bajo la zarza ardiente en el Sinaí o en las ruedas del carro de fuego de Elías. Todos los misterios bíblicos aparecen desvelados a la luz de los OVNIS y sus enigmáticas energías: la estrella que conduce a los Magos, las huestes celestiales de ángeles, los poderes sobrenaturales de Jesucristo, el desencadenamiento del diluvio universal, etc. Se trata de una relectura disparatada y absurda de la Biblia que mezcla la ciencia-ficción moderna con la historia hebrea y los evangelios para ofrecer una narración que sirva de evasión y entretenimiento al hombre de hoy.

No todos los que aceptan la existencia de vida inteligente en otros planetas presentan el mismo grado de creencia. Se han señalado hasta cinco niveles distintos, que van desde los que sólo admiten la posibilidad científico-técnica hasta los que practican un auténtico culto ufológico.[36] Habría que distinguir por tanto entre los creyentes ufológicos, que reconocen la posibilidad de los encuentros con extraterrestres, así como la manifestación de los mismos, y los creyentes ufónicos que afirman vivir en relación con los extraterrestres y recibir sus mensajes revelados. Estos últimos han religiosizado su creencia en tales seres hasta el extremo de confesar que los hay buenos y malos; que unos desearían convertirse en nuestros salvadores mientras que otros procurarían la aniquilación de la humanidad. Como se les supone pertenecientes a civilizaciones con un enorme desarrollo intelectual y científico-técnico se proyecta sobre ellos un culto que los convierte en mesías salvadores de todos los males que nos acechan. El paraíso cristiano se traslada así a alguna lejana galaxia donde no existiría el envejecimiento, la enfermedad ni la muerte. Es la sacralización de lo extraterrestre; la divinización de seres que son el producto de la ficción humana; la explicación "científica" de la in-mortalidad y la sustitución de Dios por antropoides extraterrestres.

Las principales sectas ufónicas son: el Movimiento Raeliano, la Misión Rama, la Sociedad Aeterius de Venus, el Centro de Estudios de la

Fraternidad Cósmica, el Centro de Investigación e Información de Conocimientos Extraterrestres (CIICET), la Hermandad o Fraternidad Blanca, UMMO y Urantia. Unas se consideran a sí mismas como "religiones ateas", ya que procuran relacionar al ser humano con los extraterrestres pero prescindiendo completamente de Dios. Otras realizan una mezcla sincrética de ideas cristianas, orientales y ufónicas. Algunas sectas, como el Movimiento Raeliano, presentan connotaciones claramente racistas al creer que el origen de las razas humanas se debió a la mayor o menor pericia de los creadores científicos extraterrestres, o "Elohim", que las formaron. Suponen también que la humanidad debe prepararse para el advenimiento de estos Elohim extraterráqueos que formarán un gobierno mundial sobre nuestro planeta. Quienes se opongan a tal invasión serán tratados "médicamente" mediante adecuados programas de eugenismo para "adaptarlos" a la nueva situación.

¿Qué podemos decir de todas estas creencias? ¿Existen realmente seres extraterrestres inteligentes? El gobierno de los Estados Unidos nombró una comisión para que estudiara 2.773 casos de OVNIS y respondiera a esta pregunta. El informe que se redactó terminaba con estas palabras: "... después de dos años de arduas investigaciones, podemos afirmar que los discos volantes no existen".[37] Sin embargo, según parece, el 26,49 % de los casos no habían podido ser explicados. No se sabe si porque realmente no tenían explicación racional o porque

---

Algunas sectas presentan connotaciones racistas al creer que el origen de las razas humanas se debió a la mayor o menor pericia de los creadores científicos extraterrestres, o "Elohim", que las formaron.

las autoridades no pudieron revelar dicha explicación por razones que se desconocen. Lo cierto es que este tanto por ciento tan alto es el que sigue alimentando la imaginación de los creyentes ufónicos, de los programas de radio y TV, de la prensa especializada y de los que hacen negocio a costa de la credulidad ajena.

Aparte de lo que pudiera haber de cierto en ese elevado tanto por ciento, la creencia en los seres extraterrestres constituye, sin duda, una válvula de escape a la excesiva polarización tecnológica del postmoderno. Es una realidad que los conocimientos matemáticos, científicos y técnicos están desplazando a la formación humanística del hombre actual. Si a este fenómeno se le añade el aumento de la increencia y el galopante vacío de Dios provocado por el cientifismo y el materialismo resulta, como siempre, que el ser humano experimenta hambre y sed de lo divino. La dimensión religiosa humana necesita alimentarse de las vivencias religiosas y de la fe porque "no sólo de pan vivirá el hombre".

Es paradójico el deseo humano de inventar dioses a la vez que se niega la divinidad al auténtico Dios del universo revelado en las páginas de la Biblia y hecho hombre perfecto en la persona de Jesucristo. Muchos individuos hoy prefieren "ver" OVNIS que enfrentarse a la realidad ética y espiritual de un Evangelio que les exige un determinado comportamiento y un estilo de vida honesto y solidario. Sin embargo, a pesar de la arrogancia de algunos, el mensaje de Cristo permanece intacto a través del tiempo y continúa invitando a todos los hombres a que se arrepientan y se vuelvan de sus equivocados caminos.

5. Religiones profanas

¿Cómo puede una religión ser profana? ¿No resulta contradictorio el título de este apartado? Si se acepta que lo profano se opone a lo sagrado, es decir a lo que está dedicado a Dios o al culto divino, entonces la religiosidad profana sería una auténtica paradoja. Sin embargo insistimos en este encabezamiento porque nos sirve para evocar algo nuevo que se está produciendo en la sociedad postmoderna. Ciertas relaciones sociales cotidianas, que pueden observarse hoy fácilmente, están siendo sacralizadas por el hombre. Algunos ámbitos de la vida secular, que en en principio, nada tienen que ver con las creencias religiosas, están adoptando hábitos y maneras que llegan a ser sagradas o casi religiosas. Surgen así nuevas mitologías postmodernas, ritualismos camuflados, sacralizaciones encubiertas y exaltaciones de lo profano. En el centro mismo de las sociedades contemporáneas aparecen comportamientos y actitudes religiosas en ambientes tan seculares y aparentemente alejados de lo sagrado como pueden ser el deporte, la música, el cuidado del cuerpo, la naturaleza, el sexo o el trabajo. Pasemos revista a algunos de los más importantes.

a. La música joven

Desde la más remota antigüedad la música ha acompañado siempre al ser humano. En la mayoría de culturas del pasado los instrumentos fabricados para producir sonidos rítmicos o melódicos eran utilizados principalmente en las ceremonias religiosas. La música estaba asociada a las celebraciones cúlticas, cuya finalidad era resaltar los principales acontecimientos de la vida humana: nacimiento, pubertad, boda, muerte o adoración a la divinidad. El origen de la música se pierde en la noche de los tiempos pero, según parece, habría estado ligado sobre todo a las ceremonias religiosas.[38] El Antiguo Testamento señala a Jubal (o Yubal) como el inventor de la música. Su nombre hebreo significa precisamente "trompeta" y es designado como el primer músico, es decir, el padre de todos los que tocan arpa y flauta.[39] El salmista exhorta también al pueblo de Israel para que alabe a Dios con todo tipo de instrumentos musicales: salterio, arpa, pandero, flautas y címbalos. De manera que la música ha servido, desde la prehistoria, para elevar el espíritu del hombre hacia las esferas de lo divino. La estrecha relación entre lo sagrado y lo musical ha sido una constante a través de la historia de la humanidad.

No obstante, ¿qué puede decirse hoy acerca de esa relación? ¿Qué ha ocurrido con el matrimonio música-religión en el mundo postmoderno y postcristiano? Pues que se ha producido el inevitable divorcio. El proceso secularizador ha alejado a buena parte de la sociedad occidental

de lo religioso aunque no de lo musical. El arte de combinar los sonidos también se ha secularizado y ha preferido lo profano por delante de lo religioso. Como afirma Mardones "hoy la música se ha independizado de la religión en orientación, temática, espacio de interpretación, difusión, destinatarios, etc."[40] ¿Quiénes serían actualmente esos nuevos destinatarios? Es una pregunta de fácil respuesta. Los jóvenes han descubierto que la música es un excelente vínculo de congregación, un buen ámbito de diversión, de evasión, de diálogo e incluso, para algunos, puede llegar a crear un relajado ambiente de estudio. Por medio de la música los jóvenes adquieren un determinado estilo de vida, unos hábitos, un comportamiento y un atuendo que les identifica con el grupo preferido y, a la vez, les distancia de los demás. La música les permite compartir sus vivencias, independizarse del mundo competitivo de los adultos y protestar contra esa sociedad que les disgusta. Surgen así agrupaciones juveniles en las que lo musical es la característica que mejor les define. Los *heavies* disfrutan con el rock duro (música heavy); los *bad boys* o *break boys* se identifican con el "hip hop", un movimiento en torno a la música rap y los grafitis; el *hardcore-skateboard* es el aficionado al monopatín que se siente a gusto con el tipo de música hardcore derivada de la música punk; ésta última es la melodía rítmica favorita que escuchan los *punks* mientras beben cervezas "litronas"; a los *rockers* les atrae la música rock inglesa y norteamericana de los años cincuenta. Dentro de esta denominación hay varios subgrupos entre los que destacan los *psicobillies* que imitan la estética y el peinado del carismático cantante Elvis Presley; y, en fin, los *mods* a quienes gusta la música de "Who" y los "Jam".[41]

Todos estos estilos musicales, a los que genéricamente se ha denominado "cultura rock", se caracterizan por el elevado grado de ritualismo que se origina en sus conciertos. En algunos momentos de estas actuaciones el ceremonial, buscado y deseado tanto por los músicos como por los espectadores, llega a ser casi religioso. Hace algunos meses tuve la oportunidad de asistir al concierto que el grupo heavy "Iron Maiden" ofreció en Barcelona. El ambiente que se respiraba en los alrededores del gran pabellón del Palacio Olímpico de la Vall d'Hebrón era el de una gran conmemoración juvenil. Autocares llegados de di-ferentes lugares de la geografía española portaban cientos de muchachos que iban vestidos con la indumentaria propia de la celebración. Tejanos ceñidos y camisetas negras en las que resaltaban los emblemas y símbolos heavies del grupo que actuaba. De forma lenta y ordenada todo el mundo se situaba en la enorme fila que conducía a la entrada del recinto. Vendedores ambulantes se aproximaban de vez en cuando ofreciendo productos como cervezas, resfrescos, tabaco, bocadillos y camisetas "Iron Maiden" a buen precio. Un guardia de seguridad cacheaba a los hombres y una compañera suya hacía lo propio a las mujeres con el fin de evitar la introducción de armas u objetos que pudieran resultar peligrosos.

Una vez dentro cada cual buscaba su lugar. Los seguidores más fervientes se afanaban por situarse en la "olla", la parte más próxima al escenario, los demás tomaban asiento sobre las gradas. La olla tiene ventajas e inconvenientes. Conseguir uno de esos trofeos, como las baquetas que de vez en cuando arroja el batería, se considera un gran privilegio, casi como poseer una reliquia, pero para eso hay que ser fuerte, ágil y saber soportar golpes o empujones.

Mientras se esperaba la aparición de los ídolos algunos aprovechaban para bailar al ritmo de la conocida música. De repente las luces de la sala se apagaron y todas la miradas se concentraron en el escenario al mismo tiempo que los gritos aumentaron de intensidad. La emoción colectiva estalló en aplausos y vítores cuando los cinco componentes del grupo, con sus largas melenas, aparecieron ante el público. Las luces iniciaron su juego de intermitencias persiguiendo a los músicos que no paraban de moverse de un lado a otro del escenario. Los efectos acústicos estaban hiper-amplificados. Las ondas sonoras del bajo atravesaban el aire de la sala retumbando sobre el pecho, y para las notas más agudas no tuve más remedio que insonorizar parcialmente mis oídos mediante algodones.

Muchos fumaban porros que compartían alegremente, otros bebían tragos de cerveza entre las canciones. Era fácil detectar una cierta camaradería. Todos eran "colegas". El simple hecho de estar allí,

independientemente del aspecto que se tuviera, era suficiente credencial para entablar amistad. Lo que unía era la música y el ritmo, no las palabras. A veces el solista provocaba o dirigía diatribas a los espectadores y éstos respondían con el índice en alto señalándole rítmicamente y cantando a gritos la letra en inglés que conocían. Eventualmente algún exaltado subía en hombros de un compañero para responder con mayor vehemencia, hasta que finalmente caía sobre las cabezas y los brazos de los demás y era llevado en volandas por encima de la multitud hasta el foso que protege el escenario. Cuando era arrojado en éste por el público, de forma inmisericorde unos guardias de seguridad se dirigían velozmente hacia él y lo sacaban de allí a empujones y patadas. Esto ocurría con mucha frecuencia y parecía agotar la paciencia de los vigilantes.

Por último llegó el momento cumbre de la ceremonia. Unos minutos en los que todo contribuía a crear una situación casi de trance colectivo. El ritmo, la música, los efectos acústicos y luminosos, el ambiente de masas excitado y sudoroso, la bebida y el humo de los cigarrillos se confabularon para provocar eso que algunos llaman la "magia de la noche". Fue la interrelación de todas estas cosas la que provocó una efervescencia colectiva que podría calificarse casi de vivencia mística. Era como si la compenetración en el ritmo y la identificación con los sentimientos de la multitud proporcionaran una sensación de poder. Pude comprobar lo que quiere decir Mardones al afirmar que "el rock es una fuerza, una experiencia de poder, donde se comulga con algo mayor que uno mismo".[42] El individuo se diluía en un grupo enérgico y vigoroso.

Los conciertos de rock son los cultos grupales de la postmodernidad en los que se sacraliza las propias relaciones sociales. El objeto principal de culto es el propio grupo. Los jóvenes sienten el deseo y la necesidad de congregarse porque buscan vínculos sociales que les proporcionen emociones, desean compartir sus valores y sentimientos con seres afines que les comprendan. Es la persecución de unos ambientes, de unos lugares y de unos ideales que sean comunes, comprendidos, compartidos y no ridiculizados por nadie. La música rock sirve para crear estos lugares en el corazón mismo de la sociedad tecnificada y racionalizada. En los años cincuenta el rock sirvió para que los jóvenes pudieran protestar y pedir mayor autonomía; hoy el rock es como un grito desgarrado de muchachos que no aciertan a vislumbrar su futuro; es la búsqueda de un sentido en medio del sinsentido; la expresión de la crueldad que sufre esta generación de la que se ha abusado y que está constatando la distancia que hay entre sus sueños y la triste realidad social del presente. El rock es el culto de los jóvenes del paro; la religión de los que carecen de expectativas laborales; el himnario de donde surgen las protestas contra el fracaso de la ideología pequeño-burguesa.

Debido al *baby boom* de los años sesenta y a la depresión de la economía, hay en la actualidad más jóvenes desempleados que nunca. La sociedad no puede emplear a tantos muchachos como ha dado lugar y esto hace que la juventud se vea forzosamente prolongada. Antes, a los veinte años de edad los jóvenes ya pertenecían al mundo laboral, se habían casado y habían fundado un hogar. Hoy habría que considerar afortunados a quienes lo consiguen a los treinta. Se produce así el enfrentamiento inevitable entre generaciones: la de los *yuppies* que fueron los rebeldes de los años sesenta, quienes heredaron un mundo con posibilidades laborales en el que pudieron estudiar, ocuparon casi todos los trabajos, se casaron y tuvieron muchos descendientes; y la generación de los *babyboomers*, sus hijos, quienes por el contrario, a pesar de haber sido criados en los años del auge económico, están viendo como todas

---

Los jóvenes sienten el deseo y la necesidad de congregarse porque buscan vínculos sociales que les proporcionen emociones, desean compartir sus valores y sentimientos con seres afines que les comprendan.

las puertas se les están cerrando. Tardan mucho en fundar hogares, han hecho disminuir las tasas de nupcialidad y natalidad, dependen económicamente de sus padres y para evadirse de esta amarga realidad se refugian en las estridentes notas de la música rock conscientes de que no tienen sociedad que heredar.

Sin embargo, este evidente enfrentamiento generacional, contra todo lo que pudiera pensarse, no provoca ningún conflicto abierto entre ambas partes. ¿Por qué? Enrique Gil responde: "porque la generación de los *babyboomers* está comprada y sobornada por la mala conciencia de sus abochornados padres cuya vergüenza les obliga a transigir sin condiciones".[43] Según esta hipótesis sociológica, los padres habrían decidido soportar todo el coste del desempleo juvenil, más la financiación de los estudios y, además, "el sexo, las drogas y el *rock and roll*" debido a la mala conciencia que tienen por ser los responsables del *boom* de natalidad y por la vergüenza que les produce comparar lo que fue su juventud, durante los años cincuenta y sesenta, con lo que está siendo la juventud de sus hijos hoy. La generación de los *yuppies* superó en todo a sus padres: en educación, en riqueza y en libertad. Fueron de "menos a más". En cambio, la generación de los *babyboomers* está condenada a ir al revés, de "más a menos". Esto lo saben los padres y se sienten culpables de dejar en herencia, a sus hijos, esta conciencia de fracaso y frustración. Según Gil, los padres lavarían su mala conciencia mediante subvenciones y permisividad sexual. Estarían dispuestos a pagar, a fondo perdido, el consumo juvenil de ocio y a admitir que los hijos practiquen, casi libremente, su espontánea genitalidad. Pero estos dos regalos estarían envenenados porque la subvención y la permisividad combinadas producen en los jóvenes un síndrome de impotencia. Ya no les quedaría nada por lo que luchar porque tienen todas las necesidades básicas satisfechas. No hay tensiones que motiven a la acción. Millones de jóvenes de la postmodernidad están físicamente saciados pero moralmente frustrados y, por lo tanto, continúan dependiendo de sus padres sin poder romper, de una vez y para siempre, el cordón umbilical que les une.[44]

La música joven, en nuestros días, aparece como medio de evasión, realización y salvación a través del culto al grupo y a las estrellas del rock. Es la religiosidad que rechaza, menosprecia y se desmarca de la sociedad del consumo cambiándola por el reagrupamiento y la cohesión de los que se encuentran en la misma triste situación de los excluidos. De esta forma se tiene la impresión de que "se es más, se puede más y se vive más".

---

44. Si la generación de los *yuppies* está constituida por los que nacieron antes de 1945 y la de los *babyboomers* por los que lo hicieron entre esa fecha y 1965, actualmente los sociólogos norteamericanos hablan de dos generaciones más:la Generación X (bautizada así por Douglas Copland en 1989) que estaría formada por los que tienen hoy entre 22 y 32 años y la Generación Y que sería la de los actuales adolescentes o *teenagers*, comprendida entre los trece y diecinueve años. Cada uno de estos grupos de edad ha tenido sus problemáticas particulares y sus propias fobias.

Si el principal problema para los *babyboomers* fue la guerra o la amenaza nuclear y para la Generación X es el desempleo o el oscuro porvenir, la Generación Y se caracterizaría por su acusada desorientación ética y por el aumento continuo, en su seno, de la violencia. En Estados Unidos el 80 % de los alumnos que cursan los últimos años de *high school* (entre 17 y 18 años) poseen un trabajo a tiempo parcial que les permite pagar un buen porcentaje de sus gastos sin dar cuenta a nadie. Esto les convierte en adultos prematuros. Cada fin de semana montan fiestas en las que los muchachos se emborrachan y, en muchas ocasiones, no van a dormir a casa. A pesar de las innumerables campañas escolares contra el consumo de alcohol, tabaco y drogas cada vez se bebe más, se fuma más y se consumen más estupefacientes.

La insistencia machacona contra los peligros del SIDA no parece tampoco tener resultado positivo entre los adolescentes norteamericanos. Desde la mitad de los noventa una de cada dieciséis niñas de la *high school* tiene un bebé. El porcentaje de muchachas de 15 años que se quedan embarazadas es, en la actualidad, tan alto o más que en los países del Tercer Mundo. En algunas ciudades, como en Los Angeles, no es raro ver por la calle a niñas de catorce años que trasportan a su pequeño en el cochecito.

La situación de la Generación Y, en Estados Unidos, se ve agravada por el incremento de la violencia callejera. En las zonas residenciales de clase media uno de cada ocho jóvenes se ve obligado a llevar siempre un arma encima "como protección"; este número aumenta en los barrios más pobres, en los que pasa a ser de dos muchachos armados por cada cinco. Durante el verano de 1995 alrededor de cien grandes ciudades impusieron el toque de queda que prohibía a los menores de 16 años salir a la calle después de las once de la noche.

¿Cuáles son las causas que provocan tal degradación en la adolescencia norteamericana? El periodista Vicente Verdú, ganador del vigesimocuarto Premio Anagrama de ensayo por su obra *El planeta americano*, dice que las razones ofrecidas por los analistas radican "en la superabundancia de sexo en la televisión, en la letra de las canciones pop, en la menor censura social del hijo ilegítimo, en la desesperanza ante el porvenir en las clases humildes y, definitivamente, en la falta de atención de los padres".(El subrayado es nuestro. Cfr. V. VERDÚ, *El planeta americano*, Barcelona, 1996, pp. 117-127.)

Sin embargo, resulta que los conciertos de rock también forman parte de ese consumo que los jóvenes rechazan. Los distintos ídolos musicales son promocionados meticulosamente mediante campañas comerciales, calculadas por expertos en el mercado, para obtener los mejores ingresos. Una vez más la sociedad consumista postmoderna explota y comercializa los sentimientos, las relaciones sociales y la emotividad de las celebraciones musicales de los jóvenes.

Seguramente esta última es la cuestión más importante para debatir acerca de la confusión que reina hoy sobre la música juvenil, más que elucubrar en torno a si se trata de una música satánica que conduciría, a todos sus aficionados, directamente al infierno.

b. La religión del deporte

Se ha señalado, en numerosas ocasiones, el carácter altamente religioso que manifiesta el deporte en todo el mundo. En el discurso que pronunció el renovador de los juegos olímpicos, el barón Pierre de Coubertin, el 4 de agosto de 1935 en Berlín, afirmaba que "la primera característica del Olimpismo antiguo, tanto como del moderno, es la de ser una religión".[45] Este pedagogo francés fue partidario de introducir el deporte en los colegios porque estaba convencido de que los valores filosófico-religiosos que transmitía fomentaban en los niños el equilibrio, la disciplina y la obediencia. Pero Coubertin creía que la religión olímpica de la modernidad era superior a las demás religiones trascendentes.

Las catedrales de tal religión son hoy los campos de fútbol, las pistas de tenis o de baloncesto, los pabellones olímpicos, los estadios polideportivos y las carreteras que se transforman, durante las competiciones, en auténticos lugares de culto. Santuarios hacia donde se dirigen las peregrinaciones de los aficionados, los fines de semana, para contemplar en directo la ceremonia sagrada del partido, la etapa, el torneo, el combate o la carrera. A esos "templos del deporte" se llega de la mano del sentimiento y la devoción. Si se produce el triunfo la vida se llena de euforia, alegría y sentido; si por contra se obtiene la derrota es el momento de la rabia, la frustración y hasta de las lágrimas, porque en el fondo lo que está en juego es el prestigio del pueblo, ciudad, región o del propio país. Es el sentimiento nacional concentrado en un juego que lo decide todo. Como dice Mardones "el deporte sirve para la sacralización de la nación. El deportista es el sacerdote coyuntural que ofrece el sacrificio de su preparación física, ascesis purificadora, para oficiar la liturgia de la representación nacional".[46]

También los signos y símbolos deportivos recuerdan lo religioso. Banderas, uniformes, escudos, colores, intercambio de presentes e interpretación de los correspondientes himnos, que se cantan fervorosamente, sirven, de alguna manera, para contribuir a crear ese ambiente solemne de la ceremonia. Todo este ritual deportivo predispone e introduce a los congregados en la esperanza de lo que está por venir. Es la tensión que espera con impaciencia un cúmulo de emociones que se van a producir; es el temblor y el escalofrío ante lo sagrado de la jugada maestra que tiende a sacralizar el gol de los propios y a anatematizar el de los contrarios.

Por si fuera poco ese "altar doméstico" de la televisión se encargará al día siguiente de airear minuciosamente todos los movimientos conflictivos de la ceremonia. Los medios de comunicación contribuyen, de este modo, a mantener viva la fe de los feligreses comentando el "sermón" durante toda la semana y preparando los espíritus para el próximo servicio.

El fútbol, por ejemplo, da sentido así a las vidas de millones de personas en este país. Como declaraba recientemente el carismático futbolista Iván de la Peña recordando sus inicios en el Barça: "... descubrí la verdadera magnitud del barcelonismo, una auténtica religión en Cataluña. Es algo de lo que no te puedes dar plena cuenta si no lo vives desde dentro".[47] A esta religión profana y artificial que es el fútbol se le han señalado algunos rituales que pueden resultar comunes a otras religiones. El primero sería el hecho de facilitar la sociabilidad. Lo que se tiene en común con los demás, lo que une y cohesiona a los congregantes en el campo es la afición por el mismo equipo, la adoración de los mismos ídolos. Es fácil compartir emociones con los otros porque están muy cerca experimentando los mismos estímulos. Los jugadores que constituyen el equipo admirado vendrían a sustituir así al santo o al patrón de tantos

pueblos católicos de este país en los que, antaño más que hoy, se reunía la población con un mismo sentimiento fanático y supersticioso.

Un segundo aspecto de estos enfrentamientos deportivos es el hecho de exaltar la religión nacional, la raza, la cultura, la lengua o la región. Es lo que ocurría, por ejemplo, con la politización del fútbol durante el franquismo, en el que éste se utilizaba como un medio para alabar la raza y, al mismo tiempo, distraer a los ciudadanos de la realidad social que vivía el país. En la actualidad, sin embargo, el fútbol sirve principalmente para expresar los sentimientos nacionalistas de tal manera que una victoria sobre el césped puede contrarrestar otro tipo de frustraciones políticas, económicas o culturales.

Cuando se mezclan los fanatismos, las supersticiones y el deporte aparecen comportamientos extravagantes en los que cada afición se encomienda a su patrón benefactor para solicitarle la victoria del local frente al visitante. En nuestro país esto se sigue dando con bastante frecuencia pues, como escribe Juan Antonio Monroy: "España es madre y cuna del paganismo irracional; creadora de dioses que a lo largo de nueve meses se dan cita en los campos de fútbol. Allí se encarnan en las masas que se entusiasman o se derrumban, gritan o aplauden, insultan, vitorean, ríen, lloran, se estremecen, rezan o blasfeman, según el recorrido y la dirección de la pelota".[48]

Un último aspecto del deporte futbolístico es el de ser utilizado para sacralizar ciertos comportamientos éticos y sociales.[49] ¿Qué significa esto? Cada sociedad humana posee un ideal moral al que aspira pero que, desgraciadamente, en la vida real cotidiana se muestra inalcanzable. Es esa utopía social, presente en el pensamiento de todos, en la que se entremezclan valores como el código de honor, la honradez y la generosidad, el altruismo y la camaradería así como el espíritu de sacrificio y la solidaridad con el fin de lograr un proyecto común que, en justa competición, conduzca al triunfo. Se trata de la idea de que el bueno, el que actúa con justicia, al final debe vencer; el que juega con deportividad es menester que alcance la victoria y si pierde se considera que "moralmente" ha ganado. Pues bien, este ideal ético-deportivo que en la realidad parece ilusorio se mostraría posible y auténtico en el fútbol. La religiosidad olímpica buscaría con afán la perfección -casi trascendente- a nivel social y también a nivel personal; pero, en definitiva, lo único que conseguiría alcanzar sería -en palabras de Mardones- "una mentira social piadosa". La existencia en el deporte de corrupción, soborno, comercialización y deslealtad lo convierten en una gran fábula humana. Una quimera mística de lo que debería ser pero no es. La práctica deportiva, como ejercicio físico y medio de distracción, puede enriquecer notablemente la vida humana pero cuando deja de ser un medio y se convierte en el único fin de la existencia, el deporte se diviniza y su realización puede llegar a constituir una auténtica adoración idolátrica.

c. La religión del cuerpo

Cuando definimos las características narcisistas de la cultura postmoderna nos referimos también al culto del cuerpo. La figura humana ha sido promocionada por el consumo y ha llegado a ocupar un elevado lugar en la jerarquía de valores del mundo occidental. El prototipo de cuerpo que hoy se propone queda subordinado a unos patrones concretos. Debe ser alto, delgado y de apariencia juvenil; que sepa moverse con dinamismo, elegancia y deportividad; que resulte físicamente atractivo o sea "sexy". Es decir, todas las características de un auténtico maniquí, como esos que anuncian productos lácteos sobre la soleada cubierta de un impresionante crucero de placer.

Pero este culto al cuerpo esbelto, "light" y estilizado, que tan rápidamente se ha difundido, sobretodo en Occidente, no obedece sólo a criterios estéticos o de salud.[50] Existen también motivos que tienen que

---

50. Mardones señala seis áreas o ámbitos que habrían podido influir en la actual exaltación del cuerpo: 1) el desarrollo de las teorías feministas dando énfasis a la diferenciación sexual de los cuerpos, 2) la comercialización consumista haciendo del cuerpo uno de sus objetivos, 3) la medicina moderna racionalizando la enfermedad y la supervivencia, 4) la secularización despegando el cuerpo del control religioso, 5) el debate ecológico y la defensa del medio ambiente exaltando el cuerpo como parte del mundo natural y 6) la preocupación psicológico-espiritual por un ajuste entre cuerpo y espíritu mediante técnicas de relajación, yoga, respiración, etc. (Cfr. J. Mª. MARDONES, *Las nuevas formas de la religión*, p. 99.)

ver con el cambio en las creencias religiosas durante la postmodernidad. Detrás de la actual sacralización corporal se esconden determinadas concepciones antropológicas. El cuerpo ya no se considera una parte de la persona sino su totalidad. Antaño los humanos tenían cuerpo, hoy creen ser sólo cuerpo. Es como si los cuerpos perfectos de la postmodernidad hubieran sido abandonados por sus espíritus; como si hubieran ganado belleza por fuera a costa de perder profundidad y hermosura interior. Cuando no se acepta la dimensión espiritual del ser humano es lógico que aparezcan todo tipo de veneraciones y cuidados que contribuyen a la mitificación del cuerpo porque, al fin y al cabo, éste sería lo único que le queda a la persona. Es cierto que, en casi todas las culturas, los cuerpos siempre se han cuidado y acicalado. Pero cuando los seres humanos creían en una vida después de la muerte la preocupación por la dimensión física de las personas ocupaba lógicamente un papel más secundario. Sin embargo, en la actualidad, surgen todo tipo de rituales para cuidar el cuerpo, o para disfrutarlo, porque éste se ha convertido en el valor primordial del hombre.

La dietética viene así a racionalizar el acto de comer mediante el consumo de productos bajos en calorías. Proliferan dietas, bebidas y alimentos ligeros cuya finalidad es adelgazar los cuerpos y hacerles guardar la línea. Los comestibles naturales se imponen por aquello de que el hombre es lo que come. Pero esta exaltación del enflaquecimiento crea también sus disfunciones. La anorexia nerviosa, propia sobretodo de las adolescentes y jóvenes, hace irrupción como mal paradójico que pone en evidencia la otra cara menos estética del culto al cuerpo en la sociedad de la abundancia y el bienestar.

También la libertad sexual contribuye a crear un nuevo mito que tiene que ver con lo corporal. Se trata del hedonismo sexual. La promesa de que la sexualidad humana es fuente inagotable de goce, libertad, misterio y salvación personal. Determinada literatura y ciertos programas de TV prometen a los iniciados una especie de cielo orgásmico en la tierra. Se ofrece placer, e inacabable felicidad, para todo aquel que consiga descubrir las misteriosas técnicas, posturas, zonas o puntos eróticos del cuerpo. Se presenta así el sexo envuelto en un cierto aire mágico-religioso como una buena nueva que promete la realización completa de la persona. Las revistas y películas "porno", las escenas de sexo en la TV, los aficionados al teléfono erótico, las salas X así como los espectáculos de strip-tease y los sex-shop se multiplican rápidamente facilitando a todo el que lo desea experiencias diferentes y fantasías sexuales. Crece la tolerancia hacia cualquier tipo de aberración o desviación que proporcione placer al cuerpo. Pero, al final, resulta que tanto exhibicionismo, tanta pornografía, tanta liberación sexual empiezan ya a disgustar porque eliminan la belleza original de la sexualidad humana. Cuando la relación amorosa entre hombre y mujer se reduce exclusivamente a la cópula entre dos seres, los cuerpos se transforman en máquinas orgásmicas y el sexo pierde toda su belleza. Hoy se empieza a sentir una incipiente nostalgia por el paraíso perdido del amor conyugal.

Conviene hablar, por último, de ciertos rituales que se utilizan para el cuidado externo del cuerpo. El maquillaje como símbolo distintivo de la sexualidad femenina, a lo largo de la historia, es quizás el rito por excelencia del culto a la belleza física y a la apariencia corporal. El embrujo especial que una mujer maquillada ejerce sobre el varón se debe fundamentalmente al realce cromático de las zonas más sensuales y al encubrimiento del paso de los años. Por su parte el hombre debe perfumarse, recortarse bien el cabello, afeitarse, tonificarse el rostro,

Es como si los cuerpos perfectos de la postmodernidad hubieran sido abandonados por sus espíritus; como si hubieran ganado belleza por fuera a costa de perder profundidad y hermosura interior.

conseguir una piel morena y rociar su cuerpo con abundante desodorante. Las canas se ocultan mediante tinturas especiales y la caída del cabello puede ser tratada con soluciones revitalizantes. Si esto último no da resultado quedan los implantes o los encubridores peluquines.

La plenitud del maquillaje es la cirugía estética. Cuando los productos cosméticos se muestran insuficientes para disimular los defectos se recurre al bisturí y a la silicona. Aquella forma de la nariz, de los labios, de las mejillas o de los senos que genera inseguridad o acompleja puede modificarse milagrosamente por medio de estiramientos, cortes y empalmes. Casi todo tiene arreglo con esta nueva alquimia mágica que todo lo que toca queda transformado en belleza corporal.

El mundo de la cosmética, con sus múltiples objetos y productos, representa la liturgia y el ritual propio de este culto postmoderno al cuerpo. Los salones de belleza, con sus técnicas para depilar a la cera fría o caliente, las manicuras simultaneadas con limpiezas de cutis, las mascarillas nutritivas para rejuvenecer la piel, la extensa gama de masajes faciales y corporales, son auténticos lugares de adoración y culto a la figura humana.

Lo que en el fondo se idolatra, a través de esta fe narcisista, es la belleza corporal y el deseo de que todos los espectadores queden impresionados y sean atraídos hacia la persona hermosa. Por lo menos esto es lo que parecen corroborar las encuestas. El 44 % de los españoles cree que ser guapo es un aspecto importante para relacionarse con los demás y están convencidos de que un elevado porcentaje de personas sólo va al gimnasio para mejorar su estética.[51]

Pero alcanzar este ideal es muy difícil. Hay que someterse a una rigurosa disciplina casi ascética. Es necesario habituarse al esfuerzo periódico y a los sudores que eliminan toxinas. Perder los kilos que sobran para poder lucir el traje de baño es la anhelada esperanza de todos los fieles devotos que, cada primavera, frecuentan saunas y practican aerobic, gimnasia sueca, culturismo o body building, stretching, gim-jazz y tantos otros ejercicios físicos que buscan la perfección.

¿Cuál es el sentido de tanta mortificación? Es probable que los preceptos de la moda publicitaria induzcan y promuevan esta nueva disciplina del cuerpo, pero lo que de verdad motiva a las personas, en lo más profundo de sus conciencias, es el ansia de intervenir en las fuentes ideales de la juventud, la belleza y la vida con el deseo de prolongarlas.

Es el anhelo de eternidad, arraigado en el alma humana, brotando con fuerza en el hombre postcristiano del siglo XXI. Es el error de buscar lo imperecedero en lo efímero y caduco. Sin embargo, en esta época postmoderna, preñada de religiosidades vanas, en la que los humanos se obcecan con el cuerpo, el alimento y el vestido todavía es posible escuchar de labios del propio Jesús aquellos sabios consejos: "No os afanéis por vuestra vida, qué habéis de comer o qué habéis de beber; ni por vuestro cuerpo, qué habéis de vestir. ¿No es la vida más que el alimento, y el cuerpo más que el vestido?" (Mat. 6:25). Cuando lo material se antepone y sustituye a lo espiritual tarde o temprano aparecen las servidumbres.

d. La diosa Tierra

El científico e inventor James Lovelock expuso, por primera vez en 1972, su curiosa y polémica "hipótesis Gaia" en la que consideraba a nuestro planeta como un organismo vivo. Este original sabio inglés -famoso porque uno de sus inventos permitió descubrir la acumulación de gases clorofluorocarbonados que estaban dañando la capa de ozono- afirmó que Gaia[52] era la Tierra vista como un sistema muy especial. En esta hipótesis proponía que a Gaia le ocurría lo mismo que a cualquier otro ser vivo, que su composición química y su temperatura se autorregulaban para poder seguir manteniendo la vida en sus entrañas. Lovelock lo explica así: "...durante los últimos 25 años he llenado mi vida con el pensamiento de que la Tierra podría estar, en cierto sentido, viva. No como la veían los antiguos -una diosa sensible, con propósito y premeditación-, sino más bien como un árbol; un árbol real, que nunca se mueve excepto para balancearse en el viento, pero al mismo tiempo conversa constantemente con la luz del sol y con la tierra."[53]

---

52. Gaia es el nombre que daban los griegos a la diosa de la Tierra.

Lovelock se preocupó en su obra por dejar claro que no pretendía que nadie se convirtiera a una nueva religión, más o menos científica, que rindiera culto a la gran diosa Tierra y para eliminar las posibles dudas al respecto fue radical en sus declaraciones. Dijo que no creía que hubiera cualquier tipo de proyecto, plan teleológico o propósito divino en la naturaleza. Sin embargo, a pesar de estas manifestaciones no parece que todo el mundo haya seguido sus consejos.

La idea de considerar la Tierra como ser vivo se sumó a la cruda realidad vigente de contaminación, destrucción de la capa de ozono, lluvia ácida, desertización y cambios climáticos para despertar la conciencia y sensibilizarla hacia la defensa ecológica de la naturaleza. El planeta dejó de concebirse como un objeto inanimado para recobrar vida. El mundo que había sido tratado como cosa, sometido a cantera de explotación y dominado como fuente de beneficios por la ciencia y la técnica moderna, de repente se descubría como ser viviente. Enorme burbuja cósmica capaz de curarse a sí misma de las heridas infligidas por el Prometeo humano. Astro que latía al ritmo de los miles de millones de corazones que se cobijaban en su seno. Y fue así como brotó, una vez más, esta especie de panteísmo ecológico que, inspirándose en las creencias religiosas de los indios americanos y en el "tao" oriental, pretende sacralizar la vida en perjuicio del ser humano. Desde esta nueva perspectiva el hombre ha dejado de ser sagrado y se ve como un cáncer maligno declarado en la epidermis de Gaia. Como escribe Ruiz de la Peña: "Sociológicamente, el hombre es lobo para el hombre, pero ecológicamente es mucho más dañino que el lobo. El animal, en efecto, desarrolla un comportamiento ecológico más sensato que el hombre: el instinto se demuestra más certero que la inteligencia".[54]

Esta revalorización de los instintos, y de todo lo relacionado con el mundo natural, ha contribuido al cambio de mentalidad del hombre contemporáneo. Si durante la modernidad la visión que se tenía era fundamentalmente antropocéntrica, es decir, el ser humano como conquistador de la naturaleza ocupando un lugar privilegiado en la cima de la pirámide ecológica, ahora durante la postmodernidad la percepción se ha tornado cosmocéntrica. La humanidad ha sido destronada y expulsada de esa hipotética cumbre biótica para ocupar un nuevo lugar, mucho más humilde, en la propia base y al lado de la ameba, el caracol o el mismo lobo. El hombre se entiende hoy cómo una especie biológica más que ha tenido la suerte de ver como la evolución ha desarrollado azarosamente su cerebro. Pero nada más. Ni rey, ni conquistador, ni señor de la creación. La sacralidad del cosmos ha venido a sustituir a la sacralidad del hombre. La especie humana debe someterse, por tanto, a la diosa Tierra. Lo sagrado de la biosfera se valora mucho más que el propio hombre y al planeta se le atribuyen rasgos de conciencia casi divinos.

En el fondo este culto contemporáneo a la naturaleza, por medio de la exaltación de la madre Tierra, no es más que un rebrote de la antigua creencia de que el único dios existente sería la totalidad del universo. Nada que ver con el Dios personal bíblico que crea un universo por amor en esencia diferente a Él. Se trata, por tanto, de un nuevo panteísmo basado en planteamientos ecologistas que pretende explicar la unidad universal de todo lo existente. El universo, la Tierra y la naturaleza se divinizan al mismo tiempo que se siente repugnancia hacia todo producto artificial de la ciencia, o de la técnica, porque se considera a éstas como los principales enemigos de la vida en el planeta. Se promueve la vuelta a la vida bucólica; el contacto estrecho con el mundo natural; los productos macrobióticos; la elaboración de dietéticas naturistas y un estilo de vida que no perjudique ni emponzoñe más aún el seno de la madre Tierra. Proliferan los movimientos ecologistas que luchan pacíficamente contra la religión consumista y combaten de manera abierta toda violación a la naturaleza. Pero, a la vez y de manera paradójica, la moda de lo natural se infiltra en ciertos sectores del consumo como el de la alimentación, el vestido, el ocio o los automóviles comercializándose y traicionando así los principios ecológicos que la engendraron.

No obstante, por amor a la ecuanimidad y a la objetividad, conviene decir que ni la ciencia ni la tecnología son tan malas como se pintan. Estamos de acuerdo en la realidad de los múltiples perjuicios que estas dos aliadas han venido causando en la biosfera terrestre, pero es que

acaso ¿no hay nada bueno en ellas? El sentido común nos sugiere que el hombre contemporáneo debe y puede esperar todavía muchas cosas positivas de la investigación científica. Lo mismo en el campo médico que en el biológico, químico y el de las tecnologías aplicadas. El próximo siglo verá seguramente espectaculares avances que hoy ni siquiera imaginamos. ¿La curación de todos los cánceres e infecciones víricas como la del SIDA? ¿La inmunización completa contra todo tipo de virus y bacterias? ¿La sustitución de cualquier órgano por otro artificial? ¿El aumento de la longevidad? ¿Incrementar la inteligencia mediante el uso de fármacos? ¿El libre uso de los bancos de datos por todo el mundo? ¿La desaparición de las barreras idiomáticas por medio de la informática? Y tantas otras incógnitas. Adjudicar siempre sólo a la ciencia la culpabilidad de todos los males de este planeta no es justo. La culpa no es de la investigación científica sino del mal uso que el hombre hace de ella.

El ecologismo constituye, en muchos casos, una nueva forma de religiosidad del mundo actual que acusa a los cristianos de carecer de sensibilidad ecológica. Se ha dicho que los creyentes tradicionales al tomarse el mandamiento del Génesis -de crecer, multiplicarse y llenar la tierra- tan al pie de la letra son los culpables directos de la expoliación del planeta. Sin embargo, en realidad, es todo lo contrario. El ser humano ha contaminado y degradado la Tierra precisamente por no tomarse el mandamiento divino en serio. La Biblia explica, en Génesis 1:28, cómo Dios encomendó al hombre el cuidado de todo lo creado. El término "señoread" no significa, ni mucho menos, que los humanos debían convertirse en dictadores despóticos y arrogantes que saquearan, esquilmaran y destruyeran la creación que se les entregaba. Desde el punto de vista bíblico el hombre, que es imagen de Dios, sólo puede concebirse como el intendente, el administrador o el tutor que cuida, protege y dirige hacia su plenitud un mundo que le ha sido confiado. Cuando se afirma que el Creador colocó al hombre en el huerto del Edén para que lo labrara y lo "guardase" (Gén. 2:15), se está indicando no únicamente su explotación sino también su cuidado que excluye cualquier forma de avaricia o egoísmo. De manera que si actualmente vivimos en un mundo ecológicamente maltratado, la responsabilidad no es de los que han permanecido fieles al mandato divino sino de aquellos que ignorándolo han marcado sobre la creación las huellas de su propia irreflexión y esa "esclavitud de corrupción" -a que se refiere Pablo (Rom. 8:21)- de su propio pecado. Las acusaciones del ecologismo postmoderno contra los cristianos son del todo infundadas.

Frente a estas dos alternativas que se han tratado: el antropocentrismo de la modernidad con su exaltación eufórica del ser humano y su civilización tecnocrática, así como el cosmocentrismo postmoderno que menosprecia al hombre para alabar al universo, ¿cuál podría ser la respuesta cristiana? En el fondo, estos dos puntos de vista convergen sobre el mismo resultado práctico. La humanidad resulta degradada con ambas visiones. Tanto una como otra distorsionan la imagen y el valor del hombre porque, o bien lo mitifican o bien le despojan de toda su importancia. Sin embargo, la Biblia introduce un nuevo elemento que aporta el equilibrio necesario ya que al presentar un Dios creador con personalidad propia se desmitifica por igual tanto la creación como el ser humano. No hay nada divino en la creación. Ni siquiera el hombre debe divinizarse. Lo único auténticamente divino es Dios y la humanización de su Hijo Jesucristo.

La Escritura rechaza a la vez los antropocentrismos como los cosmocentrismos y propone un auténtico humanismo creacionista. El Dios de la Biblia es la unidad de medida por excelencia que permite comprender

---

La Biblia introduce un nuevo elemento que aporta el equilibrio necesario ya que al presentar un Dios creador con personalidad propia se desmitifica por igual tanto la creación como el ser humano.

y valorar adecuadamente al hombre y a la naturaleza. Pero cuando no se quiere aceptar a Dios otros diosecillos procuran ocupar su lugar en el corazón del ser humano y hasta Gaia, la inseparable compañera terráquea, acude veloz a la cita.

6. *Religiones civiles*

A pesar de la famosa frase de Jesús: "Dad a César lo que es de César y a Dios lo que es de Dios",[55] lo cierto es que política y religión siempre se han venido comportando como dos viejas amigas inseparables. La primera ha apelado continuamente a la facilidad de la segunda para despertar los mejores sentimientos humanos, en tanto que la religión ha caído repetidamente en la tentación de buscar los privilegios y la aparente seguridad que le proporcionaba la política. Si a los poderes civiles siempre les interesó disfrutar del favor de los dioses, no es menos cierto que la mayoría de las religiones occidentales han procurado acomodarse convenientemente entre los bienes materiales de este mundo mediante adecuadas relaciones de carácter político y económico.

Tales alianzas, propias generalmente de regímenes autoritarios, fueron siempre perniciosas para los seres humanos que las padecieron. El ejemplo de España durante el franquismo es suficientemente significativo. Durante los años 1939 a 1953 Franco se propuso echarle una mano a la religión. Surgió así la ideología del nacional-catolicismo que, utilizando métodos fascistas, pretendía restaurar por la fuerza la religión católica en todo el ámbito nacional. A lo que en realidad se aspiraba era a imponer el modelo sociopolítico de los siglos XVI y XVII que se consideraba anterior a la modernidad. Se pretendía el triunfo definitivo del bien absoluto que implantaría el catolicismo y su modelo político imperial: un régimen, como el del general Franco, unitario, totalitario y corporativo. Este ideal sólo podría conseguirse mediante una cruzada española y católica que destruyera todo vestigio de la modernidad. Los siglos XVIII, XIX y XX tenían que ser barridos de la historia. Las "fuerzas del mal", encarnadas en los pensadores del Renacimiento y del racionalismo moderno como Descartes, Kant, Lutero, Rousseau, Marx o

Lenin, debían ser expulsadas de este país cerrando después a cal y canto todas las puertas y ventanas por donde pudieran colarse sus malsanos aires.

Símbolo minúsculo de aquella paradójica mezcolanza político-religiosa fue, por ejemplo, el "detente" que tantos soldados españoles llevaron enganchado con un imperdible sobre su solapa. Una especie de "pin" en el que aparecía el Sagrado Corazón de Jesús rodeado por cuatro banderas españolas sobre las que podía leerse la frase: "detente bala, el Sagrado Corazón de Jesús está conmigo". Pero no sólo se mostraba el dibujo de dicho corazón, a su lado aparecían también las banderas de los regímenes fascistas de Mussolini, Salazar y el propio Hitler. ¿Podría el disparate ser mayor?

Los artistas del franquismo inmortalizaron escenas bélicas en las que los soldados de esta cruzada nacional, con armas y uniformes medievales, alcanzaban siempre la victoria gracias al favor divino de la Virgen del Pilar o del apóstol Santiago. El propio general Franco llega a ser casi divinizado y con frecuencia se le representa -tal como puede verse todavía hoy en el mural de Reque Meruvia del Archivo Histórico Militar de Madrid- como un caballero medieval, de metálica armadura, enviado por Dios para salvar la Patria, en medio de una radiante nube sobre la que cabalga el majestuoso y angélico caballo blanco de Santiago. El mito político se combinaba con un culto religioso hacia la persona del dictador que tenía por objeto revestirle de un cierto encanto majestuoso, sublime y trascendental. Era el deseo de hacer creer que se tributaba culto a Dios por medio de la veneración al generalísimo. Franco llegó a ser para millones de españoles lo que el César para los romanos: padre de la Patria, pontífice máximo, mediador entre los hombres y la divinidad.

Sin embargo la religión política no dejó de existir con la extinción del franquismo. La escalada terrorista que le sucedió y que arraigó como un vegetal parasitario en el tronco de la democracia española, subsistiendo hasta la actualidad, presenta también oscuros aspectos de una religiosidad primitiva secularizada. ¿No es acaso ETA otra religión? ¿No son creyentes y practicantes muchos de sus militantes? ¿No se gestó el

terrorismo etarra en seminarios católicos?[56] ¿No es cierto que algunos de sus matones se preparan espiritualmente antes y después de "actuar"? Los terrorismos fomentan la religiosidad que diviniza falsos absolutos, como el "Estado", la "Patria", la "Nacionalidad", la "Raza" o la "Revolución", para asesinar a sangre fría a cualquier ser humano. La Biblia enseña que el único Absoluto auténtico que existe en este mundo es el hombre porque fue creado a imagen de Dios. Sin embargo, la religión de los absolutos ficticios se erige en verdugo para inmolar salvajemente al único Absoluto verdadero. ¿Puede haber secta más peligrosa que la de los terrorismos? ¿Cuándo se darán cuenta estos feligreses ocultos entre el pueblo de que su himno, "viva la muerte", es la mayor estupidez que se puede cantar? ¿Cuándo lo cambiarán por el de "viva la vida"? Por desgracia ETA no es, ni mucho menos, la única banda armada que practica el terror en el mundo occidental. Los terroristas del Ku Klux Klan, que han venido masacrando a la raza negra, surgieron en ambientes protestantes norteamericanos; en Israel hay centenares de judíos, como el joven Yigal Amir que asesinó al presidente Isaac Rabin, dispuestos a sembrar el terror en nombre de Jehová; el mundo islámico ha generado los terroristas más eficaces y peligrosos de este siglo, prestos siempre a entregar sus vidas para ingresar con honores en el paraíso celestial de Alá. El terrorismo no es exclusivo de una raza o de un pueblo pero siempre bebe el agua de los fanatismos políticos o religiosos.

No obstante, las dictaduras y la violencia del terror no son las únicas religiones de lo civil que ha visto Occidente. La democracia liberal contemporánea en España y, en general, en todo el mundo muestra asimismo una cierta tendencia hacia lo sagrado o religioso. Hoy se alaba la vida política mediante una especie de culto democrático que resalta los valores y ventajas de este régimen. Lo mismo puede afirmarse de los nacionalismos y de la economía de mercado que seguidamente se analizarán.

a. Sacralización de la democracia

La democracia se convirtió en una divinidad más de la sociedad laica moderna. Su culto, que se generalizó exigiendo devoción y entrega a todos los ciudadanos, proponía la exaltación de los intereses generales por encima de los particulares. El pecador de esta nueva forma de religiosidad sería aquel que busca sólo su propio interés y no es capaz de compartir nada con los demás. Por contra, el devoto comprometido sabe que la satisfacción general sólo puede conseguirse a costa de restricciones personales; procura poner en práctica el lema "todos para todos"; se involucra y participa en cualquier responsabilidad pública que abarque desde las actividades domésticas de la asociación de vecinos hasta la organización de fiestas y actividades lúdicas en el barrio o la ciudad. Da ejemplo de ciudadano demócrata, entregado y devoto, que sabe respetar lo público con el objetivo primordial de alcanzar el bienestar de la mayoría. El día de la Constitución acude puntual a cualquiera de las múltiples ceremonias y celebraciones festivas. Los mítines fervorosos, los discursos más o menos nacionalistas, las homilías políticas televisadas contribuyen a levantarle el ánimo y a renovar su fe en el sistema. Son los mensajes de exhortación, edificación y exaltación que necesitan tanto los ciudadanos como la propia democracia.

Donde se puede comprobar este simbolismo religioso, en todo su esplendor, es en la conmemoración máxima que supone el día de las elecciones generales. Las calles han sido preparadas con la suficiente antelación para la ceremonia. Los lemas y carteles de las diferentes cofradías políticas han procurado convertir a los transeúntes incrédulos. Los miembros más fervorosos de cada denominación salieron previamente a las calles y desde vehículos con megafonía predicaron a los cuatro vientos las "verdades" de sus respectivos credos. Promesas, llamadas a la fe democrática, a la credulidad y a la esperanza de un futuro

---

56. Alvaro Baeza explica en su obra ETA *nació en un seminario/El gran secreto*, Donostia, 1995, la historia de la banda terrorista desde 1952 hasta nuestros días. Baeza documenta minuciosamente cómo ciertos sectores de la Iglesia Católica vasca alentaron y protegieron los inicios violentos de ETA "en aras de un nacionalismo abertzale, en nombre de Dios y en nombre del izquierdismo comunista vasco religioso". En la pag. 323 puede leerse: "El embrión y verdadero feto de lo que en un futuro iba a ser la ETA nació en el año 1953 cuando un grupo de estudiantes vascos de Deusto (Bilbao), de la Compañía de Jesús,... crearon una clandestina célula activista en torno a la redacción de la revista EKIN "Acción".

POSTMODERNIDAD

mejor sirvieron para convocar a las multitudes en grandes espacios donde harían aparición los correspondientes líderes carismáticos. Personajes de verbo fácil y oratoria vehemente, llegados de forma precipitada desde la otra punta del país, para convencer a los tibios. Telepredicadores en directo que improvisan sus mensajes en función de la concurrencia; que alaban a los correligionarios y descalifican a los no creyentes por medio de artimañas de todo tipo. Estos cultos democráticos también tienen sus períodos de alabanza. Los himnos son interpretados por afamados artistas conversos o, cuanto menos, simpatizantes. Las banderas, pegatinas y demás símbolos contribuyen a crear todo un movimiento multicolor que da alegría y entusiasmo a la ceremonia. Pero también hay momentos de quietud, de introspección y meditación personal. El día anterior a las votaciones es declarado jornada de reflexión y durante ese tiempo queda prohibido cualquier acto que pueda considerarse proselitista.

La campaña preelectoral es la manifestación más evidente de la sacralización del sistema democrático a que se ha llegado en el mundo occidental. La democracia se ha mitificado hasta transformarse en la medida de todas las cosas. Toda idea, concepto, procedimiento o acción a la que se pueda adjetivar con la palabra mágica de la democracia quedará inmediatamente redimida y aceptada; por el contrario cuando no pueda ser así pronto se verá la influencia de lo demoníaco atentando contra la verdad democrática. Se ha llegado a creer que es el mejor y el único sistema capaz de dar sentido a la sociedad humana; capaz de realizar plenamente al hombre. La democracia sería -como afirma Mardones- "la salvación social de los realistas".[57] Una doctrina política sobre la que se ha originado esa especie de aureola de carácter salvador que ha terminado mitificando el propio sistema democrático. Se trata, pues, de un auténtico fenómeno de sacralización política.

No obstante, parece que esta forma de religiosidad civil del mundo moderno ha iniciado también, durante la postmodernidad, su descomposición interna. El sistema que llegó a ser la quinta esencia de la política y consiguió crear el Estado-providencia, que velaba por la justicia distributiva y por elevar el bienestar social de los pueblos, está siendo reemplazado por un fenómeno extraño que se ha denominado: "la demo-cracia de la opinión pública". Alain Minc predice que "la opinión pública será a comienzos del siglo XXI lo que la clase obrera fue en el alba del siglo XX: una realidad, un mito y una psicosis".[58] Este curioso aconteci-miento que se está dando en nuestros días ha sido posible gracias a la popularización de la televisión y a la extensión de los sondeos de opinión. Mientras la opinión pública va adquiriendo cada vez más poder y relevancia social resulta que la economía se olvida del antiguo sistema distributivo; los funcionarios que administran la justicia se transforman en árbitros sociales de escasa influencia; crece el individualismo haciendo retroceder en el tiempo, y en la realidad, los ideales solidarios que proponían las sociedades democráticas; proliferan nacionalismos exclu-yentes, revoluciones demagógicas y movimientos de masas que añoran antiguos regímenes. La democracia peligra frente al auge de la opinión pública y las incógnitas sobre el futuro que nos espera se multiplican en las mentes de los politólogos. ¿Qué criterios sigue la opinión popular?, ¿sólo el de las reacciones instantáneas primarias y emotivas que no han pasado por el tamiz de la reflexión?, ¿nada más que el poder tiránico del tanto por ciento mayoritario? ¿Acaso la supremacía de la mayoría no es también otra forma de tiranía?

Los políticos se han convertido en esclavos de las cifras que viven pendientes de los sondeos de opinión o de las cuotas de popularidad;

La democracia peligra frente al auge de la opinión pública y las incógnitas sobre el futuro que nos espera se multiplican en las mentes de los politólogos.

parecen ocuparse sólo de cómo subir puntos o poder vencer al equipo rival en las urnas. Da la impresión de que las ideologías ya no se tuvieran en cuenta y la política se hubiera transformado en una silenciosa sirvienta de la sociedad que únicamente procurara satisfacer los cambiantes deseos de esa nueva divinidad llamada opinión pública. La democracia ha entrado así en una fase de corrupción porque los hombres de la política han perdido la capacidad de discernir entre lo que está bien y lo que está mal; entre lo correcto y lo incorrecto; entre valores éticamente aceptables y sus correspondientes contravalores; sólo se limitan a imaginar, con la suficiente antelación, lo que las encuestas de opinión esperan de ellos; dan la impresión de vivir exclusivamente para complacer cualquier demanda de los votantes aunque ésta pueda entrar en conflicto con la ideología de su partido. Es el paradójico destino de la democracia en las manos soberanas de la opinión pública y de la misma clase social que la hizo nacer.

Es, en definitiva, la transformación de una religiosidad. Desde la sacralizada democracia, como sistema de creencias y prácticas de nuestra época, se está pasando en la actualidad a la sacralización de la opinión pública. Otro dios creado por el ser humano que amenaza convertirse en su principal tirano y opresor.

b. La religiosidad nacionalista

Diversos autores han descrito esta clase de religión civil que es el nacionalismo. Observando las letras de ciertos himnos nacionales pueden descubrirse fácilmente términos religiosos que se refieren a la nación y a los símbolos que la representan. Las banderas se consideran sagradas; las festividades, onomásticas y demás conmemoraciones nacionales constituyen el universo santoral que conviene rememorar periódicamente; las constituciones y declaraciones de derechos se veneran como si se tratasen de auténticos textos sagrados. En el fondo toda esta simbología esconde siempre la fe en un acontecimiento más o menos histórico que, poco a poco, se ha ido mitificando. Es la referencia constante a hechos que se produjeron en un pasado glorioso; a los orígenes remotos que se perderían en la noche de los tiempos; a la pureza de la raza de los primeros pobladores; a todo aquello que pueda servir para diferenciar la nación propia de las demás y hacer de ella algo específico y único en el mundo. El culto a este tribalismo nacional necesita de tales ritos y mitos con el fin de darle un valor particular al pueblo o la nación. Uno de los caracteres religiosos más usados para llegar a considerar como sagrada la propia raza, la nación o la etnia es, precisamente, el de declararla como única. Ya que si no hay nada que sirva para distinguirla de las demás, ¿qué sentido tiene rendirle culto y sacralizarla? ¿Por qué tendría que divinizarse una nación que es como todas las demás? Los nacionalismos se nutren siempre de lo especial o diferente y no suelen digerir muy bien las semejanzas entre los pueblos.

Uno de los ejemplos típicos de esto que se está tratando es el que proporciona el pueblo norteamericano. En efecto, la mayoría de los estadounidenses se consideran pertenecientes a un pueblo especial elegido por Dios. Es lo que Vicente Verdú denomina el "orgullo americano", indicando que allí "la patria se ama como a una divinidad benefactora y se reverencia con himnos y ceremonias a propósito de las ocasiones más menudas... La creencia en la prosperidad que ofrece aquel ámbito y la fe en una tierra libre, querida por Dios, son las dos caras del mismo ideal religioso en el que flota la sólida peculiaridad de América".[59] Sin embargo este sentimiento no es, en modo alguno, exclusivo de Estados Unidos. Los nacionalismos pueden presentar diferentes matices pero florecen en casi todos los jardines. Es lo mismo que se deja entrever en expresiones, tan arraigadas en el alma española de la postguerra y hoy recluidas al ámbito castrense, como "dar la vida por la Madre Patria"; o lo que experimenta el chauvinismo francés al referirse a la "belle France"; o el grito independentista catalán: "visca Catalunya lliure!".

Amar la tierra que nos ha visto nacer es algo natural y deseable en la condición humana. Respetar las costumbres y tradiciones que no atenten contra nuestros principios; identificarse con la idiosincrasia, la manera de ser y las particularidades culturales de nuestro pueblo forma parte de eso que nos une y nos asemeja a los demás. Pero cultivar la tolerancia

y el respeto a la diversidad, a los que no son ni piensan como nosotros, no tiene por qué estar en contradicción con todo lo anterior. Las naciones de Europa no tienen por qué estar en contra de la Europa de las regiones.

Lo realmente grave de los nacionalismos surge cuando se antepone la pureza de lo propio a la impureza de los demás. El choque con los vecinos resulta entonces inevitable. Se confrontan religiones, lenguas, costumbres y razas. Lo de uno tiende a mitificarse mientras que lo de los otros se vuelve tabú. El prójimo se convierte en enemigo y pronto aparecen los fantasmas del racismo, la xenofobia y la limpieza étnica. La mayoría de las naciones fronterizas tienen pasados repletos de sangrientas rivalidades. Cuando se llega al conflicto armado cada patria se transforma en un mito particular que descubre en la guerra y en la parafernalia militar su lugar de culto. El ejemplo de Bosnia es, por desgracia, actual y significativo.

Se ha señalado que "asistimos hoy en Europa a un cierto declive del Estado nacional y al auge de las reivindicaciones nacionalistas de pueblos o regiones"[60] y que este nacionalismo parece ser lo sagrado que viniera a colmar el vacío ideológico que han dejado los grandes mitos fracasados de nuestro siglo. Después de cincuenta años de cultivar el internacionalismo y de intentar construir asociaciones y puentes de unión entre los países; cuando se creía que el sueño europeo había triunfado de manera definitiva resulta que por toda Europa resurgen con fuerza los regionalismos y detrás de ellos, lo que es mucho peor, los populismos. Es decir, las ideologías que utilizando el mito del pueblo y los intereses del mismo juegan a la demagogia para ganarse a las masas. El populismo manipula a las naciones conquistando la opinión pública mediante cantos de sirena; hace creer a la gente que todos los políticos están corrompidos y que, por tanto, el pueblo no los necesita; siembra en todos los corazones la maligna cizaña de pensar que el país sólo precisa de un líder: un jefe que posea la verdad revelada y que sea capaz de terminar con todos los intermediarios, representantes y mediadores propios de la democracia. Los populismos no pueden fingir su odio abierto hacia el sistema democrático porque están convencidos de que éste sólo sirve para frenar la supuesta omnipotencia popular. De ahí que cuando la democracia empieza a mostrarse enferma y presenta síntomas de debilidad los populismos aparecen cada vez más vigorosos reclutando fieles tanto de la derecha como de la izquierda. Para lograr eficacia en este cometido usan el mismo método que la televisión: descubrir el deseo de la opinión pública y doblegarse siempre ante él. De manera que el populismo sería el aliado natural de la opinión pública. Cuando aumenta el poder de ésta, crece también el del otro.

Minc afirma que actualmente se está implantando, en el mundo occidental, lo que él denomina "una nueva santa trinidad" y que "esta sacrosanta alianza de jueces, medios de comunicación y opinión pública desemboca, con toda naturalidad, en términos políticos, en el populismo".[61] Los jueces de instrucción se han convertido, sobretodo cuando utilizan a los medios de comunicación como caja de resonancia, en seres omni-potentes que pueden influir de manera decisiva en la opinión pública. Pero esta triple alianza que, en principio, debería ser positiva para la sociedad porque es generadora de transparencia resulta que se convierte en caldo de cultivo donde se desarrollan los populismos. Cuando el imperio del derecho titubea y se niega la presunción de inocencia de las personas aparecen secuencias interminables de inculpados, preinculpados y "prepreinculpados". Este ambiente provoca pulsiones, emociones negativas, reacciones contradictorias y odios entre los ciudadanos que vienen a ser canalizados y utilizados como materia prima por el populismo.

¿Qué puede depararnos esta resurrección populista tan inesperada? Pues probablemente nada bueno. Los populismos podrían abrir la puerta a los totalitarismos. Se impone pues que esta especie de "borrachera democrática" del mundo occidental, a la que se refiere Alain Minc, no nos haga perder tanto la cabeza como para ceder a la tentación populista.

La Biblia, palabra de Dios para los creyentes, enfatiza dos ideas concretas que vienen a colación con este tema de la religiosidad na-cionalista. Se trata de la oposición radical a cualquier tipo de divinización de lo humano y a cualquier forma de desigualdad existente entre los hombres. El Dios bíblico es diferente a los dioses de los demás pueblos

porque se distingue claramente de sus criaturas mortales. Frente a la mitología griega con sus múltiples tipos de veneración a héroes humanos divinizados, se alza el Antiguo Testamento para dejar muy claro que la tentación principal del ser humano ha sido siempre pretender ser como Dios. La invitación diabólica promete: "¡Seréis como Dios!",[62] porque conoce el anhelo de divinización que existe en el corazón del hombre y de la mujer. La historia está empedrada de sufrimiento precisamente porque el ser humano ha sucumbido muchas veces a esta primitiva tentación. Sin embargo ningún mortal puede pretender ser como Dios. "¿Quién será semejante a Dios?",[63] se pregunta el salmista, ¿qué ser humano podrá compararse con el creador de cielos y tierra? Por mucho que nos empeñemos en sacralizar objetos e ideologías; por mucho que se intente divinizar a las criaturas, éstas no podrán llegar a ser nunca de la misma esencia que el Creador.

El Nuevo Testamento apela continuamente a la semejanza existente entre los seres humanos porque todos han sido hechos "de una misma sangre". La igualdad que debe reinar entre los cristianos, en relación al vínculo de la muerte y resurrección de Jesucristo, hace saltar en pedazos cualquier división nacionalista. El cristianismo viene a suprimir los muros que dividían a judíos de gentiles y es el propio Pedro (Hechos 11:17) uno de los primeros hombres que se da cuenta de esta realidad. Si Dios ha querido manifestarse por igual a toda raza, cultura o nación, ¿quién es el hombre para estorbar a Dios? Es verdad que el cristianismo primitivo ni negó ni suprimió, sin más, las desigualdades sociales existentes en los pueblos de aquella época pero sí sembró la semilla del amor como nuevo principio que debía regular la existencia de los primeros creyentes. Y esta semilla empezó a desarrollarse y a organizar, de manera diferente, las relaciones entre ricos y pobres, amos y esclavos, mujeres y hombres, nativos y extranjeros. Este fue el germen del que se alimentaron después todas las revoluciones de la historia que lucharon por la liberación y la igualdad de los seres humanos.

La singularidad fundamental de la idea de igualdad en el Nuevo Testamento, a diferencia de las formas seculares que se basan en el derecho civil o en la justicia, estriba en el amor. El amor a Dios sólo puede concretarse en el amor a los hombres sean éstos compatriotas o forasteros.

c. El paraíso de Mamón o la economía de mercado[64]

Finalmente nos queda un mundo que también ha sido mitificado por la sociedad postmoderna y al que se viene tributando una especial adoración. Se trata de la economía de mercado. El mundo del mercado libre del capitalismo democrático que se ha convertido en la religión del consumo y la posesión de bienes, y ha generado todo un abanico de valores, actitudes y estilos de vida particulares.

Los hombres fabricaban primero lo que necesitaban para vivir pero a principio del presente siglo esta norma empezó lentamente a olvidarse. Los años veinte conocieron una avalancha de productos hechos en serie que inundaron el mercado. La producción de objetos superaba con creces las necesidades reales de la población. La antigua norma ya no servía, había que despertar en los posibles consumidores el deseo por aquellos productos que la industria generaba en grandes cantidades aunque no fuesen estrictamente necesarios para vivir. Aparecieron así las técnicas del marketing; la comercialización de la producción. La publicidad se volvió imprescindible para crear en los compradores la convicción de la indispensabilidad de tal o cual producto.

Hoy ya no basta con satisfacer las necesidades de los mercados existentes, sino que es menester crear nuevos mercados; ya no se trata de vender lo que se fabrica, sino de fabricar lo que se vende. Y para lograrlo hay que dar facilidades de todo tipo: créditos, plazos, "compre ahora y pague después", "dos al precio de uno", etc. Se inventan necesidades ficticias a las que se etiqueta con silogismos que parecen verdaderos, aunque casi nunca lo son, para convencer y lograr la venta.

---

64. Mamón era el dios sirio de la riqueza. En la Biblia esta palabra aparece sólo en dos ocasiones: en Mt. 6:24 y Lc. 16:13. En ambas citas se refiere a las riquezas materiales.

Todo un universo de actitudes, valores y modos de entender el trabajo, el dinero y la propia existencia humana.

En esta sociedad del bienestar y del consumo la acción de comprar, tener, exhibir y disfrutar se ha transformado en la principal finalidad de la vida. El afán consumista se ha sacralizado, se ha convertido en una religión cuyo dios, el dinero, exige la totalidad de la persona: su trabajo, esfuerzo y sacrificio constante. Hoy "todo se subordina a Mamón, el dinero de iniquidad, que ha destrozado a Zeus. Puedes adquirir reliquias de Mamón en el Corte Inglés más próximo, auténtica fábrica de deiformidades prestas para portar, de paganías brillantes para que el joven se convierta en Ganímedes, el elegido por los otros dioses, joven, más bello, y por ende, copero de honor. Mamonifica tu vida: tal es el imperativo salido de las entrañas de la Bestia."[65]

¿A dónde conduce esta satisfación de la compra? ¿Dónde nos lleva esta suerte de salvación por el bienestar y la abundancia? Varios pensadores han señalado que bajo la máscara multicolor del placer consumista se esconde una oscura deshumanización de la sociedad y del propio hombre. La acomodación al bienestar produce vagos, personas indolentes y perezosas que se habitúan a vivir a expensas del Estado-providencia. Lo que debiera ser una bendición para la sociedad se torna en maldición para el ser humano porque elimina la motivación laboral y fomenta el paro deseado. Si la protección de la seguridad social y los subsidios de desempleo cubren las necesidades fundamentales de las familias y permiten seguir manteniendo un cierto poder adquisitivo, ¿por qué hay que trabajar? ¡Que lo hagan los demás! El individualismo y la insolidaridad se instalan en la base de la sociedad democrática carcomiendo sus cimientos al provocar la picaresca del despilfarro. Como escribe Carlos Díaz: "la postmodernidad es...el aplauso para el jacarandoso Mario Conde. En el país de tanto rey, príncipe y noble, todo ciudadano esconde lo que puede".[66]

Nuestra sociedad ha pasado, en pocos años, del ahorro a los plazos. Antes había que llenar las huchas previamente para poder adquirir después. Esto se inculcaba ya a los niños en la escuela. Hasta las cajas de ahorros regalaban alcancías a los escolares para fomentar la reserva económica. Sin embargo, en la actualidad se compra primero y se paga después a plazos en cómodas mensualidades. Hoy se puede adquirir sin dinero confiando ciegamente en el futuro de la solvencia. No se prevé el mañana sino que se desea vivir plenamente el momento presente.

El culto al consumismo, con todos sus ritos de compra, "shopping", grandes almacenes, momentos especiales de paso de las estaciones (primavera, verano, navidades, vacaciones, día de la madre o del padre, de los enamorados), rebajas, promociones, marcas, etc., constituye la manifestación más evidente de esta postmoderna forma de religiosidad que se cierne hoy sobre las multitudes occidentales. Millones de criaturas que se autodefinen como arreligiosas o no creyentes manifiestan actitudes y comportamientos, frente al consumo, que son plenamente religiosos. El corazón humano ha sentido siempre ese ansia de acumular cosas que le hagan feliz. Es como si el amontonar bienes materiales proporcionara seguridad, felicidad y liberara de las preocupaciones del futuro. Sin embargo, resulta que la posesión de bienes terrenales está muy lejos de traer la liberación de las preocupaciones, al contrario, es seguramente la fuente de ellas, ya que tales tesoros están siempre expuestos al peligro de ser perdidos. Y esto genera tensiones, problemas e infelicidad. El Señor Jesús dijo, según relata el Evangelio, lo siguiente: "No acumuléis riquezas aquí en la tierra, donde la polilla destruye y las

El afán consumista se ha sacralizado, se ha convertido en una religión cuyo dios, el dinero, exige la totalidad de la persona: su trabajo, esfuerzo y sacrificio constante.

cosas se echan a perder, y donde los ladrones entran a robar. Acumulad más bien riquezas en el cielo, donde la polilla no destruye, ni las cosas se echan a perder, ni los ladrones entran a robar. Pues donde esté tu riqueza, allí estará también tu corazón."[67] Sólo el amor y la justicia constituyen un tesoro permanente.

Podemos, pues, concluir este apartado de las nuevas formas de religiosidad señalando que si bien es cierta la crisis de valores en nuestra época esto no significa, ni mucho menos, que las inquietudes espirituales hayan desaparecido del mundo postmoderno.

En casi todos los rincones de la sociedad occidental reverdece lo religioso confirmando, una vez más, que el ser humano es portador de una dimensión espiritual que requiere ser alimentada. Lo erróneo de esta situación presente es que tales necesidades espirituales se pretenden saciar mediante manjares pobres en vitaminas, que no pueden nutrir. La mayoría de las personas que se sienten arreligiosas presentan todavía en lo más profundo de su alma, sin saberlo, todo un abanico mitológico camuflado que se manifiesta en ritualismos inconscientes.

Al desacralizar lo sagrado se ha llegado, por contra, a sacralizar lo profano y, como afirma Paul Poupard, "los mismos que antes encontraban insoportables las celebraciones litúrgicas, se extasían ahora delante de los ritos de inauguración de los Juegos Olímpicos".[68]

Pero a pesar de esta equivocada dieta espiritual y de los impresionantes avances tecnológicos o culturales que ha conseguido la humanidad, tanto el filósofo como el científico o el hombre de la calle se siguen encontrando como siempre ante el misterio de la vida y la realidad del universo. Todo ser humano debe enfrentarse a las cuestiones últimas que martillean, de forma incesante, su conciencia. Las preguntas acerca de la verdad, del sujeto humano como persona, es decir, como valor supremo que señala hacia la existencia de un Creador absoluto y trascendente son como heridas abiertas en el pensamiento de la humanidad, que demandan todavía una respuesta coherente que las cure de una vez y para siempre.

A lo largo de la historia parece que la respuesta religiosa ha sido la actitud más frecuente para descubrir sentido y esperanza frente al caos, el error, el sufrimiento, la injusticia y, sobretodo, la muerte. Y a pesar de que muchas de las respuestas que ofrece la postmodernidad pretenden esconder la realidad de estas cuestiones últimas, lo cierto es que actualmente, el ser humano no ha encontrado todavía explicación adecuada a estos grandes enigmas. La humanidad debe seguir enfrentándose a ellos si desea hallar sentido a su existencia. El hombre continúa, incluso hoy en la postmodernidad, sufriendo una necesidad radical de Dios; un deseo ardiente y una esperanza de que "lo injusto no sea la última palabra".[69] El individuo occidental, a pesar de las apariencias, está sediento de trascendencia. Sin respuesta que satisfaga sus inquietudes espirituales se asfixia en la atmósfera inerte del paganismo y la banalización porque no consigue que respiren todas las dimensiones de su humanidad. Cuando se aleja del cristianismo va a parar a religiosidades paganas que le suscitan la ilusión de creer que es más libre pero que, en el fondo, le engañan convirtiéndole en un esclavo. En realidad, el hombre y la mujer no tienen más que una posible elección: o con Cristo o sin Él. No hay más alternativa.

De ahí que el cristianismo de Cristo siga siendo, todavía hoy, la respuesta que mejor llena todas las aspiraciones del alma humana.

Cristianismo a la carta

¿Cómo se vive actualmente la fe cristiana en el mundo occidental? Lipovetsky cree que durante la postmodernidad las diferentes confesiones cristianas habrían sido también influidas por el proceso general de individualismo y personalización que sufre la sociedad. Hoy "se es creyente pero a la carta, se mantiene tal dogma, se elimina tal otro, se mezclan los Evangelios con el Corán, el zen o el budismo, la espiritualidad se ha situado en la edad caleidoscópica del supermercado y del autoservicio". Hoy abunda el individuo religioso que es "un tiempo cristiano, algunos meses budista, unos años discípulo de Krishna o de Maharaj Ji" porque al fin y al cabo "la renovación espiritual... sería el resultado de

un cóctel individualista posmoderno".[70] Lo que predominaría, en el tipo de fe de ciertos creyentes contemporáneos, no sería tanto el núcleo doctrinal del Evangelio, es decir, la veracidad de los acontecimientos histórico-salvíficos de la vida, muerte y resurrección de Jesucristo, sino una visión antropocéntrica del mismo, hecha a la medida de cada uno, blanda, "light", que se adecuara a las preferencias personales de cada individuo.

Gervilla, refiriéndose concretamente a los adolescentes y jóvenes católicos contemporáneos, ha sintetizado las principales características, que a su entender, definen el tipo de fe que se viviría hoy. Se trataría de una creencia cómoda, emotiva y bastante desconfiada hacia las instituciones y los líderes religiosos.[71] Veamos el significado de cada una de estas particularidades de la fe postmoderna con el fin de elucidar en qué pudiera afectarnos.

1. La fe cómoda

Es aquella que se profesa a un Dios poco exigente, que se contenta con un amor abstracto e idealista alejado del compromiso fraternal o social. Se trata de un Dios creado a imagen del hombre postmoderno que nunca pide, sólo parece estar dispuesto a dar; siempre preparado para ofrecer momentos religiosos agradables, sentimientos de euforia en determinadas ceremonias multitudinarias; alimento para los necesitados y trabajo para los desempleados que se lo piden con fe. Un Señor-criado empleado exclusivamente en el servicio doméstico del ser humano. En realidad, se trata de una creencia egoísta porque se centra sólo en la salvación del individuo, en su propio bienestar personal o en su equilibrio psíquico. Fomenta la relación vertical con Dios, la oración, la meditación y la reflexión íntima para liberarse de culpabilidades, miedos y angustias. Y todo esto puede que esté bien pero se olvida, lamentablemente, de la relación horizontal con el prójimo que no cree. Hace poco caso de la vida comunitaria y no le interesa demasiado impactar o transformar la sociedad. La evangelización pierde fuerza porque los demás han dejado de ser importantes. La salvación del otro, en el fondo, ya no preocupa tanto como el bienestar personal propio. La fe cómoda se vive sin dramatismos porque es una fe privada -aunque guste del contacto con el grupo- e individualista. Lo que se acepta sólo para el ámbito de lo privado no tiene porque traducirse necesariamente en un comportamiento ético concreto ni en un estilo de vida particular. Esto hace que tal tipo de creencia se caracterice por su evidente incoherencia doctrinal. Ni un sólo versículo de la Biblia puede apoyar esta clase de fe. Se acude a la iglesia según las circunstancias son o no favorables: si tengo ganas, si hace frío, si no llueve, si no tengo nada mejor que hacer, si no se presenta ningún compromiso, etc. La vivencia religiosa se supedita al clima, al trabajo, a la televisión o al ocio del fin de semana. A la hora de la verdad todo parece tener más importancia que los asuntos del Señor.

Tal práctica religiosa, despojada de toda la fuerza y el vigor de la auténtica fe cristiana, indica que la persona no ha comprendido el mensaje del Evangelio y que su "cristianismo" ocupa, en realidad, un lugar muy bajo en la escala personal de valores. Los creyentes de fe cómoda se conforman con la realidad aceptándola tal cual es. ¿Por qué tendríamos que cambiar las cosas?, se preguntan en lo más hondo de su ser, reconociendo que seguir el Evangelio de Jesús, al pie de la letra, implicaría responsabilidad y renuncia a su libertad individual. Cosa que no están dispuestos a hacer porque la fe cómoda, de tantos creyentes contemporáneos, tiene pánico al compromiso cristiano.

¿Existe también esta clase de fe en nuestras iglesias evangélicas o se trata sólo de un problema de las confesiones católicas? ¿No estaremos los protestantes españoles, que siempre nos hemos desgañitado gritando aquello de que la fe sin obras es fe muerta, acomodándonos a los contravalores de la postmodernidad? ¿Hasta qué punto se está infiltrando el cristianismo a la carta en las congregaciones evangélicas? Si queremos seguir siendo testigos de Cristo en nuestra generación debemos plantearnos seriamente esta cuestión y actuar en consecuencia.

2. La fe emocional

Una de las principales características de la cultura postmoderna que se señaló en su momento, fue el auge del sentimiento frente al declive de la razón. Este fenómeno se ha extendido también al ámbito de lo religioso. La fe emocional y anti-intelectualista parece alcanzar hoy su momento de máximo esplendor, como reacción pendular, contra los desencantos de la racionalidad. Si durante la modernidad la fe tuvo que revestirse con la armadura del conocimiento apologético para defender las verdades cristianas ante los racionalismos, en la actualidad esta tendencia ha cambiado radicalmente. Hoy la fe se habría vuelto emoción y vivencia despreciando el academicismo racionalista. La fe de la postmodernidad se parece más a la de los antiguos místicos que a la de los estudiosos teólogos modernos; es más experiencia extática (de éxtasis) que doctrina intelectual. La fe emocional busca el momento efervescente, la pasión interna, el frenesí espiritual y todo aquello que pueda abrir la puerta al sentimiento. Lo que no hace vibrar las cuerdas de la sensibilidad emocional no gusta porque no parece confirmar la experiencia religiosa. Por eso es una fe que, a diferencia de los contemplativos, busca el grupo. Necesita la experiencia de los demás, la emocionalidad fraternal, el carisma del líder para estimular la expresividad de cada miembro de la comunidad. No está de moda el creyente solitario que entra en su cuarto, cierra la puerta y ora a su Padre que está en secreto. Sin embargo, sí que proliferan y crecen las comunidades emocionales precisamente porque cultivan estos valores postmodernos.

Frente a la seriedad y rigurosa metodología de los discursos doctrinales de la modernidad hoy se preferirían los gestos, los símbolos, la glosolalia de la voz inarticulada y la expresividad emotiva del cuerpo. Si durante la época moderna el creyente se volvió triste y su fe se vistió de luto, quizás por culpa del afán de productividad que le imponía la industrialización, la postmodernidad reclamará por reacción la relajación y la dimensión festiva de la fe. La crítica de Nietzsche al cristianismo oficial de la época refleja esta tristeza: "los sacerdotes no conocían otra manera de amar a su Dios que clavando a los hombres en la cruz. Pensaron vivir como cadáveres y vistieron de negro su cadáver; hasta en su discurso percibo todavía el olor de las cámaras mortuorias... Mejores cánticos tendrían que cantarme para que aprendiese a creer en su Redentor...".[72] Por eso la fe emotiva, que se detecta en nuestros días, se centra en la celebración comunitaria y festiva de Cristo como parte importante del mensaje cristiano.

¿Qué podemos decir acerca de esta fe emocional? ¿Tan malo es que la fibra sentimental vibre cuando se presenta adecuadamente el mensaje cristiano? ¿Es que acaso los sufrimientos de la pasión de Cristo y la alegría de su resurrección no deben contagiar el sentimiento del creyente? Por supuesto que sí. Pero el cristianismo no puede prescindir de su dimensión teológica y racional. La fe debiera ser, a la vez, intelectual y vivencial. El creyente no puede desprenderse del sentimiento ni de las emociones en su relación personal y comunitaria con Dios porque es un ser humano y fue diseñado así por el Creador. Las religiones institucionalizadas de la sociedad moderna, que sofocaron y rechazaron los sentimientos humanos, se equivocaron contribuyendo a fomentar una actitud de hipocresía y falsa piedad. Sin embargo, el Evangelio de Cristo puede provocar en la criatura humana que lo recibe el mayor gozo, la mayor fiesta, la más intensa euforia que aquélla pueda experimentar jamás porque ha sido receptora de una gran noticia: la Buena Nueva de

> **La fe de la postmodernidad se parece más a la de los antiguos místicos que a la de los estudiosos teólogos modernos; es más experiencia extática (de éxtasis) que doctrina intelectual.**

salvación que la convierte en invitada de honor al banquete mesiánico, la mayor festividad del universo. De ahí que el cristianismo sea vivencia de esa alegría, sentimiento de entusiasmo por participar del gran ágape espiritual y emoción compartida con los demás convidados al reconocerse miembros de la Vida inaugurada por el Señor Jesús.

Sin embargo, la fe no debe depender de los sentimientos. Tal y como explica claramente la ilustración del ferrocarril que aparece en ese pequeño folleto evangelístico internacional titulado: "Las cuatro leyes espirituales" que *Campus Crusade for Christ* (AGAPE en España) ha venido distribuyendo por todo el mundo. La locomotora, de la que depende todo el tren, representa el hecho fundamental del cristianismo: la muerte y resurrección de Jesucristo. El vagón que la sigue y almacena el combustible simboliza la fe. Es ésta la parte fundamental que relaciona el hecho con los demás aspectos de la vida cristiana. Por último aparece el vagón de los pasajeros sobre el que puede leerse: "sentimientos". La fe del creyente no puede depender de sus sentimientos, son éstos los que deben subordinarse a la fe. El estado de ánimo voluble no debe convertirse nunca en el tirano que reprima o condicione nuestro cristianismo.

3. La fe desconfiada

La Iglesia Católica se queja de la falta de confianza en su organización que manifiestan las generaciones más jóvenes. Éstas parecen "pasar de Iglesia" porque la encuentran poco convincente. Sin embargo, muchos siguen autodefiniéndose como creyentes a pesar de no acudir casi nunca a la iglesia. ¿Cómo puede entenderse esta actitud? La religiosidad que está surgiendo en esta época es cada vez menos institucionalizada y más diseminada en el mundo secular. ¿Por qué? No hace falta reflexionar mucho para darse cuenta de que el mal testimonio, que durante bastantes años ha venido dando el catolicismo en este país, es la principal causa de esta lógica falta de confianza. El comportamiento del clero, con su afán de lucro y sus guiños al poder, constituye el primer motivo del ateísmo y la indiferencia hacia las instituciones religiosas en España. La Iglesia Católica ha perdido su monopolio religioso y, como señala

Mardones, "la religión ha dejado de ser un negocio en manos de las instituciones oficiales y comienza a vagar libremente, como moneda de cambio común, por los mercados seculares".[73]

Esta separación entre la religión oficial y la cultura contemporánea hace muy difícil la evangelización en España no sólo para la propia Iglesia Católica, que desde hace algún tiempo viene insistiendo en la necesidad de la "nueva evangelización", sino para cualquier otra comunidad cristiana con arraigo en el país y a la que le preocupe la actual situación de crisis ética y moral en que vive la sociedad. Me refiero a las iglesias evangélicas representadas en la FEREDE (Federación de Entidades Religiosas Evangélicas de España). Hoy es dificultoso transmitir adecuadamente el mensaje de salvación porque cualquier palabra bíblica que llega a oídos del postmoderno evoca inmediatamente categorías culturales y recuerdos del pasado que le bloquean los tímpanos, le cierran el intelecto y obstruyen los canales del alma. Muchos conceptos del cristianismo se relacionan con la imposición religiosa provocada por la dictadura franquista y su cruzada de nacional-catolicismo. De ahí que cuando el mensaje de Cristo se presenta en envoltorios culturales de otras épocas se hace incomprensible para el postmoderno y si consigue despertar la fe, se trata, en muchas ocasiones, de una fe escéptica, recelosa y desconfiada.

Esta aprensión del ciudadano medio hacia la institución religiosa se extiende también hacia los representantes de la misma. Da igual que se trate de sacerdotes católicos o de pastores protestantes. A todos se les mete en el mismo saco. Hoy se confía más en la orientación de psicólogos, pedagogos o médicos que en el consejo del sacerdote, pastor o líder religioso, quizás porque se le vea alejado de la realidad cotidiana, quizás por su falta de preparación científica o por su poco prestigio personal. Lamentablemente muchos de tales escrúpulos resultan, a veces, justificados porque ciertos dirigentes religiosos viven en la sociedad pero se relacionan poco con ella. Su hogar se convierte en una urna de vidrio, que es su único mundo, de la que apenas entra o sale nada. Es lógico que tal actitud despierte suspicacia en los demás.

Pero lo peor es que, en muchas ocasiones, este sentimiento es recíproco. Los propios evangelizadores, como conocen tal desconfianza hacia ellos, se muestran tímidos y sus prejuicios les impiden llegar a establecer un diálogo franco y eficaz que permita comunicar el mensaje de Cristo.

Debemos tener en cuenta estas actitudes de sospecha, que se dan en nuestro tiempo, hacia todo lo religioso si queremos influir positivamente con la alternativa cristiana en el mundo postmoderno.

CAPITULO VI

Rasgos diferenciales entre fe moderna y fe postmoderna

«Al compás mismo con que se disminuye la fe, se disminuyen las verdades en el mundo; y la sociedad que vuelve la espalda a Dios, ve ennegrecerse de súbito con aterradora oscuridad todos sus horizontes.»

J.Donoso Cortés,
Ensayos sobre el catolicismo, el liberalismo y el socialismo

VI.
RASGOS DIFERENCIALES ENTRE
FE MODERNA Y FE POSTMODERNA

Tal como se hizo en el capítulo cuatro, con motivo de los valores modernos y postmodernos, aportamos otra lista-resumen que pretende contraponer de manera breve los principales rasgos diferenciales que, a nuestro modo de ver, existen entre la fe religiosa propia de la época moderna y su correspondiente durante la postmodernidad. Tales matices de la creencia se refieren siempre a la religiosidad cristiana en general procedente tanto de los ambientes protestantes como de los católicos.

FE MODERNA	FE POSTMODERNA
1. INTELECTUALIZADA	EMOCIONAL
2. COHERENTE	SINCRETISTA
3. TRISTE	FESTIVA
4. DOGMÁTICA	NARRATIVA
5. SACRIFICIAL	CÓMODA
6. PERSEGUIDA	TOLERADA
7. OFICIALIZADA	DESCONFIADA
8. COMPROMETIDA	DESCOMPROMETIDA
9. SEGURA	PRUDENTE
10. POCO ORANTE	ORANTE

A continuación se comentará brevemente cada una de estas características contrapuestas de la fe religiosa. Con el fin de hacer más ágil la descripción se emplearán -igual que se realizó en el mencionado capítulo cuatro- las siglas: M para modernidad y PM para post-modernidad.

1. Intelectualizada - Emocional

Durante la M la vía de acceso a Dios que gozó de mayor prestigio fue, sin duda, la racional. Los creyentes se sintieron obligados a presentar defensa de su fe frente al racionalismo general de la época y a los ataques cientifistas contra la religión. Se empezaron a publicar así manuales sobre filosofía de la religión, teodiceas y teologías dogmáticas de elevado carácter intelectual e, incluso, intelectualista. Esto evidentemente dificultó el acercamiento del pueblo llano a las cuestiones religiosas y la lectura y estudio de la Biblia casi se convirtió en patrimonio exclusivo de los intelectuales.

Por el contrario, la PM viene a restablecer otra vía de acceso a lo divino: la vivencial y emotiva; la que abre los caminos del corazón y cierra los de la razón. Si la M no soportaba el misterio y siempre pretendía explicarlo racionalmente, la PM lo recibe, lo acepta y se alegra con él. Al creyente actual le gusta experimentar emoción al orar, al celebrar culto, al escuchar el mensaje, al partir el pan o al cantar. "Notar la presencia de Dios" se ha convertido en el deseo que ha desplazado a la fe más intelectualizada de la M. Como afima Equiza "el Dios de los místicos tendría más acogida en el mundo postmoderno que el Dios de los

---

Si la modernidad no soportaba el misterio y siempre pretendía explicarlo racionalmente, la postmodernidad lo recibe, lo acepta y se alegra con él.

teólogos y de los filósofos".[1] La PM ha vuelto a democratizar la fe al ponerla al alcance de todo el mundo. Hoy la fe religiosa no disgusta tanto como en el pasado porque la razón ha perdido su antiguo prestigio y se valora más el mundo natural. Se desea vivir en armonía con la naturaleza y en respeto hacia las manifestaciones vitales del ser humano. La fe vivencial y emotiva no molesta al postmoderno.

Sin embargo, no conviene olvidar que ambos extremos son peligrosos. La M contribuyó a intelectualizar la fe excesivamente mientras que la PM tiende a hacerla depender totalmente de los sentimientos. No obstante, la fe cristiana debe guardar el equilibro entre lo vivencial y lo intelectual. Una fe que lleve a la "constancia en la oración" pero también al "culto racional" y a la "renovación del entendimiento" (Rom. 12:1, 2 y 12).

2. Coherente - Sincretista

La visión del mundo que proporcionaba la fe al hombre moderno era coherente y totalizante. Los creyentes aceptaban generalmente la doctrina cristiana en su totalidad y no se admitían las incoherencias doctrinales. Por su parte la religiosidad postmoderna opta por una mezcla de creencias, o de increencias, que pueden provenir o no de la doctrina cristiana y que cada uno elige como mejor le conviene. Hay personas que aceptan la divinidad de Cristo pero no su resurrección; otros creen en la existencia de Dios pero no en la divinidad de Jesús; para algunos Dios es Cristo y Cristo es Dios pero no habría vida eterna y, en fin, hasta la doctrina oriental de las reencarnaciones sucesivas se mezcla con el cristianismo. El postmoderno puede acoger una fe sincretista, con elementos extraños al cristianismo, porque en el fondo ya no le importa tanto la lógica del razonamiento teológico. Se admite que cualquier religión puede presentar aspectos verdaderos, de ahí que se procure la reunificación sincrética. La PM soporta bastante bien este tipo de dispersión mental ya que lo que realmente le importa serían las experiencias religiosas o las vivencias existenciales.

3. Triste - Festiva

La M hizo de la religión algo pesado, arduo y triste. Las iglesias que se aliaron con los Estados se contagiaron de la visión burguesa del mundo y contribuyeron así a fomentar la productividad consumista por encima de todas las dimensiones humanas. El ocio, la fiesta y la ética del placer se veían con malos ojos porque perjudicaban la producción. Esto motivó la profusión de todo tipo de desequilibrios psíquicos, sociales y espirituales. El creyente se volvió austero y apesadumbrado.

La religiosidad postmoderna, en cambio, desea recuperar la fiesta, la felicidad y la alegría. Al fin y al cabo el evangelio es la proclamanción de las buenas nuevas; la grata noticia de que Dios, el creador del universo, nos ofrece su amor gratuito que desea ser correspondido en el gozo de la fraternidad. El creyente se realiza también en el tiempo libre, en la comunión con los demás y en la acción de gracias. En este sentido la PM gusta en recuperar el mensaje de Pablo a los Tesalonicenses: "estad siempre gozosos. Orad sin cesar. Dad gracias en todo,..." (1° Tes. 5:16-18).

4. Dogmática - Narrativa

La M cometió el error de caer en la rigidez del dogmatismo. La teología pretendía conocer todas las respuestas y saber todos los misterios. Se confiaba en que por medio del estudio minucioso de la revelación, reservado sólo a los especialistas, se podrían aclarar todas las dudas con respecto a lo divino. El orgullo de ciertos teólogos modernos les llevó a absolutizar ciertos valores, palabras e ideales. De ahí que la PM, por reacción, busque hoy lo simple. Si antaño la teología dogmática se jactaba de conocer perfectamente a Dios, en la actualidad crece la convicción de que es más lo que desconocemos de Él que lo que sabemos (teología negativa). Los creyentes postmodernos se sienten más atraídos por el claro método explicativo de Jesús que por la compleja exégesis científica. La teología narrativa, que parece resurgir en la PM, se inspira en las parábolas del Evangelio, en las anécdotas sencillas que todo el mundo puede entender y experimentar.

Una vez más habría que apelar al equilibrio pues si la M pecó de excesivo dogmatismo la PM puede caer en la banalización de la revelación. Ni lo uno ni lo otro sería bueno.

5. Sacrificial - Cómoda

Si hace unos años la fe cristiana se vivía como una militancia sacrificial y apostólica que siempre estaba dispuesta a compartir desde el testimonio personal hasta el pan, si era necesario, con el prójimo, en la actualidad también los creyentes se han acomodado a la sociedad del bienestar. La experiencia religiosa apunta hoy más hacia adentro que hacia afuera. Parece como si al creyente postmoderno le importara mucho más su propia realización personal, el Yo y la relación con su iglesia que la relación con los demás que todavía no conocen el mensaje del Evangelio.

6. Perseguida - Tolerada

El dogmatismo antirreligioso de la M enarbolando la bandera del secularismo obligó, en ciertos ambientes del mundo occidental, a que la influencia de lo religioso menguara o se batiera en retirada. A pesar de que en estos últimos tiempos Occidente ha asistido al desarrollo y fortalecimiento de la tolerancia, lo cierto es que el fantasma de la persecución por motivos de fe no ha sido del todo ahuyentado y, de vez en cuando, aparece para mostrar su siniestra faz. Otro asunto sería el de la intolerancia de las religiones oficiales con respecto a las demás confesiones minoritarias. Los evangélicos y otras confesiones religiosas de este país fueron víctimas, durante el franquismo, de esta persecución e intolerancia.

7. Oficializada - Desconfiada

El Estado auténticamente democrático es aquel que no reconoce religión oficial alguna; que no privilegia a ninguna confesión en detrimento de las demás; que proclama la libertad religiosa real y promueve la tolerancia y el pluralismo ideológico. Por eso hoy se desconfía de las iglesias oficiales de las religiones oficializadas de los matrimonios desiguales entre lo religioso y lo civil. El mundo occidental postmoderno, donde reina la democracia, no puede mirar con buenos ojos a los países que pretenden regirse todavía por una falsa teocracia, un clericalismo o una Iglesia oficial que menoscaba la autonomía legítima del poder político.

8. Comprometida - Descomprometida

La fe cristiana de la M se caracterizó por dar preponderancia al compromiso fraternal y social. La dimensión horizontal del evangelio predominó sobre la vertical. El vaso de agua fría dado a los pequeños se valoró por encima de la actitud orante y espiritual. Sin embargo, en la PM la fe se descompromete; se centra en uno mismo y deja de ser social; le preocupa más el desarrollo individual que la transformación de la sociedad.

9. Segura - Prudente

La M religiosa fracasó al caer en un exceso de seguridad. Dios y su revelación se concebían casi como una disciplina científica que podía investigarse y demostrarse de manera segura. La divinidad llegó a confundirse con los términos que se utilizaban para definirla. Pero la fe, por su propia esencia, como esperanza de lo que no se puede observar con los sentidos físicos no puede disponer de la seguridad de otras materias positivas y comprobables. La PM, comprendiendo esta dificultad, adopta un tipo de fe más prudente, más sencilla y más humilde.

10. Poco orante - Orante

La fe de la M es poco orante porque concibe la oración como una relación evasiva entre el ser humano y un Dios mítico que no quiere intervenir en la dinámica del mundo. El creyente moderno piensa que la oración se dirige siempre a una divinidad milagrera y guardiana del bienestar personal de los suyos; o a un juez sádico que se complace con el sufrimiento de los inocentes y al que recurren, de vez en cuando, los

mortales para que les tape los agujeros de su ignorancia y desconocimiento. Por eso, los teólogos modernos dirán que toda la vida es oración; que no es necesario buscar tiempos concretos para orar; que no es menester interrumpir la acción para hablar con Dios.

Pero la PM responde que no; que eso es confundir la oración con la propia fe. Y se está de acuerdo en que la fe, bien entendida, es el encuentro permanente con Dios, pero esa clase de encuentro puede realizarse de dos maneras distintas. Bien de forma activa a través del servicio, del amor, del compromiso, del testimonio y del trabajo bien hecho, o bien por medio de la oración personal o comunitaria, de la contemplación, de la celebración cúltica y de la fiesta fraternal. El cristiano puede orar de las dos maneras: unas veces actuando y otras sólo intercediendo. Ningún tipo de oración tiene porque excluir al otro.

Podemos, pues, concluir esta comparación de manifestaciones de la fe señalando que tanto la modernidad como la postmodernidad presentan valores positivos y contravalores negativos. Tanto una como otra reflejan mentalidades que a veces estuvieron acertadas pero, en ciertos momentos, también se equivocaron. Los creyentes debemos superar la tentación, y esa tendencia a la simplificación, que supone toda generalización. Ni la postmodernidad es completamente mala ni la modernidad actuó siempre tan bien. El reto para nosotros es que sepamos discernir convenientemente los desafíos, los aspectos correctos y los incorrectos, de la una y de la otra, para intentar sintetizarlos y ofrecerlos al creyente contemporáneo que se interesa todavía por conocer la sociedad y al ser humano a quien desea llevar el Evangelio. De igual modo que los ideales cristianos fueron sembrados, arraigaron y dieron su fruto durante la época moderna, pueden hacerlo también en la sociedad postmoderna del bienestar. Será más o menos difícil, costará más o menos sacrificio pero el Evangelio es la gran noticia de Dios que debe llegar a cada generación. Y la nuestra, por muy postcristiana que nos parezca, no puede ser la única excepción.

CAPITULO VII

El evangelio para un mundo en transición

«Y será predicado este evangelio del reino en todo el mundo, para testimonio a todas las naciones; y entonces vendrá el fin.»

Mateo 24:14

VII.
EL EVANGELIO
PARA UN MUNDO EN TRANSICIÓN

¿Qué podemos hacer hoy los cristianos evangélicos frente a esta sociedad postmoderna en la que nos ha tocado vivir? ¿Sigue siendo relevante todavía, en la actualidad, el mensaje de Jesucristo? ¿Tiene sentido hablar de "salvación" en esta época en la que los seres humanos parece que sólo se interesan por "sacarle el máximo partido a la vida"? Si el Evangelio sigue siendo necesario ¿cómo podemos enseñarlo? ¿Cómo deberíamos entender la evangelización en la postmodernidad?

El tema es, desde luego, complejo y requiere la reflexión profunda y el acuerdo de todo el pueblo evangélico unido. La predicación del mensaje de salvación concierne a la Iglesia y debe ser ésta quien medite y asuma la responsabilidad de proponer formas y métodos adecuados para la realización de esta tarea. Pero, al mismo tiempo, cada creyente está llamado a ser un evangelizador y, por lo tanto, puede aportar sugerencias personales, experiencias o vivencias que sirvan para agrandar el Reino de Dios en la tierra. En este sentido, desde mi modesta posición, pienso que si queremos seguir presentando el Evangelio a esta sociedad secularizada debemos ser realistas y, desechando cualquier solución mágica o artificiosa, aproximarnos al ser humano contemporáneo con humildad, con sinceridad y con amor. En este capítulo se considerarán algunos requisitos previos y posibles ideas que pudieran favorecer la evangelización en nuestros días.

Necesidad del Evangelio

El ser humano siempre ha tenido necesidad del mensaje evangélico. Sin embargo, en nuestros días lo precisa con más intensidad que nunca, aunque no sea consciente de ello. El ambiente de secularismo que ha forjado el mundo occidental, y que se vislumbraba como el marco ideal de la sociedad moderna, ha contribuido a desarraigar a las personas, porque ha provocado que éstas se olviden de su origen y que su destino individual o colectivo se disuelva en un mar de dudas e incertidumbres. Cuando no se cree en la existencia del Dios creador que está detrás del tiempo histórico y del espacio cósmico; cuando no se acepta que el universo tuvo un principio y tendrá un fin en el momento en que este Sumo Hacedor lo decida, el sentido profundo de la vida humana empieza a perderse poco a poco. De manera que el secularismo, robándole al hombre su origen y su destino, le despoja de las principales coordenadas de referencia y le empuja al vacío infinito de la nada. Por el contrario, el Evangelio provee de identidad, arraiga a las criaturas en el mundo dando sentido y finalidad a su existencia.

De ahí que hoy, en los albores del siglo XXI, los seres humanos continúen necesitando a Dios a pesar de todas las apariencias. Como escribe González-Carvajal: "tal vez sea necesario ahondar un poco bajo la superficie, pero al final descubriremos que también el hombre actual tiene sed de Dios y languidece lejos de sus fuentes"[1] porque, en realidad, las grandes preguntas de la condición humana siguen ahí sin que nadie aporte soluciones satisfactorias.

La predicación del mensaje de salvación concierne a la iglesia y debe ser ésta quien medite y asuma la responsabilidad de proponer formas y métodos adecuados para la realización de esta tarea.

El hombre es por naturaleza un ser religioso porque, tal como se deduce de la revelación, fue diseñado así desde el principio. No ha existido nunca una gran civilización que no haya sido religiosa.[2] Esto hace que cualquier experimento que pretenda mutilar la dimensión espiritual esté, de antemano, condenado al fracaso. La sociedad moderna intentó realizar la vieja utopía de crear la "ciudad secular", en la que no tuviese cabida la fe ni la inquietud religiosa, pero tal ensayo se malogró. Harvey Cox, el profesor de teología de la Harvard Divinity School, escribió en 1965 un libro titulado: "La Ciudad Secular"[3] en el que sostenía que la religión había dejado de ser necesaria para el habitante de las modernas tecnópolis. Si a Dios se le necesitaba en la tribu e incluso en la ciudad ahora, en el seno de las complejas tecnópolis, Dios había muerto para el hombre. Sin embargo, casi veinte años más tarde, Cox se vio obligado a rectificar su opinión y escribir: "... el mundo de la religión en decadencia, al que se dirigía mi primer libro, ha empezado a cambiar de un modo que muy pocas personas podían prever. Ha comenzado a hacer su aparición una nueva era que algunos llaman "postmoderna". Nadie está absolutamente seguro de cómo será esta era postmoderna, pero una cosa parece estar clara: más que de una era de secularización rampante y decadencia religiosa, parece tratarse de una era de resurgimiento religioso y de retorno de lo sacro."[4]

La sinceridad de Cox viene a confirmar que la idea de la muerte de Dios es como una pesada carga que el ser humano no puede soportar. El hombre no puede vivir sólo de pan sino que necesita también la Palabra que le acerca a Dios.

La postmodernidad es pues la época de los auténticos evangelizadores; es el momento de los cristianos que reconociendo esa sed contemporánea de Dios decidan convertirse en educadores del Evangelio, de su teoría y sobretodo de su praxis; es la hora de los comunicadores que saben descubrir el deseo de tantas criaturas por llegar a "ser" y no solamente por "tener"; es el tiempo de los constructores de puentes y de los sembradores de esperanza. Hombres y mujeres que sepan impregnar sus respectivos ambientes con los valores evangélicos; que empapen su vida y sus campos profesionales con el misterio salvador de Jesucristo. Cuantos más terrenos se siembren más cosechas podrán recogerse. Habrá que evangelizar destacando los valores de los contravalores y colocando palabras de vida donde sólo existan gérmenes de muerte; se deberá revalorizar la ética por encima de la técnica, la persona sobre las cosas y el espíritu además de la materia.

Algunos creyentes ven la increencia actual como un peligro exterior que amenaza con exterminar la fe cristiana. En ciertos ambientes crece el sentimiento de impotencia frente a esa ola imparable y parece como si la pregunta de Jesús recobrase de nuevo actualidad: "pero cuando venga el Hijo del Hombre ¿hallará fe en la tierra?".[5] Esta especie de miedo pesimista hace que muchos cristianos se distancien del mundo fomentando la formación de congregaciones-gueto que intentan vivir su fe al margen de la "sociedad corrupta". Tal huida y aislamiento de la sociedad puede producir un tipo de vida cristiana incompleta y equivocada porque se fomenta una espiritualidad, basada en la diferencia y el distanciamiento de los demás, que dificulta notablemente cualquier proyecto evangelizador. Se olvidan características evangélicas tan fundamentales como la solidaridad con todos los seres humanos, el amor al prójimo y la responsabilidad de comunicar el Evangelio a toda criatura.

Otro error, que hemos cometido frecuentemente, ha sido el de considerar la evangelización como una campaña destinada a imponer la voz cristiana. Se ha caído así en métodos similares a los que tanto hemos criticado del nacional-catolicismo que han convertido el testimonio evangélico en una especie de cruzada destinada a conquistar almas de infieles. El cristianismo se concebía casi como si fuera una institución militar en misión de lucha contra el enemigo de la increencia. Piénsese, por ejemplo, en la letra de algunos himnos: "Firmes y adelante, huestes de la fe", "Cuán pendón hermoso", "A combatir", "Luchando estáis", "Despliegue el cristiano su santa bandera", entre otros muchos. Al considerar a los no creyentes como los enemigos principales de la Iglesia se perdían de vista ciertos valores elementales del Evangelio. La falta

de humildad se evidenciaba al considerarnos mejores que los otros en lugar de pecadores como los demás; se olvidaba la misericordia del Dios que hace llover sobre justos e injustos así como su bondad que es muchísimo mayor que la nuestra; y que Él puede manifestarse también, si lo desea, en medio de los que no son o piensan como nosotros.

El teólogo Juan Martín Velasco refiriéndose a este tipo de celo evangelizador, que también se da dentro del catolicismo, escribe: "con frecuencia su concepción de la evangelización se parece más a las campañas propagandísticas, a los esfuerzos endoctrinadores destinados a convencer, a las luchas por el poder o a las cruzadas de reconquista que al anuncio gozoso de una buena nueva, hecho desde la solidaridad, la fraternidad y el amor a los hombres".[6] Debemos superar la tentación de confundir la evangelización con la organización de campañas proselitistas. Evangelizar es vivir en el mundo dando testimonio de la fe; es un estilo de vida personal y solidario con todos aquellos a los que se testimonia.

En relación a lo que se indicaba más arriba, debemos aprender a ver la increencia actual no como el enemigo a combatir ni como el peligro que nos amenaza, sino simplemente como lo que es: un reto y un desafío que exige del pueblo evangélico una respuesta auténticamente cristiana. No podemos ignorar la realidad cultural presente porque nos plantea un importante dilema: o presentamos el Evangelio según la terminología propia de la postmodernidad o bien nos resistimos a ella, la rechazamos y procuramos cambiar todos sus valores culturales enfrentándolos al mensaje evangélico. El peligro de la segunda opción es que podemos quedar aislados en medio de una cultura que no nos comprenda, con un Evangelio en la manos que no llegue a la gente por considerarse anticuado, anacrónico y poco relevante para el hombre actual. No podemos prescindir de la realidad vigente. Vivimos en una cultura cambiante y debemos estar abiertos a ese cambio. El mensaje del Evangelio es siempre el mismo pero debemos adecuarlo al hombre de nuestra época.

Por otro lado, es evidente que ciertos elementos contemporáneos chocan frontalmente contra la doctrina cristiana y deberán ser cambiados, en los corazones convertidos, por la luz de Cristo. Tal es el caso del individualismo, del materialismo, del hedonismo y de la falta de reflexión espiritual. Pero, a la vez, la actitud evangélica debiera ser también de discernimiento, de simpatía y colaboración, evitando cualquier forma de intolerancia; respetando al no creyente sin renunciar a la proclamación de la fe. Recluir el Evangelio a la esfera de lo privado y silenciar su voz sería desobedecer a Dios y volver la espalda a este mundo necesitado de sentido.

Las comunidades evangélicas deben seguir explicando al ser humano que vive en la postmodernidad la historia de siempre: "Jesús es el Señor", el único Señor del universo que tiene poder para desterrar del alma humana los demás dioses con pies de barro.

Ideas para evangelizar hoy

Como ya hemos señalado no existen fórmulas mágicas que garanticen el éxito de la labor evangelizadora. Seguro que, como casi todo en esta vida, se aprende a predicar el Evangelio con la práctica y el ejercicio habitual. Es posible también que a partir de los errores cometidos en el pasado podamos profundizar en esta labor y mejorar para el futuro. Sin embargo, a pesar de ser conscientes de esta realidad, nos permitimos sugerir aquí algunas ideas que pudieran ser beneficiosas para presentar el mensaje de salvación a nuestra generación y ayudarnos a encontrar respuestas válidas a la importante cuestión de cómo evangelizar hoy.

1. Anunciar el núcleo de la fe

Las verdades cristianas no debieran presentarse como si fueran bolas de billar que se pueden agrupar de cualquier manera. El Evangelio tiene un núcleo que ilumina y permite comprender todos los demás contenidos de la revelación. El hombre contemporáneo, que no ha tenido la oportunidad de tener un encuentro con Jesucristo, debe ser enfrentado con el centro mismo de la fe: con la misericordiosa salvación que el Hijo

de Dios humanado consiguió para él, muriendo en el Gólgota y resucitando al tercer día.

Si los humanos de la época moderna se interesaron más por la mente que por el cuerpo, hoy las cosas han cambiado. El postmoderno se preocupa más por su cuerpo, y por todo aquello que tenga relación con éste, que por la razón o el intelecto. La evangelización debe ser sensible a esta preferencia.

Como sugiere Cox: "La teología moderna se sintió hechizada por la mente. Centró su atención en las ideas y se preocupó especialmente por el problema del bien y del mal. La teología postmoderna habrá de centrar su atención en el cuerpo, en la naturaleza de la comunidad humana y en el problema de la vida y la muerte".[7] De la misma forma en que la resurrección de Cristo, y del cuerpo de todo ser humano que se adhiere a su Palabra, debe ser el motivo central del mensaje cristiano que se predique hoy, también la comunidad cristiana debe celebrar la Vida en oposición a la muerte haciendo resucitar la fraternidad y la solidaridad por encima del egoísmo e individualismo.

2. Responder a las preguntas básicas del ser humano

La dinámica que se ha venido siguiendo hasta ahora en la predicación evangelística ha consistido en intentar convencer a los oyentes de su situación pecaminosa y de su necesidad de salvación en Cristo Jesús. Este método es bíblico y ha venido dando su fruto hasta épocas relativamente recientes. Sin embargo, en nuestros días nos enfrentamos a un fenómeno que dificulta notablemente la utilización de esta forma de presentar el Evangelio. Se trata de ese sentimiento de aculpabilidad propio del hombre postmoderno.[8]

Klaas Runia, el presidente de la Asociación de Teólogos Evangélicos Europeos, lo expresaba así: "el problema de nuestro mundo moderno es que el hombre secular desconoce este sentimiento de culpabilidad, porque no tiene esa relación personal, íntima, con Dios. De hecho, se considera una buena persona que trata de hacer todo el bien que puede para ayudar a sus semejantes."[9] Actualmente los no creyentes no suelen tener conciencia de pecado porque viven en una sociedad que ya no distingue muy bien lo que está bien de lo que está mal. De ahí que debamos plantearnos si empezar hablando del pecado es la mejor manera para presentar a Cristo hoy.

Runia sugiere que el método usado por Pablo entre los atenienses paganos sería también apropiado en nuestra época. Partiendo de la situación en la que la gente se encuentra, responder primero a los grandes interrogantes existenciales que preocupan en la actualidad, tales como: ¿quién soy?, ¿de dónde vengo?, ¿a dónde voy?, ¿cómo hacer frente a la enfermedad, el dolor o la muerte?. Para señalar, finalmente, que todas las respuestas del Evangelio convergen y adquieren sentido en la persona de Jesucristo. El Dios creador es también el Dios redentor que desea una relación con cada persona. Quizás este otro método sea más apropiado para el momento presente.

3. Inculcar la ética del arrepentimiento

Sin embargo, no debe olvidarse que la predicación que no contempla el llamamiento al arrepentimiento personal no puede considerarse genuinamente evangélica. Arrepentirse no es sólo experimentar un cierto remordimiento de conciencia, sino también un cambio radical de actitud y de valores que debe afectar a toda la personalidad. Cuando Juan el Bautista grita en medio del desierto de Judea: "Arrepentíos, porque el

---

La comunidad cristiana debe celebrar la Vida en oposición a la muerte haciendo resucitar la fraternidad y la solidaridad por encima del egoísmo e individualismo.

reino de los cielos se ha acercado"[10] su grito tiene un sentido escatológico porque constituye la frontera entre la vieja y la nueva era. El hombre y la mujer que deciden seguir a Cristo no pueden continuar viviendo como si nada hubiera pasado. El reino de Dios requiere un nuevo estilo de vida; una nueva ética que reordene la mentalidad y la conducta de la persona. Donde no hay obediencia es que no ha habido arrepentimiento y sin éste tampoco puede haber salvación (Lc. 13:3; Hch. 2:38). Tal como muy bien escribe el teólogo evangélico René Padilla: "el arrepentimiento es mucho más que un asunto privado del individuo con Dios: es la reorientación total de la vida en el mundo... Cuando la evangelización no toma en serio el arrepentimiento, es que no toma en serio al mundo, y cuando no toma en serio al mundo tampoco toma en serio a Dios. El Evangelio no es un llamado al quietismo social. No está para sacar al hombre del mundo, sino para insertarlo en él, ya no como esclavo sino como hijo de Dios y miembro del cuerpo de Cristo."[11] Convertirse a Cristo no es huir del mundo para refugiarse entre los muros de la Iglesia, sino hacer de la Iglesia un trozo de cielo en la tierra que interactúe con el mundo y aporte las soluciones, que estén en su mano, al problema humano.

4. Reivindicar una moral de brújula

En esta época postmoderna en la que la moral ha quedado fragmentada, sin principios fijos en los que apoyarse, y ha dado origen a tantas reglas morales como necesidades tiene cada cual, el Evangelio debe continuar proponiendo unos puntos de referencia sólidos y estables. Frente a la llamada "moral de radar", que busca cualquier coordenada o explicación que le sea útil o le pueda servir para satisfacer los deseos de cada momento, el cristiano puede presentar la "moral de brújula", que se orienta siempre buscando el norte permanente de los principios cristianos del Evangelio.

5. Fomentar la esperanza

El individuo postmoderno, convencido de que lo que cuenta es el aquí y el ahora, ha perdido toda esperanza en el futuro. La evangelización, consciente de esta carencia, debe fomentar aquella misma esperanza a que se refería el apóstol Pablo ante Félix, el gobernador de Palestina: "te confieso, que... sirvo al Dios de mis padres,... teniendo esperanza en Él,... de que ha de haber resurrección de los muertos,... Y por esto procuro tener siempre una conciencia sin ofensa ante Dios y ante los hombres."[12] La esperanza en el futuro victorioso de la Vida sobre la muerte es el mejor regalo que el Evangelio puede comunicar al individuo contemporáneo. Pero esta esperanza proporciona además una conciencia que permanece en paz con Dios y con los semejantes.

6. Dar a conocer la Biblia

La Biblia debe seguir siendo el elemento central de la evangelización. Desde que Lutero la tradujo al alemán los protestantes siempre han tenido fama de ser buenos conocedores de la Escritura frente a los católicos, a quienes, en ciertas épocas, les estuvo prohibido leerla o no la podían entender por estar en latín. Sin embargo, parece que actualmente esto también está cambiando. Los católicos han redescubierto la lectura y el estudio bíblico como puede apreciarse en la cantidad y calidad de las publicaciones que aparecen cada año. Por el contrario, el conocimiento bíblico del pueblo evangélico, salvo puntuales excepciones, manifiesta síntomas de empobrecimiento. Jose Mª Martínez lo explica así: "la práctica de la lectura de la Biblia y la oración diarias han disminuido, a juzgar por el propio testimonio de no pocos creyentes. Las nuevas generaciones espirituales tienen un conocimiento de las Escrituras inferior al de las generaciones anteriores. A veces resulta deprimente observar cuántos miembros de nuestras iglesias desconocen hechos históricos prominentes del Antiguo Testamento,... Algo parecido, aunque de modo menos marcado, puede decirse sobre el conocimiento del Nuevo Testamento."[13]

Si queremos alcanzar con el mensaje del Evangelio al hombre del siglo XXI esta tendencia debe invertirse. No podemos enseñar las riquezas de la Biblia si no las conocemos. Debemos cultivar no sólo la lectura bíblica sino también la de comentarios formativos que nos

permitan comprender la ingente cantidad de verdades que guarda la Palabra de Dios. Aquí es menester también apelar a la labor y a la responsabilidad de los dirigentes y maestros de la Escuela Dominical en cada congregación. Hay que entender que el estudio de la Biblia es comparable al corazón que bombea sangre cargada de oxígeno vital para mantener activos todos los miembros del cuerpo de Cristo.

7. Mostrar la razonabilidad del cristianismo

Es cierto que la postmodernidad se caracteriza por el auge de lo sentimental y que la Iglesia debiera cultivar, dentro de límites lógicos, esta dimensión emotiva del alma humana. No obstante, tampoco habría que renunciar a mostrar, en la evangelización, la razonabilidad de la visión cristiana. Como aconseja el apóstol Pedro: "estad siempre preparados para presentar defensa con mansedumbre y reverencia ante todo el que os demande razón de la esperanza que hay en vosotros."[14] Y, desde luego, las mejores razones no suelen ser los argumentos más o menos teóricos sino las experiencias cargadas de sentido que pueden iluminar la vida de los hombres. La mejor manera de mostrar la coherencia de este "gran relato" que es la salvación cristiana es, precisamente, encarnarlo en la realidad de cada día; transformarlo en "pequeños relatos" personales de servicio, de liberación y de alegría compartida. Porque, en definitiva, lo que más convence es la fraternidad. El mejor razonamiento es el del amor. De ahí que la sociedad postmoderna le pregunte al cristianismo contemporáneo si los valores que éste predica funcionan, pues "si no funcionan, ¿qué garantía podrán ofrecer en el imperio de la funcionalidad, de qué le convienen al hombre? ¿Dónde puede arraigar el atractivo del pretendido estilo de vida cristiana?".[15] El mejor argumento será siempre el ejemplo de vidas cristianas comprometidas.

8. No confundir universalidad con universalismo

Si bien es cierto que la salvación obrada en la persona humana y divina de Jesucristo tiene un alcance universal, porque es para "todo aquel que en Él cree", esto no significa que todos los seres humanos posean la vida eterna sea cual sea su postura frente al Evangelio de Cristo.[16] Desde este planteamiento universalista la tarea evangelizadora perdería prácticamente su significado. ¿Por qué evangelizar si todos los seres humanos van a salvarse, aunque todavía no sean conscientes de ello? Sin embargo, la presentación del Evangelio, dejando de lado el universalismo, debe fundamentarse en el anuncio a todas las naciones del arrepentimiento y el perdón de pecados en Cristo.

9. Mediante métodos morales

El contenido valioso y positivo del Evangelio debe ser transmitido mediante procedimientos que estén legitimados por la moral. Cuando la Buena Nueva se emite por medio de la manipulación, la violencia, el engaño o el adoctrinamiento, deja inmediatamente de ser valiosa para el que la recibe. Evangelizar implica comprometerse moralmente no sólo con el contenido del mensaje sino también con la manera de proclamarlo. Cuando se presenta de forma correcta el Evangelio siempre contribuye a humanizar a las criaturas, haciéndolas más valiosas tanto en su dimensión individual como social.

El discurso cristiano tiene que dejar de ser esa especie de "discurso-escaparate" propio del tipo de cultura-espectáculo de los anuncios en la que estamos viviendo porque, por muy lujoso y atrayente que decoremos este escaparate, nunca podrá competir con los demás, ni resultar más atractivo que ellos. Siempre tenderá a ser absorbido por los demás. La sociedad postmoderna vive en una cultura que se ha denominado "angélica" (del griego "anuncio" o "anunciar") pero que dista mucho de ser "evangélica" (del griego "buena nueva"). Los cristianos son llamados a hacer un cambio de palabras. Debemos sustituir el "discurso-escaparate" por el verdadero anuncio de salvación. Hemos de reemplazar el discurso "angélico" por el "evangélico". Es necesario que el pueblo evangélico supere la tentación de sustituir la voz viva de Jesucristo por una simple cuestión de megafonía publicitaria. La tecnología puede ser muy buena, si se utiliza con sabiduría, pero es preferible el amor entre los seres humanos. El Señor Jesús se comunica mucho mejor a través de la

voz humana de un amigo, próxima y sincera, que por medio de miles de vatios de potencia aplicados a una voz desconocida.

No cabe duda de que los avances tecnológicos pueden ser beneficiosos para la divulgación del Evangelio pero también encierran el peligro de contaminarlo. Como escribe el teólogo protestante, Harvey Cox, al que nos hemos referido anteriormente: "La 'relación amorosa' entre la religión conservadora y los medios electrónicos de masas constituye el hecho religioso más significativo en la historia reciente de los Estados Unidos... Los mismos predicadores que prohibieron a tres generaciones de creyentes asistir al cine... se han convertido actualmente en consumados expertos en la técnica de la televisión".[17] Las incoherencias morales al presentar el mensaje pueden contribuir decisivamente a su adulteración. En la conciencia de muchas personas existe hoy una especie de rechazo natural contra el uso y el abuso de la tecnología y no se ve bien la utilización de estos medios en favor de la evangelización. Pero es que, además, hemos de aprender a tratar más con las personas concretas y menos con las multitudes porque el hombre postmoderno está harto de grandes palabras, dichas de forma impersonal mediante sofisticadas tecnologías y calculados estudios de comunicación de masas.

Hoy se exigen "pequeñas palabras" pero vividas; se rehúyen los métodos apasionadamente persuasivos y las posturas redentoristas. Los discursos de los políticos han acostumbrado a la gente a que se dude y se desconfíe de todo lo que huele a ortodoxo. Y es que, en definitiva, la evangelización tampoco consiste en convencer sino sólo en exponer. El Evangelio se anuncia, no se demuestra. Como dice González-Carvajal: "la fe, pues, procede de la 'audición' y no, como la filosofía, de la 'reflexión'".[18]

Tampoco conviene que perdamos de vista que los anti-ideales de la sociedad contemporánea, según afirma la sociología, son la tiranía, el autoritarismo y la imposición. El hombre de hoy no huye de los contenidos del Evangelio, algunos los acepta incluso con agrado, sino de la forma en que se le intentan imponer por parte de los líderes religiosos. En muchas ocasiones lo que se rechaza no es el mensaje ético cristiano sino toda sombra de autoritarismo, fanatismo o fundamentalismo de los que lo presentan. De ahí la convicción de que no debemos imponer jamás el Evangelio porque, al fin y al cabo, la fe viene de Dios. Por otro lado, tampoco hay que olvidar que en un país que disfruta de libertad religiosa nadie puede ser coaccionado o presionado contra su conciencia en asuntos de fe.

Otro asunto importante es la actitud del evangelizador hacia los valores del evangelizado. Este tema es de vital importancia. El que lleva la Buena Nueva no tiene por qué engreírse con la ilusión de que él o su cultura son superiores a la persona o a la cultura que trata de evangelizar. Al contrario; únicamente su labor será eficaz si mantiene la conciencia de que está sirviendo; de que es un pecador arrepentido que intenta hacer presente a Jesús a otros pecadores. Buena parte del fracaso en la evangelización se debe a este tipo de error cometido por ciertos misioneros extranjeros.

Algo que puede estar relacionado con lo anterior es la confusión, que a veces se produce, entre Evangelio y cultura de un pueblo. En ocasiones lo que se difunde no es sólo la Palabra de Dios sino una especie de "cristianismo-cultura" propio de una nación. René Padilla cita en su libro las siguientes líneas de un autor evangélico norteamericano que es consciente de este problema: "Hemos equiparado el 'americanismo' con el cristianismo hasta el punto de que estamos tentados a creer que la gente en otras culturas al convertirse debe adoptar los patrones institucionales estadounidenses. A través de procesos psicológicos naturales se nos conduce a creer inconscientemente que la esencia de nuestro 'American

---

El hombre de hoy no huye de los contenidos del Evangelio, algunos los acepta incluso con agrado, sino de la forma en que se le intentan imponer por parte de los líderes religiosos.

Way of Life' es básica, si no totalmente, cristiana".[19] Es cierto que el Evangelio que se ha venido predicando durante muchos años en la mayoría de los países del mundo, incluido el nuestro, lleva las huellas indelebles de este estilo de vida americano. De ahí que hoy millones de ciudadanos relacionen rápidamente a los evangélicos españoles con los telepredicadores norteamericanos y, en general, con el americanismo. La imagen de cristiano que este "evangelio" proyecta es la del hombre de negocios que vive feliz porque ha conseguido el éxito, en su vida profesional y familiar, como recompensa por haber recibido a Cristo. El Evangelio se difunde así casi como un producto comercial que garantiza el triunfo y la felicidad personal. Pero ¿no se cae de esta manera en otra forma de mundanalidad? Este evangelio del éxito ¿no es una caricatura que nos hace volver, de nuevo, a la esclavitud de los poderes mundanos? Debemos tener en cuenta que sin mediación cultural no es posible el anuncio del mensaje evangélico, pero éste no puede quedar prisionero de las categorías de una época o de un país determinado. Nuestra labor evangelizadora será tanto más eficaz, sobretodo en ambientes diferentes al nuestro, cuanto menos confundamos el mensaje con nuestra propia idiosincrasia o nuestras peculiaridades culturales.

Finalmente, por lo que respecta a los métodos morales de evangelización, conviene recordar que en la postmodernidad tampoco se ve bien que el evangelizador utilice cualquier clase de recurso económico o político para conseguir su finalidad. Lo primero que se mira actualmente, casi con lupa, es de dónde procede el dinero o qué grupo patrocina tal actividad. Como escribe Andrés Tornos: "la promoción cultural del Evangelio por medio del poder político se rechazaría hoy por la mayor parte de las personas. Igual ocurriría con un apoyarse en el fuerza del dinero que sobrepasara el uso moderado y discreto de éste."[20] Seguramente este aspecto, de momento, no nos afecte mucho a los creyentes evangélicos españoles pero es menester tenerlo presente para el futuro.

10. Enseñar que el Evangelio no es una lista de reglas morales

Cuando la evangelización se reduce a la enseñanza de una serie de normas morales de conducta, abandona todo su significado. La cultura evangélica ha desarrollado con el paso de los años unos patrones de conducta; unos hábitos particulares e incluso unas listas de tabúes o prohibiciones. Es relativamente fácil que muchos de estos comportamientos puedan llegar a confundirse con el propio Evangelio. Entonces se produce lo peor. La evangelización se transforma en un adoctrinamiento acerca de la observancia de determinadas actitudes morales que son bien vistas en ambientes religiosos concretos. De esto es precisamente de lo que se debe huir porque el Evangelio pierde así todo su poder liberador.

11. Solidarizarse con los necesitados

La misión primordial de la fe cristiana debiera ser la denuncia y crítica constante de todo el universo de ídolos que anidan en el alma humana. El cristiano en esta época no debe dejarse impresionar por los mitos de la modernidad ni por los desengaños de la postmodernidad, aunque sí por los nuevos retos sociales y desafíos que se le plantean. La solidaridad con todos los seres humanos, sean o no creyentes, es algo que no puede hoy olvidarse en las comunidades evangélicas. La sensibilidad social hacia los marginados y oprimidos que viven junto a nosotros será una de las evidencias que convencerán a muchos de la sinceridad de nuestra fe. La inquietud por el alimento del pobre es en nuestros días uno de los principales instrumentos de evangelización. Debemos abrirnos al necesitado y poner en práctica las palabras de Jesús: "El que tiene dos túnicas, dé al que no tiene; y el que tiene qué comer, haga lo mismo."[21]

12. Adecuar el mensaje a las distintas visiones del mundo

La evangelización ha de dirigirse hacia las verdaderas comunidades culturales que coexisten en la sociedad. Si por evangelizar se entiende transformar las líneas de pensamiento, los valores y los criterios de juicio de las personas con el mensaje de Jesucristo, entonces hay que reconocer

que no todas las criaturas presentan la misma visión del mundo y de las cosas. Nuestras culturas están fragmentadas y no todos los individuos que conviven juntos piensan igual. Aunque se utilice el mismo idioma lo cierto es que se hablan lenguajes muy diferentes. Cada generación tiene el suyo propio y, a veces, utiliza incluso conceptos o palabras para diferenciarse de la otra o para integrarse con los que piensan igual.

La cuestión que se plantea es: ¿Cómo presentar un Evangelio homogéneo a una cultura tan heterogénea? Si en la sociedad no hay una única cultura que sea compartida por todos, ¿es posible emplear el mismo tipo de evangelización para alcanzar a todos los grupos?

Tornos[22] distingue tres ambientes culturales concretos en nuestra sociedad occidental: los *grupos populares*, que estarían limitados por su debilidad y en ellos predominaría una dinámica de impotencia; los *grupos de élite*, que también estarían limitados, pero esta vez por su superioridad; y los *grupos de profesionales*, que manifestarían una excesiva tendencia al corporativismo. La evangelización debería ser sensible a las características y necesidades propias de cada grupo. A los grupos populares, constituidos mayoritariamente por inmigrantes rurales o de otros países, el Evangelio debería ayudarles a salir de su marginación y a incorporarse en la cultura más amplia. La subcultura juvenil, que forma parte también de este ambiente popular y tiende voluntariamente a ponerse aparte de la sociedad establecida, debiera ser llevada por la evangelización a superar su segregación sin que se perdiera la propia identidad.

A los grupos de élite, formados básicamente por intelectuales, el Evangelio podría motivarles para que se relacionasen más con lo cotidiano de la gente; que aprendieran espontaneidad y humildad de los menos preparados culturalmente; de los hombres y mujeres sencillos que acogen la fe con sinceridad; porque toda relación fraternal, basada en el amor de Cristo, siempre resulta enriquecedora para todos. Y, por último, para los profesionales que suelen encerrarse en sus propios intereses, la evangelización debería motivarles a que se abrieran a los demás en una actitud de servicio que contribuyera a la creación de una sociedad más justa y humana.

13. Utilizar un lenguaje inteligible

Mientras los mahometanos creen que el Corán bajó del cielo perfectamente encuadernado, de ahí que no se deba traducir, y los mormones están convencidos que su Libro del Mormón fue escrito de manera perfecta por el dedo de Dios, los cristianos sabemos que la Biblia, aunque inspirada por Dios, fue redactada por manos humanas a lo largo de miles de años. Esto nos hace aceptar que no existe ningún lenguaje sagrado, hecho en el cielo, independiente y superior a cualquier cultura humana, que debamos venerar y conservar inmutable a través de las eras. El Evangelio es Palabra de Dios expresada en palabras de hombres. El mensaje bíblico tuvo que manifestarse en categorías culturales judías, griegas y de otros pueblos antes de llegar a nosotros hoy.

De ahí que, igual que las emisoras radiofónicas se preocupan por emitir en la frecuencia que los oyentes pueden captar, el destinatario del Evangelio debe también poder comprender las categorías culturales en las que éste se le expresa, para que su vida pueda ser cambiada. Por eso debemos preocuparnos porque el lenguaje que se utiliza sea actual para que las palabras de Jesús no suenen a extrañas, de otro tiempo o a frases de personajes históricos con poca o nula vigencia en nuestros días.

14. Emplear signos de identidad comunes

Además de la peculiaridad del lenguaje existe otro aspecto importante para el proceso de evangelización. Se trata de los signos propios de cada ambiente particular. Cada cultura tiene un vocabulario o un idioma propio; unos acentos o giros fonéticos; ciertas maneras de vestir o ciertos hábitos. Pero también pueden existir lugares concretos, sitios, calles o plazas que se consideran emblemáticos y representativos de esa cultura. Hay señales características que sólo conocen los que pertenecen a ese mismo ambiente. Por eso el Evangelio debe saber acercarse, con afecto y respeto, a las singularidades de cada pueblo, porque muchos de esos signos podrán usarse para expresar valores cristianos. Puede haber "signos que indiquen cercanía personal y bondad; signos de honestidad; signos por los que se distingue la dignidad y personalidad de otros;

signos de que es oportuno aconsejar a otro en un momento dado con alguna clase de autoridad...">[23]

15. Usar las relaciones naturales personales y el testimonio de la familia

No cabe duda que para contagiar a otros con la fuerza y el poder del Evangelio, el testimonio personal ha sido siempre la mejor manera. El campo de relaciones natural de los creyentes es el ámbito en el cual la intercomunicación es más eficaz ya que se apoya en experiencias diarias comunes. Con los compañeros, en el mundo laboral; con los vecinos que comparten escalera; con los colegas o amigos en los estudios y en los ratos de ocio; en todas estas relaciones suele circular un lenguaje común compartido que no necesita de explicaciones. Se forma así un ambiente adecuado para expresar las creencias personales porque existe un "nosotros" concreto que da accesibilidad y facilita la comunicación entre unos y otros.

También el mundo del matrimonio y la familia cristiana es único y fundamental en la evangelización. Frente a la postmodernidad en la que se viene practicando, de manera alarmante, un auténtico culto al divorcio y a la relación amorosa episódica, la pareja cristiana constituye un testimonio que habla por sí mismo de la realidad de unas relaciones perdurables. Las familias unidas que viven amándose, educando hijos, gestando ilusiones y forjando vidas humanas están dando contenido y vida al Evangelio; están predicando su fe con el ejemplo más real y auténtico. Tal como expresa Jordi To: "En la medida en que la pareja traduce el universo de las palabras amorosas en una determinada concreción radical de vida, constituye un valioso patrimonio para una Iglesia sobre la cual la postmodernidad ha hecho recaer la sospecha de predicar grandes y "divinas" palabras".[24]

El pueblo evangélico tiene que ser consciente de esta realidad. Nuestro matrimonio y nuestra familia son la principal carta de presentación de nuestro cristianismo.

Requisitos previos a la evangelización

Después de reconocer la necesidad del Evangelio y mencionar algunos argumentos que pueden ser necesarios para presentarlo de manera adecuada en esta época, conviene que meditemos en aquellas condiciones que, en nuestra opinión, son previas a la proclamación del mismo. La tarea evangelizadora es el deber fundamental del pueblo de Dios y cada cristiano está llamado a ser un "mensajero de paz" que proclame el reino de Dios en la tierra. Sin embargo, el Señor Jesús dijo que: "Ninguno que poniendo su mano en el arado mira hacia atrás, es apto para el reino de Dios".[25] El pueblo evangélico no debe seguir teniendo puesta la mirada en el pasado. Hay hermanos que alimentan su fe del recuerdo de lo que aconteció hace cuarenta o cincuenta años; se acuerdan de aquellos gloriosos cultos en los que la gente se convertía en masa y levantaba la mano gozosa con el deseo de integrarse en la iglesia; y en su interior piensan que: ¡aquello sí era fe!, ¡entonces si se daba verdadero testimonio! Estas personas que caminan siempre con el corazón puesto en el pasado están constantemente frustradas pues el presente no es, ni será nunca, como el pasado que ellas vivieron. Si pretendemos evangelizar hoy al ser humano contemporáneo no podemos caminar siempre mirando hacia atrás y anhelando los viejos tiempos. Cuando se mira hacia atrás la tarea sufre merma; no se rinde lo suficiente;

> **L**as familias unidas que viven amándose, educando hijos, gestando ilusiones y forjando vidas humanas están dando contenido y vida al Evangelio; están predicando su fe con el ejemplo más real y auténtico.

el reino de Dios no se extiende como debiera. Por eso, antes de empezar a evangelizar, debemos ser conscientes de la realidad actual que nos espera y conocer los requerimientos básicos de esta labor para estar seguros de que no caeremos más en la tentación de mirar hacia atrás.

1. Orar y confiar en Dios

La tarea evangelizadora es una de las empresas más difíciles que el ser humano puede emprender. Hemos de entender que no debemos aproximarnos a ella desde la autosuficiencia o la presunción. No hay que confiar en nuestras "palabras persuasivas de humana sabiduría", como dijera el apóstol Pablo, sino que poniendo la confianza en el Señor anunciemos, "con debilidad, temor y temblor",[26] el testimonio de su Palabra. La apelación constante a la oración es algo que resulta evidente en las cartas de Pablo. Es como si la función apostólica dependiese de la comunicación personal continua con Dios; como si la magnitud de la empresa evangelizadora, frente a las escasas fuerzas humanas, hiciera absolutamente necesaria la oración apostólica.

Tal actitud nos enseña cómo debemos actuar también hoy. La proclamación evangélica adecuada a toda criatura es un trabajo imposible para el hombre, "más para Dios todo es posible".[27] El poder de la oración y la confianza en Dios pueden hacer que el Espíritu Santo nos enseñe lo que debemos decir y cómo tenemos que evangelizar a este complejo mundo postmoderno. Hemos de dejarnos instruir por ese maestro interior que es el Espíritu de Dios. Como señala José Mª Martínez: "Sólo cuando el espíritu de oración sea como un fuego que se extienda a todo el pueblo evangélico, podremos esperar grandes cosas de Dios y emprender grandes cosas para Dios".[28]

2. Abandonar la apatía espiritual y la timidez

El protestantismo español de los años cuarenta fue un movimiento que se robusteció progresivamente a pesar de la adversidad provocada por el nacional-catolicismo. Imperaba en aquella época un clima de confrontación con el mundo católico que, lejos de atemorizar al pueblo evangélico, contribuyó a multiplicar durante esa década (en algunos casos hasta por diez)[29] el crecimiento de numerosas congregaciones. Muchas personas, al entrar en contacto con protestantes, descubrieron la Biblia y la fe evangélica. La Palabra de Dios arraigó en los corazones y se fundaron algunos de los principales lugares de culto que todavía hoy existen por toda la geografía española.

Sin embargo, he aquí que en la actualidad la actitud del pueblo evangélico ha cambiado -quizás por la infiltración de los hábitos post-modernos en la Iglesia- y llevamos ya bastantes años viviendo un cristianismo acomplejado, casi de incógnito, como si los no creyentes tuvieran que perdonarnos el hecho de que todavía tengamos fe. Y la verdad es que así no vamos a ninguna parte. Mientras tengamos esta timidez y este apocamiento, aunque nos lancemos a eventuales incursiones de evangelización, lo cierto es que resulta casi imposible obtener frutos.

El éxito de la evangelización en otras épocas es posible que haya consistido, entre otras cosas, en lo que sugiere Dodds: el cristianismo se veía como "una fe que merece la pena vivir, porque es también una fe por la que merece la pena morir".[30] Es necesario, por lo tanto, volver a crear en el corazón de cada evangélico este tipo de fe. Debe renacer aquel mismo espíritu que hacía confesar a Pablo: "Ay de mí, si no evangelizase".[31] Nos urge arrojar de los rincones de nuestra alma ese temor que nos hace enmudecer frente al prójimo; que nos robotiza y nos aletarga las neuronas impidiendo que recordemos a aquellos primeros creyentes que declaraban no poder dejar de hablar lo que habían visto y oído.

3. Ser coherentes con nuestra fe

Los cristianos actuales debemos conseguir una mayor coherencia entre nuestra fe y nuestra vida cotidiana. Hemos de convertirnos constantemente si queremos crear en este mundo un nuevo estilo de persona. Es muy difícil que gocemos de credibilidad, ante este mundo escéptico, si invocamos al Dios auténtico el domingo por la mañana, o por la tarde, pero servimos a dioses falsos durante el resto de la semana. El Dios de

nuestra oración no puede ser distinto del Dios de nuestra vida diaria. No debe haber contradicción entre lo que pensamos o decimos y lo que realmente hacemos. Únicamente de esta manera podremos crear una nueva y poderosa noción de persona humana.

Ante la carencia de modelos válidos que padece hoy la sociedad, los cristianos estamos llamados a ser auténticos modelos. Hay que asumir el riesgo que implica ser ejemplo para los demás. Debemos estar dispuestos a vivir existencias ejemplares conscientes de estar en el punto de mira de los que no comparten nuestra fe. El apóstol Pablo decía a los corintios que fueran imitadores de él así como él lo era de Cristo.[32] Ese debe ser también nuestro consejo hecho sin vanagloria, ni orgullo, ni casi palabras. Vivir procurando no ser tropiezo a nadie; intentando siempre que nos sea posible agradar a todos y, sobretodo, no buscar el beneficio personal sino el de los otros. Este estilo de vida constituye una fuerza poderosa que hace que los no creyentes se acerquen sin prejuicios a la salvación.

Las iglesias evangélicas locales que deseen ser coherentes con su fe y misión en el mundo postmoderno deberán constituir auténticas comunidades cristianas. Quizás lo más importante en este tiempo no sea tanto la enunciación verbal de una especie de utopía celestial, sino la inauguración real de un lugar en la tierra donde se vivan, de verdad, las virtudes cristianas. Esto no significa que no se deba insistir en la gloriosa esperanza de la resurrección, ni mucho menos, sino precisamente que la Iglesia de Cristo refleje ya, aquí y ahora, esa vida abundante que la gracia de Cristo le procuró. La Iglesia debe ser un lugar apartado del mundo pero, a la vez, bien colocado en el mundo; un lugar donde sea real el amor, la fraternidad y la solidaridad hacia todas las criaturas.

El pueblo evangélico tiene que superar, asimismo, esa parte de verdad que pudiera haber en las críticas que nos llegan del campo católico: "...las comunidades eclesiales protestantes,... intentan culminar la emancipación religiosa del sujeto. El protestantismo privilegia al individuo. El catolicismo, en cambio, privilegia la dimensión comunitaria: la comunión."[33] Es cierto que los evangélicos abundamos más en la salvación personal, en la conciencia responsable y libre del individuo, lo cual está bien porque entendemos que es bíblico, pero tal tendencia no debe impedir que desarrollemos también la dimensión horizontal de la fe; la fraternidad y solidaridad. Es probable que una de nuestras asignaturas pendientes sea la comunión entre todos los miembros del pueblo protestante; entre hermanos y familias denominacionales. Está bien que se fomente el desarrollo del individuo, pero no que esto nos lleve a caer en el error del individualismo, o del tribalismo, en el que cada grupo hace su propia guerra de guerrillas en medio de la más completa y total descoordinación. Tampoco podemos caer en la equivocación, en que cayeron algunas iglesias protestantes en América Latina, de reducir el Evangelio a un mensaje exclusivamente espiritual: una predicación en la que se afirmaba que "la pobreza es la voluntad de Dios. Los opresores políticos están puestos por Dios. La riqueza es diabólica; mejor huir de ella... El mundo y todo lo que en él hay es malo y satánico; hay que apartarse de él y vivir esperando la redención del alma mientras el cuerpo se pudre de hambre, de frío y de enfermedades."[34] Tal predicación es radicalmente opuesta a la de Jesús y, por supuesto, no puede apoyarse en el Evangelio. Debemos huir de estas concepciones degradantes y estimular en nuestras iglesias la preocupación por las necesidades, no sólo espirituales sino también materiales, de los demás. Esta es una de las pocas posibilidades de que disponemos hoy para aumentar la credibilidad del Evangelio.

El testigo de Cristo debe ser una persona que haga que los otros se cuestionen su honradez; que les induzca a preguntarse: ¿por qué es así? ¿por qué vive de esa manera?, ¿qué o quién lo inspira? El postmoderno escucha mucho mejor a los que dan testimonio de su fe que a los que enseñan o hablan mucho; y, si escucha al que enseña, es porque da testimonio con su vida. En este aspecto el ser humano ha cambiado poco. Las multitudes que seguían al Señor Jesús acudían a Él "oyendo cuán grandes cosas *hacía*"[35] y reconociendo que era un hombre que "anduvo *haciendo* bienes".[36] Por eso los cristianos, si deseamos ser imitadores de Cristo, debemos actuar; hay que evitar la acomodación secularizante a

la sociedad contemporánea; debemos hacer lo mismo que el Maestro. Pero debemos hacerlo con sinceridad porque vivimos en una sociedad intimista que lo evalúa todo con un criterio psicológico.[37] En el mundo occidental la autenticidad y la sinceridad constituyen una virtud cardinal, de ahí la importancia de que lo que hacemos con las manos, o decimos con los labios, brote de un corazón sincero y veraz.

4. Diferenciar los valores de los antivalores

A lo largo de este libro se han venido analizando numerosas características y comportamientos negativos propios de la actual sociedad occidental. Es evidente que algunas de estas actitudes chocan frontalmente contra el mensaje del Evangelio. Dos de ellas son, por ejemplo, el rechazo de toda racionalidad y el creciente individualismo. El cristianismo no podrá apoyar nunca a los que dudan de la dignidad básica que posee cada individuo de la especie humana, como consecuencia de haber sido creado por Dios. La idea de una justicia igualitaria para todos los hombres y una misma libertad no se puede sustentar adecuadamente si se elimina la creencia bíblica en la dignidad humana. En este sentido el creyente no puede hacer concesiones. De la misma manera, tampoco puede asumir la posición de quienes defienden la compartimentación individualista; la parcelación localista, clasista o racista de las personas. La Palabra de Dios está atravesada por un hilo conductor que, desde el libro del Génesis hasta el Apocalipsis, no deja nunca de señalar hacia ese deseo de paz, justicia y felicidad para toda la humanidad. El individualismo es totalmente incompatible con la propuesta de salvación universal ofrecida por Jesucristo.

Sin embargo, no todos los planteamientos que propone la postmodernidad son tan irreconciliables con los valores evangélicos. Vimos cómo uno de los aspectos importantes en el mundo de hoy es el deseo de experiencia; la búsqueda de vivencias existenciales. En este sentido, ¿no deberíamos los creyentes evangélicos abundar más en el carácter festivo del Evangelio? Como dice Blanch: "Si tanto nos cuesta a veces a los cristianos transformar nuestros conocimientos dogmáticos más ortodoxos en una próspera y expansiva vida de fe, ¿no será acaso porque, habiendo sido muy bien informados en lo doctrinal, hayamos menospreciado el necesario desarrollo y encauzamiento de nuestros deseos primarios?".[38] La sobriedad y aspereza de tantos creyentes evangélicos ¿no debería corregirse permitiendo que penetrara en ciertas mentes, y en no pocas iglesias, un mínimo de aire fresco lúdico, festivo y experiencial? El Evangelio debe producir también felicidad y satisfacción porque es gratuito. El placer de vivir la fe en su dimensión festiva y de celebración es el privilegio de la comunidad redimida que goza el "ya", aunque "todavía no" del banquete mesiánico. Y ese "ya" tiene que ser suficiente motivo para abandonar la sequedad, las caras severas y el tono grisáceo propios del cristianismo de otras épocas. No se trata de que todos, de repente, adoptemos las formas carismáticas, sino de que en nuestros cultos no mutilemos la emotividad propia del alma humana. La adoración puede ser, al mismo tiempo, racional y vivencial. El encuentro con la sensibilidad postmoderna puede hacer que nos olvidemos de viejas espiritualidades, de influencia platónica y maniquea que despreciaban la alegría de la vida cristiana, y recuperemos la dimensión festiva y gozosa del Evangelio.

El placer de vivir la fe en su dimensión festiva y de celebración es el privilegio de la comunidad redimida que goza el "ya", aunque "todavía no" del banquete mesiánico.

5. Trabajar por la unidad del pueblo evangélico

El pensamiento postmoderno viene a confirmarnos que el pluralismo ideológico se ha convertido en una realidad incuestionable del mundo occidental. Para bien o para mal estamos destinados a vivir junto a personas que proceden de diferentes culturas, profesan distintas religiones y pertenecen a razas dispares. De ahí la necesidad de aprender a cultivar la tolerancia y la convivencia con hombres y mujeres que no ven el mundo como nosotros. Esta diversidad de opciones y creencias contribuye, de alguna manera, a poner de manifiesto la incongruencia de nuestras insignificantes divisiones internas. La predicación del Evangelio hoy descubre y constata pronto el rechazo del hombre contemporáneo frente a todo tipo de dogmatismo religioso. El postmoderno ha descubierto que la intransigencia doctrinal no sirve para proporcionarle felicidad sino, más bien, desdicha, odio y división. Las discrepancias doctrinales de poco calado separan a los hombres, dividen comunidades y producen amargura. ¿Es posible que la obsesión por la búsqueda constante de la pureza de los principios y la sana doctrina origine creyentes enfermizos? ¿Es verosímil que los excesos de lo bueno produzcan lo malo? Cuando la letra se antepone al espíritu se transforma en un ente demoledor que aniquila el compañerismo; destruye la fraternidad; hace desaparecer la solidaridad y transforma el amor en odio.

La reflexión que Pablo hace a los corintios acerca de que "la letra mata, pero el espíritu vivifica"[39] se refiere precisamente al paradójico peligro de que lo bueno puede llegar también a ser nocivo. La Ley del Antiguo Testamento, en un principio equilibrada y justa para el pueblo de Israel, se había transformado en productora de muerte espiritual porque al proclamar las normas y prohibiciones que era necesario observar, sin proporcionar a la vez la gracia interior para cumplirlas, colocaba a los hombres en una situación de permanente frustración ya que se veían obligados por lo que no podían cumplir plenamente. Algo parecido ocurre hoy, salvando las lógicas diferencias, en el pueblo evangélico con los hermanos que se empeñan en mitificar la sana doctrina. Cuanto más se persigue ésta, más intransigencia genera. La ofuscación por practicar la pureza en la doctrina origina grupos aislados; iglesias gueto que se creen las únicas en posesión de la verdad y se dedican a anatematizar a todos los que no piensan como ellos. El espíritu del Evangelio, generador de amor, vida y comprensión, huye de tales congregaciones y en su lugar permanece la letra doctrinal que mata y destruye la comunión del cuerpo de Cristo. Y si al cristianismo le quitamos el espíritu de amor, ¿de qué nos sirve la letra fría y estéril? El conocimiento bíblico queda almacenado en la mente pero no se traduce en acciones concretas que reflejen caridad.

Si pretendemos que la Palabra de Dios llegue diáfana al mundo postmoderno tenemos que pensar seriamente en cambiar de actitud porque hoy no se entienden nuestras divergencias internas. La sociedad actual nos presiona hacia la unidad y comprensión. La única esperanza que tenemos es comenzar a practicar la tolerancia empezando por nosotros mismos. ¿Cómo vamos a ser tolerantes con los demás, que no comparten nuestra misma fe, si entre nosotros no lo somos? Hay que pensar más en todo lo que tenemos en común; aquello que realmente nos une y empezar a respetar la diversidad del pueblo de Dios. Debemos aceptar el pluralismo evangélico para que crezca la afectividad entre todos los hermanos. Unidad no es uniformidad sino respeto y comprensión hacia las particularidades de los demás. El Evangelio propone al ser humano unos valores firmes y unos principios sólidos que no se pueden cambiar. En esto estamos de acuerdo. Pero, lo que sí puede y debe ser flexible y tolerante, es nuestro modo de presentarlos y de adecuarlos a cada pueblo o cultura. Para realizar esta labor debemos estar unidos de verdad porque el amor fraternal visible y la emotividad del espíritu de unión llenan más actualmente que la teología o la doctrina rigurosa. Es evidente que no debemos olvidarnos de éstas pero, desde luego, no conseguiremos conectar con el hombre actual si abandonamos aquéllas.

El futuro del pueblo evangélico es la unidad de sus miembros. ¿Qué testimonio ofrecen cuatro congregaciones evangélicas de cincuenta miembros cada una, que no se relacionan entre sí por culpa de nimie-

dades doctrinales, a una ciudad que las conoce y sabe de sus intransigencias históricas? ¿No sería mucho mejor el ejemplo de una iglesia con doscientas almas unidas por el amor de Jesucristo? ¿No tendría más impacto y daría más fruto? ¿No cumpliría mejor la voluntad del Señor? Estoy convencido de que ahí está nuestro futuro.

El pastor Benjamín Angurell escribía hace nueve años: "Estamos tan ocupados en nuestra iglesia local, en nuestros estudios locales, en nuestros esfuerzos particulares, en nuestras inmediatas batallitas, que apenas nos resta tiempo para rehacer el altar de la unidad, casi como si creyésemos que la iglesia local está por encima de la universal, como si mi "tribu" tuviera más importancia que el pueblo de Dios".[40] Si hace casi una década existía ya esta preocupación, hoy la unidad de las iglesias evangélicas se ha tornado una necesidad imperiosa para evangelizar, para presentar defensa de nuestra fe, para responder con coherencia ante la sociedad, las autoridades, los medios de comunicación y ante el ser humano que en el fondo de su alma sigue buscando a Dios.

Quizás tengamos que replantearnos el denominacionalismo impuesto desde fuera. Es posible que existan todavía intereses ajenos en contra de nuestra unidad pero, lo que está claro es que, si no caminamos juntos no iremos muy lejos. Si no abandonamos el espíritu exclusivista y sectario, hasta donde podamos, nadie nos escuchará. Debemos cambiar la imagen que actualmente tenemos, pero no para nuestro propio prestigio social sino para algo mucho más importante. Para que el mundo crea que Jesús es el Señor, el enviado de Dios, y para que creyendo tengan vida en su nombre.

Notas, índices y bibliografía

NOTAS DE LA INTRODUCCIÓN

1. J. M. SANGUINETTI, "Las aventuras de la posmodernidad", EL PAIS, 2/IX/92.

NOTAS DEL CAPÍTULO 1

1. J.L. PINILLOS, EL PAíS, 14/08/94.

2. J. HABERMAS, El discurso filosófico de la modernidad, Madrid, 1989, p. 78.

3. G. VATTIMO y otros, En torno a la posmodernidad, Barcelona, 1994, p. 11.

4. Ibidem, p. 11.

NOTAS DEL CAPÍTULO 2

1. I. URDANIBIA, "Lo narrativo en la posmodernidad", En: G. VATTIMO y otros, op. cit., p. 51.

2. . Ibidem, p. 51.

3. L. GONZÁLEZ-CARVAJAL, Ideas y creencias del hombre actual, Santander, 1991, p. 93.

4. Cit. en J. HABERMAS, op. cit., p. 29.

5. J. HABERMAS, op. cit., p. 29.

6. Ibidem, p. 29.

7. J.M. MARTÍNEZ, Por qué aún soy cristiano, Terrassa, 1987, p. 21.

8. J. CUELLO & A.M. VIDAL, Antología de la historia de la biología, Barcelona, 1986, p. 155.

9. R. PARÉS, Cartes sobre la història de la ciència, Barcelona, 1985, p. 153.

10. P.M. HARMAN, La revolución científica, Barcelona, 1987, p. 37.

11. Ibidem, p. 36.

12. Ibidem, p. 38.

13. Ibidem, p. 25.

14. Ibidem, p. 26.

15. *Ibidem*, p. 44.

16. Finalmente se impondría la teoría de las órbitas elípticas de Kepler.

17. *Ibidem*, p. 50.

18. E. MOTA, *Ciencia y fe ¿en conflicto?*, Barcelona, 1995, p. 40. El autor se refiere a este asunto señalando que el 62 % de los miembros de la "Royal Society" durante 1663 eran de origen puritano aún cuando esta confesión constituía una minoría de la población. Durante el siglo XVI, y también en la actualidad, el número de científicos protestantes en Bélgica era, y es, mucho mayor que el de católicos, aunque éstos últimos son mayoría en la nación. De estos, y otros datos parecidos, se deduce que las enseñanzas bíblicas de la Reforma contribuyeron positivamente a la Revolución científica.

19. *Ibidem*, pp. 41-46.

20. P.M. HARMAN, *op. cit.*, pp. 51-52.

21. J.L. RUIZ DE LA PEÑA, *Crisis y apología de la fe*, Santander, 1995, p. 34. El profesor Ruiz de la Peña ofrece, en esta obra, un análisis apologético del cientifismo de principios de siglo y de las secuelas residuales que llegan hasta nuestros días.

22. B. D'ESPAGNAT, "Teoría cuántica y realidad", *Investigación y Ciencia* (enero 1980), pp. 80-95. Este físico francés escribe también sobre cuestiones metafísicas. Sus opiniones se centran en la idea de que el campo típico de la ciencia es la "realidad empírica", pero esta realidad sería diferente de la "realidad en sí" de las cosas. La auténtica realidad, la "realidad en sí" sería inaccesible al ser humano, quién sólo podría alcanzar la "realidad empírica" por medio de su metodología científica. Según d'Espagnat, el materialismo estaría hoy en crisis porque la materia de los objetos se habría disuelto en las ecuaciones matemáticas que pretenden explicarla. El materialismo se vuelve, cada vez más, matematismo. (Cfr. J.L. RUIZ DE LA PEÑA, "Realidad velada: cuando la física deviene metafísica", *Razón y Fe*, 1983, jul.-agost., pp. 27-39). La materia ya no es la masa, sino la energía; pero ¿qué es la energía, sino pura inmaterialidad? Es falso que el universo se componga de millones de elementos materiales simples que ocupen, en un instante dado, un lugar preciso del espacio. Lo único estable son los números, las ecuaciones y las funciones matemáticas abstractas. Alcanzar un conocimiento directo del mundo exterior sería imposible porque dicho conocimiento estaría siempre alterado, o mediatizado, por el factor subjetivo humano. Los instrumentos usados para las mediciones y observaciones perturbarían tales medidas. Según este planteamiento, el hombre volvería de nuevo a situarse en el centro del universo; sería, otra vez, la medida de todas las cosas porque la realidad sería, tan sólo, "realidad vista por el hombre" y no la auténtica "realidad en sí".

También el Premio Nobel de Química, Ilya Prigogine, escribe: "La ciencia no nos da acceso a los misterios del universo (...) Si la visión positivista,(...) hubiera de ser aceptada, gran parte del atractivo de la ciencia se perdería" (*La nueva alianza. Metamorfosis de la ciencia*, Madrid, 1979, pp. 105, 107).

23. A. F. RAÑADA, *Los científicos y Dios*, Oviedo, 1994, p. 36. También puede consultarse, en esta misma línea, la obra citada de Enrique Mota: *Ciencia y fe ¿en conflicto?*, Barcelona, 1995.

24. Este es también el título que Luis González-Carvajal utiliza para el quinto capítulo de su libro, *op. cit.* p. 111.

25. J. BURY, *La idea del progreso*, Madrid, 1971, p. 309.

26. John Bury argumenta en su obra, anteriormente citada, por qué entre los griegos no se desarrolló adecuadamente la idea del Progreso. Lo atribuye a dos razones: la limitada experiencia histórica que poseían y ciertas concepciones de su pensamiento tales como sus aprensiones hacia el cambio, sus teorías sobre las Moiras (el destino y la fatalidad) y la concepción cíclica de la historia (pp. 28-29).

27. H. CONZELMANN, *El centro del tiempo*, Madrid, 1974, p. 241.

28. J. BURY, *op. cit.*, pp. 30-31.

29. A. CASTIÑEIRA, *L'experiència de Déu en la postmodernitat*, Barcelona, 1991, p. 36.

30. L. SHINER, "Toward a theory of secularization", en *Journal of Religion*, n. 45, 1965. Después de él otros sociólogos de habla inglesa han corroborado la existencia de estos seis significados. Cfr. B. WILSON, *La religión en la sociedad*, Barcelona, 1969, pp. 49-63 y M. HILL, *Sociología de la religión*, Madrid, 1976, pp. 285-314.

31. Cfr. H. LÜBBE, *Säkularisierung. Geschichte eines ideenpolitischen Begriffs*, Munich 1965, p. 23. Cit. en A. JIMÉNEZ, *Por los caminos de la increencia*, Madrid, 1993, p. 14.

32. L. GONZALEZ-CARVAJAL, *op. cit.*, p. 46.

33. *Ibidem*, p. 47.

34. P. TILLICH, *Teología sistemática* I, Salamanca, 1982, p. 282.

35. A. CASTIÑEIRA, *op. cit.*, p. 23.

NOTAS DEL CAPÍTULO 3

1. J.-F. LYOTARD, *La posmodernidad (explicada a los niños)*, Barcelona, 1995, p. 30.

2. G. LIPOVETSKY, *La era del vacío*, Barcelona, 1986, p. 105.

3. M. LEIRIS, "Modernité/merdonité", *Nouvelle Revue Française*, octubre, 1981.

4. J.-L. LYOTARD, *La condición postmoderna*, Madrid, 1984, p. 9.

5. A. BLANCH, "Modernidad, posmodernidad y fe cristiana", *Razón y Fe*, 1988, 218:84-96.

6. *Ibidem*, pp. 90-91.

7. *Ibidem*, p. 93.

8. G. LIPOVETSKY, *op. cit.*, pp. 144-145.

9. J. BAUDRILLARD, *Las estrategias fatales*, Barcelona, 1984, p. 205.

10. J. I. GONZÁLEZ FAUS, *La interpelación de las iglesias latinoamericanas a la Europa postmoderna y a las iglesias auropeas*, Madrid, 1988.

11. J. SABINA, Incluso en estos tiempos, (JOAQUÍN SABINA, Esta boca es mía, Ariola, 1994).

12. F. CASTELLÓ, "La fe de Fido Dido", EL PAÍS, 16/IX/91.

13. R. ARGULLOL & E. TRIAS, *El cansancio de Occidente*, Barcelona, 1992, p. 36.

14. C.S. LEWIS, *El diablo propone un brindis*, Madrid, 1995, p. 42.

15. G. LIPOVETSKY, *op. cit.*, p. 60.

16. R. ARGULLOL & E. TRIAS, *op. cit.*, p. 40.

17. M. KUNDERA, *La inmortalidad*, Barcelona, 1990, p. 242.

18. *Ibidem*, p. 234.

19. L. GONZÁLEZ-CARVAJAL, *op. cit.*, p. 166.

20. J. MOLTMANN, *El hombre*, Salamanca, 1986, pp. 52-53.

21. Fragmento de la frase pronunciada por Jesús en el evangelio según San Marcos 10:18.

22. J.I. GONZÁLEZ FAUS, *op. cit.*, p. 47.

23. R. ARGULLOL & E. TRÍAS, *op. cit.*, p. 45.

24. K. LORENZ, *Decadencia de lo humano*, Barcelona, 1985, p. 168.

25. J. SÁDABA, *Saber vivir*, Madrid, 1992, pp. 140-141.

26. EL ÚLTIMO DE LA FILA, *Astronomía razonable*, Madrid, 1993.

27. J. SÁDABA, *op. cit.*, p. 118.

28. G. VATTIMO, *El fin de la modernidad*, Barcelona, 1994, p. 155.

29. G. LIPOVETSKY, *op. cit.*, p. 22.

30. L. EVELY, *El hombre moderno ante la muerte*, Salamanca, 1980, pp. 15-16.

31. G. LIPOVETSKY, *op. cit.*, pp. 11. 19-25. 42. 47-48. 115. 130.

32. G. LIPOVETSKY, *op. cit.*, p. 109.

33. A. FINKIELKRAUT, *La derrota del pensamiento*, Barcelona, 1990, pp. 135-136.

34. Finkielkraut cita en *La derrota del pensamiento* (p. 133) a Paul Yonnet, quien en *Jeux, modes et masses* afirma que actualmente "las guitarras están más dotadas de expresión que las palabras, que son viejas (poseen una historia), y por tanto hay motivo para desconfiar de ellas". Es como si las guitarras suprimiesen la memoria; como si el calor que generan sustituyese a la conversación. Los adolescentes de hoy parecen preferir el ritmo estrepitoso de la aglomeración a la comunicación personal.

35. A. FINKIELKRAUT, *op. cit.*, p. 131. La escuela intenta forjar los espíritus de los alumnos pero éstos atienden con el mismo interés que si mirasen cualquier programa televisivo. Se confunde al profesor con el amo que les intenta dominar y al programa de estudios con una aburrida lista de cosas inútiles.

36. A. FINKIELKRAUT, *op. cit.*, p. 120. Sino, más bien, como algo que la obstaculiza. Los posmodernos creen que, desde esta perspectiva, los individuos habrán realizado un paso decisivo hacia su mayoría de edad el día en que el pensamiento deje de ser un valor supremo y se vuelva tan facultativo como la lotería primitiva o el rock'n'roll.

37. *Ibidem*, p. 115.

38. *Ibidem*, p. 122.

39. El mito de Narciso cuenta la desgraciada historia de un apuesto joven que rechazaba a todas las personas que de él se enamoraban. Al no corresponder al amor de la ninfa Eco, Narciso fué culpable de que ésta se transformase en roca. Némesis castigó a Narciso con una terrible maldición. Despertó en él un sentimiento que jamás podría alcanzar satisfacción. Enamorarse de sí mismo. Un día, al borde de una fuente, el muchacho contempló su propia imagen reflejada sobre las aguas y quedó prendado de su inconfundible persona. Loco de amor por sí mismo, y al no poder alcanzar el objeto de su pasión, languideció poco a poco hasta morir de inanición y melancolía. La leyenda explica cómo la bella flor del narciso florece en el mismo lugar donde la muerte se lo llevó.

40. G. LIPOVETSKY, *op. cit.*, p. 50.

41. J. MARTIN VELASCO, *Increencia y evangelización*, Santander, 1988, pp. 60-61.

42. G. LIPOVETSKY, *op. cit.*, p. 60.

43. C. S. Lewis, en su obra *El diablo propone un brindis*, (pp. 42, 48 y 49) se refiere a la democracia afirmando que es un nombre altamente venerado por los hombres y que está conectado con el ideal político de que todos los seres humanos debieran ser tratados de

forma igualitaria. Sin embargo, señala que la democracia sirve también, por desgracia, para ocultar los más viles y menos deleitables sentimientos humanos. El ideal democrático del trato igualitario no debiera fundamentarse en la creencia en la igualdad de todos los seres humanos. De igual modo que no hay dos personas morfológicamente idénticas también es cierto que existen diferentes grados de honestidad, inteligencia, sentido común, diligencia o bondad. No todos los humanos son iguales.

44. J. BAUDRILLARD, *op. cit.*, pp. 27-35.

45. G. LIPOVETSKY, *op. cit.*, p. 68. El autor se refiere a la obra de Chr. Lasch, *The Culture of Narcissism*, New York, 1979, en la que se afirma que la impotencia masculina está aumentando en razón del miedo a la mujer y a la liberación sexual.

46. J. I. GONZÁLEZ FAUS, *op. cit.*, p. 24-25.

47. J. BAUDRILLARD, *La transparencia del mal*, Barcelona, 1995, p. 27.

48. J. BAUDRILLARD, *op. cit.*, pp. 27-28.

49. G. LIPOVETSKY, *op. cit.*, p. 75.

50. A. JIMÉNEZ ORTIZ, *Por los caminos de la increencia*, Madrid, 1993, p. 85.

51. G. LIPOVETSKY, *op. cit.*, p. 76.

52. A. TOFFLER, *La Troisième Vague*, 1980, p. 265.

53. G. LIPOVETSKY, *op. cit.*, p. 323.

54. G. LIPOVETSKY, *op. cit.*, p. 78.

55. P. BARCELLONA, *Postmodernidad y comunidad*, Madrid, 1990, p. 113.

56. J. ESTRUCH & S. CARDÚS, *Plegar de viure*, Barcelona, 1981, p. 185, 198.

57. Cf. Emile Durkheim, *Le suicide*, Paris, 1960. En este libro se señala una disminución en el número de suicidios, ocurridos en Francia, entre los años 30 y 60 del presente siglo. En base a tales estadísticas algunos sociólogos llegaron a suponer que el número de personas que se quitaban la vida iría disminuyendo progresivamente hasta desaparecer de la sociedad contemporánea.

58. G. LIPOVETSKY, *op. cit.*, p. 212.

59. G. LIPOVETSKY, *op. cit.*, p. 213. El suicidio de los jóvenes postmodernos sería una violencia sin proyecto.

60. Lipovetsky defiende la tesis de que la violencia física estaría remitiendo de nuestro mundo debido, precisamente, al individualismo y al narcisismo. El individuo posmoderno renunciaría -en su opinión- a las acciones violentas no por la aparición de nuevos bienes y

objetivos privados, sino porque los demás ya no cuentan. Cada vez se tendría menos interés por los otros y, a la vez, un mayor deseo de comunicarse, de no ser agresivo, de intentar comprender. El hombre contemporáneo es, desde nuestro punto de vista, menos violento y cruel que sus antepasados. Para convencerse de ello sólo habría que repasar las páginas de la historia. Sin embargo, hoy, la violencia sigue latente sobretodo en las regiones periféricas de las grandes ciudades y del mundo occidental. La delincuencia juvenil, por ejemplo, se ha vuelto más violenta y más desesperada que nunca. Carece de proyecto y de objetivos claros. Pero sigue ahí en forma de vandalismo absurdo que proclama el final del respeto por las cosas. Otro tanto podría decirse de ese "cadáver ideológico liofilizado" que es el terrorismo. Quizá la violencia, desde el punto de vista estadístico, no aumente pero de lo que no hay duda es de que sigue estando presente. (*op. cit.*, pp. 173-220).

61. J. BAUDRILLARD, *op. cit.*, p.92.

62. Génesis 8:21.

63. Romanos 7:18-19.

64. G. LIPOVETSKY, *El imperio de lo efímero*, Barcelona, 1994, p. 271.

65. *Ibidem*, p. 273.

66. *Ibidem*, p. 299.

67. *Ibidem*, p. 324.

68. J.-F. LYOTARD, *La posmodernidad (explicada a los niños)*, p. 35.

69. G. VATTIMO, *El fin de la modernidad*, Barcelona, 1994, p. 13.

70. S. JULIÁ, "¿La historia en crisis?", EL PAIS, 29/VII/93.

71. G. VATTIMO, *En torno a la posmodernidad*, Barcelona, 1994, p. 11.

72. G. VATTIMO, *El fin de la modernidad*, p. 17.

73. J. BAUDRILLARD, *La ilusión del fin*, Barcelona, 1995, p. 24.

74. G. VATTIMO, *op. cit.*, p. 156.

NOTAS DEL CAPÍTULO 4

1. E. GERVILLA, *Postmodernidad y Educación*, p. 43.

2. Cit. en *Ibidem*, p. 58

3. F. PESSOA, *Obra Poética*, Barcelona, 1981, Vol. I, p. 251 (Cit. en E. GERVILLA, *op. cit.*, p. 59).

4. J. IBAÑEZ, "Apología del terrorismo", *La Luna de Madrid*, 1986, 24:9-10.

NOTAS DEL CAPÍTULO 5

1. E. TIERNO GALVÁN, *¿Qué es ser agnóstico?*, Madrid, 1986, pp. 26, 30, 64. Ser agnóstico es, para Tierno, vivir perfectamente en la finitud, sin necesitar nada más. Acomodarse al hecho de tener que morir porque no se puede concebir que exista nada fuera de la vida humana. No habría más remedio que aceptar las imperfecciones a las que nos somete la realidad porque asumir lo imperfecto formaría parte de esa perfecta instalación en lo finito. La persona agnóstica sería aquella que sabe vivir su vida sin ningún tipo de tragedia teológica.

2. J. MARTÍN VELASCO, *Increencia y evangelización*, Santander, 1988, p. 47.

3. Cit. en J. MARTIN VELASCO, *op. cit.*, p. 78.

4. G. LIPOVETSKY, *La era del vacío*, pp. 9-10.

5. G. LIPOVETSKY, *Ibidem*, p. 46.

6. G. LYPOVETSKY, *Ibidem*, p. 47.

7. J. BAUDRILLARD, *Las estrategias fatales*, p. 68.

8. J. SÁDABA, *Saber vivir*, p. 84.

9. *Ibidem*, p. 99.

10. J.Mª. ROVIRA/BELLOSO, *Fe y cultura en nuestro tiempo*, Santander, 1988, p. 48.

11. J. Mª. MARDONES, *Las nuevas formas de la religión*, Estella (Navarra), 1994, p. 41.

12. La Nueva Era es un movimiento que carece de dogmas, textos sagrados, organización más o menos estricta o líder representativo. Es un conglomerado sincrético de ideologías diversas. Se apela a las nuevas concepciones sobre la materia de la física cuántica para afirmar que el universo es como un gran cuerpo vivo gobernado, no por leyes mecánicas, sino por relaciones que unen a todos los seres, incluso a Dios mismo, en un todo viviente espiritual. Por eso la conciencia personal podría salir del individuo y dilatarse hasta fusionarse con la conciencia universal del cosmos. Este deseo de unidad les hace proponer un ecumenismo amplio que valora la religiosidad oriental por encima de la judeo-cristiana. Se recurre a la psicología para profundizar en las facultades no conscientes, en la introspección, con el fin de conseguir la paz interior y la claridad espiritual. Se cree que a

través de los *mediums* es posible el contacto con personalidades alejadas en el espacio y en el tiempo; exactamente igual que propone el espiritismo clásico. Y, en fin, se diviniza la tierra y sus relaciones con la humanidad en un intento de reencantamiento de la naturaleza por medio del ecologismo, el biocentrismo y el culto a todo lo natural.

13. P. M. HARMAN, *op. cit.*, p. 30.

14. L. SUÁREZ FERNáNDEZ, *Manual de historia universal*. T. II, *Edad Antigua*, Madrid, 1973, pp. 365, 497.

15. P. M. HARMAN, *op. cit.*, p. 32.

16. Pues une los saberes herméticos de la antigüedad con los últimos conocimientos científicos.

17. J. Mª. MARDONES, *Las nuevas formas de la religión*, p. 152.

18. J. Mª. MARTÍNEZ, *op. cit.*, p. 36.

19. M. GUERRA GÓMEZ, *Los nuevos movimientos religiosos*, Pamplona, 1993, p. 75.

20. L. COENEN, *Diccionario teológico del Nuevo Testamento, vol.* II, Salamanca, 1980, pp. 18-19.

21. J. Mª. MARDONES, *Las nuevas formas de la religión*, p. 137.

22. M. GUERRA, *op. cit.*, p. 392-394.

23. Cit. en M. GUERRA, *op. cit.*, p. 402.

24. *Ibidem*, p. 395.

25. *Ibidem*, p. 401.

26. Al escribir sobre estos temas conviene contrastar todas las informaciones con rigor, estudiando el grado de fiabilidad de su procedencia, ya que resulta fácil caer en la exageración y en las posturas radicales. No hay que olvidar que ni toda la música moderna es mala, ni todo tipo de rock conduce necesariamente al satanismo. (Cfr. R. SANSANO, *El grito del averno. Un análisis del rock satánico y la música moderna*, Terrassa, 1991).

27. 1 Jn 3.4,7-8,10.

28. La teosofía es un intento humano por alcanzar una visión de Dios y de todas las cosas sin ayuda de la razón ni de la fe, sólo mediante el desarrollo y perfeccionamiento de ciertas cualidades naturales que se supone poseen todas las personas. Se afirma que cuando se consigue alcanzar esta misteriosa inteligencia se obtiene la iluminación o unión perfecta con la divinidad.

29. M. GUERRA, *op. cit.*, p. 254.

30. *Ibidem*, pp. 247-343.

31. J.A. TUDELA, *La religión y lo religioso, hoy*, Valencia, 1995, p. 11.

32. M. GUERRA, *op. cit.*, pp. 319-326.

33. Esto es también lo que creen los partidarios de la New Age. De ahí el nombre del movimiento. Es lo mismo que afirma la letra del espectáculo musical "Hair": "Armonía, lealtad, claridad/ simpatía, luz y verdad/ Nadie suprimirá la libertad/ Nadie amordazará al espíritu/ La mística nos proporcionará la comprensión/ y el hombre aprenderá a pensar/ Gracias a Acuario, gracias a Acuario" (Cit. en J. Mª. MARDONES, *Las nuevas formas de la religión*, p. 122).

34. El nombre proviene de la palabra OVNI (Objeto Volante No Identificado) en inglés: UFO (Unidentifiet Flying Objet). A los supuestos seres extraterrestres se les denomina "ufones" y "ufónico" sería todo lo que se refiere al tema. En España la principal revista que trata de tales asuntos es *Cuadernos de ufología*.

35. M. GUERRA, *op. cit.*, p. 405.

36. J. B. RENARD, "La sacralisation de la science", en C. Rivière, A. Piette, *Noevelles idoles, nouveaux cultes*, 82-98, 93s. (Cit. en J. Mª. MARDONES, *Las nuevas formas de la religión*, p. 140).

37. M. GUERRA, *op. cit.*, p. 407.

38. E. NELSON, *Que mi pueblo adore*, El Paso, 1993, p. 64.

39. Gén. 4.21. Sobre este tema puede consultarse la obra de A. KÜEN, *La música en la Biblia y en la Iglesia*, Terrassa, 1992.

40. J. Mª. MARDONES, *Las nuevas formas de la religión*, p. 92.

41. E. GERVILLA, *Postmodernidad y educación. Valores y cultura de los jóvenes*, Madrid, 1993, pp. 150-152.

42. J. Mª. MARDONES, *Las nuevas formas de la religión*, p. 92.

43. E. GIL CALVO, "Juventud actual: de la saciedad física a la frustración moral", *Revista de Occidente*, 1987, 77:86-98.

44. Si la generación de los *yuppies* está constituída por los que nacieron antes de 1945 y la de los *babyboomers* por los que lo hicieron entre esa fecha y 1965, actualmente los sociólogos norteamericanos hablan de dos generaciones más:la Generación X (bautizada así por Douglas Copland en 1989) que estaría formada por los que tienen hoy entre 22 y 32 años y la Generación Y que sería la de los actuales adolescentes o *teenagers*, comprendida entre los trece y diecinueve años. Cada uno de estos grupos de edad ha tenido sus problemáticas particulares y sus propias fobias.
Si el principal problema para los *babyboomers* fue la guerra o la amenaza nuclear y para la Generación X es el desempleo o el oscuro porvenir, la Generación Y se caracterizaría por

su acusada desorientación ética y por el aumento continuo, en su seno, de la violencia. En Estados Unidos el 80 % de los alumnos que cursan los últimos años de *high school* (entre 17 y 18 años) poseen un trabajo a tiempo parcial que les permite pagar un buen porcentaje de sus gastos sin dar cuenta a nadie. Esto les convierte en adultos prematuros. Cada fin de semana montan fiestas en las que los muchachos se emborrachan y, en muchas ocasiones, no van a dormir a casa. A pesar de las innumerables campañas escolares contra el consumo de alcohol, tabaco y drogas cada vez se bebe más, se fuma más y se consumen más estupefacientes.

La insistencia machacona contra los peligros del SIDA no parece tampoco tener resultado positivo entre los adolescentes norteamericanos. Desde la mitad de los noventa una de cada dieciséis niñas de la *high school* tiene un bebé. El porcentaje de muchachas de 15 años que se quedan embarazadas es, en la actualidad, tan alto o más que en los países del Tercer Mundo. En algunas ciudades, como en Los Angeles, no es raro ver por la calle a niñas de catorce años que trasportan a su pequeño en el cochecito.

La situación de la Generación Y, en Estados Unidos, se ve agravada por el incremento de la violencia callejera. En las zonas residenciales de clase media uno de cada ocho jóvenes se ve obligado a llevar siempre un arma encima "como protección"; este número aumenta en los barrios más pobres en los que pasa a ser de dos muchachos armados por cada cinco. Durante el verano de 1995 alrededor de cien grandes ciudades impusieron el toque de queda que prohíba a los menores de 16 años salir a la calle después de las once de la noche.

¿Cuáles son las causas que provocan tal degradación en la adolescencia norteamericana?. El periodista Vicente Verdú, ganador del vigesimocuarto Premio Anagrama de ensayo por su obra *El planeta americano*, dice que las razones ofrecidas por los analistas radican "en la superabundancia de sexo en la televisión, <u>en la letra de las canciones pop,</u> en la menor censura social del hijo ilegítimo, en la desesperanza ante el porvenir en las clases humildes y, definitivamente, en la falta de atención de los padres".(El subrayado es nuestro. Cfr. V. VERDÚ, *El planeta americano*, Barcelona, 1996, pp. 117-127).

45. Cit. en J. MARTIN, "Olimpismo: el deporte como religión", *Andamio*, 1992, 2:23-31.

46. J. Mª. MARDONES, *Las nuevas formas de la religión*, p. 79.

47. J. L. CALLEJA, "Iván: El Barça es una religión", *El Mundo Deportivo*, 28/IV/1996, 23.302:10.

48. J. A. MONROY, "Dios en el fútbol", ALTERNATIVA-2000, sept.-oct. 1995, 6(34):25.

49. J. Mª. MARDONES, *Las nuevas formas de la religión*, p. 97.

50. Mardones señala seis áreas o ámbitos que habrían podido influir en la actual exaltación del cuerpo: 1) el desarrollo de las teorías feministas dando énfasis a la diferenciación sexual de los cuerpos, 2) la comercialización consumista haciendo del cuerpo uno de sus objetivos, 3) la medicina moderna racionalizando la enfermedad y la supervivencia, 4) la secularización despegando el cuerpo del control religioso, 5) el debate ecológico y la defensa del medio ambiente exaltando el cuerpo como parte del mundo natural y 6) la preocupación psicológico-espiritual por un ajuste entre cuerpo y espíritu mediante técnicas de relajación, yoga, respiración, etc. (Cfr. J. Mª. MARDONES, *Las nuevas formas de la religión*, p. 99).

51. *Encuesta sobre el culto al cuerpo*. Tele 5. 27/XII/1991 (Cit. en E. GERVILLA, *op. cit.*, p. 121).

52. Gaia es el nombre que daban los griegos a la diosa de la Tierra.

53. J. LOVELOCK, *Gaia. Una ciencia para curar el planeta*, Barcelona, 1992, p. 12.

54. J. L. RUIZ DE LA PEÑA, *Teología de la creación*, Santander, 1992, p. 196.

55. S. Mateo 22:21.

56. Álvaro Baeza explica en su obra ETA *nació en un seminario/El gran secreto*, Donostia, 1995, la historia de la banda terrorista desde 1952 hasta nuestros días. Baeza documenta minuciosamente cómo ciertos sectores de la Iglesia Católica vasca alentaron y protegieron los inicios violentos de ETA "en aras de un nacionalismo abertzale, en nombre de Dios y en nombre del izquierdismo comunista vasco religioso". En la pag. 323 puede leerse: "El embrión y verdadero feto de lo que en un futuro iba a ser la ETA nació en el año 1953 cuando un grupo de estudiantes vascos de Deusto (Bilbao), de la Compañía de Jesús,... crearon una clandestina célula activista en torno a la redacción de la revista EKIN "Acción".

57. J. Mª. MARDONES, *Las nuevas formas de la religión*, p. 84.

58. A. MINC, *La borrachera democrática. El nuevo poder de la opinión pública*, Madrid, 1995, p. 10.

59. V. VERDú, *op. cit.*, pp. 27-28.

60. J. Mª. MARDONES, *La nuevas formas de la religión*, p. 80.

61. A. MINC, *op. cit.*, p. 204.

62. Génesis 3:5

63. Salmo 87:6

64. Mamón era el dios sirio de la riqueza. En la Biblia esta palabra aparece sólo en dos ocasiones: en Mt. 6:24 y Lc. 16:13. En ambas citas se refiere a las riquezas materiales.

65. C. DIAZ, "El otoño teológico de la era posmoderna", *Misión Abierta*, 1988-89, 4:81-89.

66. *Ibidem*, p. 89.

67. S. Mateo 6:19-21.

68. P. POUPARD, *La inculturació de la fe i les mutacions del nostre temps*, Quaderns. Fund. Joan Maragall, Barcelona, 1994, 23:14.

69. M. FERNANDEZ DEL RIESGO, "La posmodernidad y la crisis de los valores religiosos" en G. Vattimo y otros, *En torno a la posmodernidad*, Barcelona, 1994, p. 100.

70. G. LIPOVETSKY, *La era del vacío*, pp. 118-119.

71. E. GERVILLA, *op. cit.*, pp. 106-110.

72. F. NIETZSCHE, *Así habló Zaratustra (Obras Completas)*, Buenos Aires, 1970, Vol. III, p. 422.

73. J. Mª. MARDONES, *Las nuevas formas de la religión*, p. 154.

NOTAS DEL CAPÍTULO 6

1. J. EQUIZA, *Secularización (Modernidad-Posmodernidad) y fe cristiana*, Madrid, 1992, p. 150.

NOTAS DEL CAPÍTULO 7

1. L. GONZALEZ-CARVAJAL, *Evangelizar en un mundo postcristiano*, Santander, 1993, p. 129.

2. P. POUPARD, *Dictionnaire des religions*, París, 1993, p. V.

3. H. COX, *La ciudad secular. La urbanización y la secularización desde una perspectiva teológica*, Barcelona, 1973.

4. H. COX, *La religión en la ciudad secular. Hacia una teología postmoderna*, Santander, 1985, p. 18.

5. Lucas 18:8.

6. J. MARTIN VELASCO, "Espiritualidad cristiana en tiempos de increencia", *Revista de Espiritualidad*, 1989, 48:443.

7. H. COX, *La religión en la ciudad secular*, p. 199.

8. Véase pág. 102.

9. K. RUNIA, "El reto del mundo moderno a la Iglesia", *Alétheia*, 1994, 5:28.

10. Mateo 3:2.

11. C. RENÉ PADILLA, *El Evangelio hoy*, Buenos Aires, 1975, p. 120.

12. Hch. 24:14-16.

13. J. Mª. MARTINEZ, *Los cristianos en el mundo de hoy*, Terrassa, 1987, pp. 81-82.

14. Ped. 3:15.

15. J. CONILL SANCHO, "Raíces de la increencia contemporánea", *Razón y Fe*, 1988, 218:82-83.

16. Cit. en C. RENÉ PADILLA, *op. cit.*, p. 105.

17. H. COX, *La religión en la ciudad secular*, p. 40.

18. L. GONZALEZ-CARVAJAL, *Evangelizar en un mundo postcristiano*, p. 143.

19. D. O. MOBERG, *The Great Reversal*, J. B. Lippincott, Philadelphia and New York, 1972, p. 42, cit. en C. RENÉ PADILLA, *op. cit.*, p. 113.

20. A. TORNOS, "Principios directivos para la evangelización de las culturas", *Miscelánea Comillas*, 1996, 54:37.

21. S. Lucas 3:11.

22. A. TORNOS, *op. cit.*, p. 42.

23. A. TORNOS, *op. cit.*, p. 41.

24. J. TO I FIGUERAS, "Iglesia y pareja: fecundación mútua en el seno de la postmodernidad", *Cuadernos de Orientación Familiar*, 1989, 114:54.

25. S. Lucas 9:62.

26. 1 Corintios 2:1-5.

27. S. Mateo 19:26.

28. J. Mª. MARTINEZ, *Los cristianos en el mundo de hoy* p. 94.

29. Cfr. J. Mª. MARTINEZ, *La España evangélica ayer y hoy*, Viladecavalls (Barcelona), 1994, pp. 324-325.

30. E. R. DODDS, *Paganos y cristianos en una época de angustia*, Madrid, 1975, p. 173.

31. 1 Corintios 9:16.

32. 1 Cor. 11:1.

33. J. M. ROVIRA BELLOSO, *Entre la fe i la cultura, cap on anem?*, p. 29.

34. J. A. MONROY, *Un enfoque evangélico a la teología de la liberación*, Terrassa, 1991, p. 26-27.

35. S. Marcos 3:8.

36. Hechos 10:38.

37. Cfr. G. LIPOVETSKY, *La era del vacío*, p. 64.

38. A. BLANCH, *op. cit.*, p. 96.

39. 2 Cor. 3:6.

40. B. ANGURELL, *El altar de la unidad*, 1987, Terrassa, p. 63.

ÍNDICE ONOMÁSTICO

Índice de conceptos

ÍNDICE DE CONCEPTOS

BIBLIOGRAFÍA

ANGURELL, B. 1987, *El altar de la unidad*, Clie, Terrassa.
ARGULLOL, R. & TRÍAS, E. 1991, Entrevista en AJOBLANCO, 39:18-27.
ARGULLOL, R. & TRÍAS, E. 1992, *El cansancio de Occidente*, Destino, Barcelona.
ARMENDÁRIZ, L. M. 1994, *Horitzons de la crisi religiosa*, Claret, Barcelona.

BAEZA, A. 1995, *ETA nació en un seminario. El gran secreto*, ABL Press, Donostia.
BARCELLONA, P. 1990, *Postmodernidad y comunidad*, Trotta, Madrid.
BARCO del, J. L. 1995, *La civilización fragmentaria*, Rialp, Madrid.
BALTASAR, B. 1985, "Iconotropía", *Los cuadernos del norte*, 33:66-69.
BAUDRILLARD, J. 1984, *Las estrategias fatales*, Anagrama, Barcelona.
BAUDRILLARD, J. 1985, *La transparencia del mal*, Anagrama, Barcelona.
BAUDRILLARD, J. 1995, *La ilusión del fin*, Anagrama, Barcelona.
BENITO, J. 1985, "Las arrugas de Christo", *Los cuadernos del norte*, 33:70-74.
BLANCH, A. 1988, "Modernidad, posmodernidad y fe cristiana", *Razón y fe*, 218:84-96.
BURY, J. B. 1971, *La idea de progreso*, Alianza Editorial, Madrid.

CABALLERO, B. 1993, *Bases de una nueva evangelización*, Paulinas, Madrid.
CASTELLÓ, F. "La fe de Fido Dido", *El País*, 16.09.91
CASTIÑEIRA, A. 1986, *Ambits de la postmodernidad*, Columna, Barcelona.
CASTIÑEIRA, A. 1991, *L'experiència de Déu en la postmodernitat*, Cruïlla, Barcelona.
CASTIÑEIRA, A. 1992, "Marc ètic de la societat contemporània", en *Educar en els valors*, Raima, Barcelona.
CERVERA, J. A. 1992, *Claves para el hombre del siglo XXI*, PPC, Madrid.
COENEN, L. 1980, *Diccionario teológico del Nuevo Testamento*, vol. II, Sígueme, Salamanca.
COLOM, A. J. & MÈLICH, J. C. 1994, *Después de la modernidad. Nuevas filosofías de la educación*, Paidós, Barcelona.
CONILL, J. 1988, "Raices de la increencia contemporánea", *Razón y fe*, 218:71-83.
CONZELMANN, H. 1974, *El centro del tiempo. La teología de Lucas*, Fax, Madrid.
COX, H. 1973, *La ciudad secular. La urbanización y la secularización desde una perspectiva teológica*, Edicions 62, Barcelona.
COX, H. 1985, *La religión en la ciudad secular. Hacia una teología postmoderna*, Sal Terrae, Santander.
CRUZ, A. 1994, "Joaquín Sabina y la cultura posmoderna", *Alternativa-2000*, 28:10-11.
CUELLO, J. & VIDAL, A. M. 1986, *Antología de la historia de la biología*, PPU, Barcelona.

DÍAZ, C. 1988, "El otoño teológico de la era posmoderna", *Misión abierta*, 1988-89, 4:81-89.
DODDS, E. R. 1975, *Paganos y cristianos en una época de angustia*, Cristiandad, Madrid.

EQUIZA, J. 1992, *Secularización (modernidad-posmodernidad) y fe cristiana*, Nueva Utopía, Madrid.
EQUIZA, J. y otros, 1993, *Cristianismo y modernidad*. 1º Foro Religioso Popular, Nueva Utopía, Vitoria.
ESTRUCH, J. & CARDÚS, S. 1981, *Plegar de viure. Un estudi sobre els suïcidis*, Edicions 62, Barcelona.
EVELY, L. 1980, *El hombre moderno ante la muerte*, Sígueme, Salamanca.

FEHER, F. 1986, "Comentarios sobre el *intermezzo* postmodernista", *Revista de Occidente*, Nov. 66:57-74.
FERNÁNDEZ MELLADO, A. 1989, "Notas en torno a la moral de nuestro tiempo", *Revista de Espiritualidad*, 48:415-431.

FINKIELKRAUT, A. 1987, *La derrota del pensamiento*, Anagrama, Barcelona

FINKIELKRAUT, A. "El odio a la cultura", Entrevista en *El País*, 23.07.87.

FINKIELKRAUT, A. "La disolución de la cultura", *El País*, 05.11.87.

FONT, D. "El pensamiento pobre", *El País*, 23.07.87.

GARCÍA, E. 1989, "A propósito de la modernidad y de la posmodernidad", *Revista de Espiritualidad*, 48:353-388.

GARCÍA ROCA, J. 1988, "La cultura neoconservadora", *Iglesia viva*, 134-135:137-162.

GARRIGUES, A. *Los nuevos filósofos*. *"Dios ha muerto, Marx ha muerto y yo mismo no me encuentro muy bien"* Recorte de prensa.

GELLNER, E. 1994, *Posmodernismo, razón y religión*, Paidós Estudio, Barcelona.

GERVILLA, E. 1993, *Postmodernidad y Educación. Valores y cultura de los jóvenes*, Dykinson, Madrid.

GIL CALVO, E. 1987, "Juventud actual: de la saciedad física a la frustración moral", *Revista de Occidente*, 77:86-98.

GONZALEZ-CARVAJAL, L. 1989, "La postmodernidad", *Vida religiosa. Boletín informativo*, 67:164-170.

GONZALEZ-CARVAJAL, L. 1992, *Ideas y creencias del hombre actual*, Sal Terrae, Santander.

GONZALEZ-CARVAJAL, L. 1994, *Evangelizar en un mundo postcristiano*, Sal Terrae, Santander.

GONZALEZ FAUS, J. I. 1988, *La interpelación de las iglesias latinoamericanas a la Europa postmoderna y a las iglesias europeas*, Fundación Santa María, Madrid.

GUERRA, A. 1989, "*Gaudium et Spe*: Diálogo con el mundo moderno", *Revista de Espiritualidad*, 48:389-414.

GUERRA GOMEZ, M. 1993, *Los nuevos movimientos religiosos (las sectas)*, Eunsa, Pamplona.

HABERMAS, J. 1985, *El discurso filosófico de la modernidad*, Taurus Humanidades, Madrid.

HARMAN, P. M. 1987, *La revolución científica*, Crítica, Barcelona.

HERBIG, J. 1974, *El final de la civilización burguesa*, Crítica, Madrid.

JAMESON, F. 1984, *El posmodernismo o la lógica cultural del capitalismo avanzado*, Paidós, Barcelona.

JASPERS, K. *Origen y meta de la historia*, Selecta de Revista de Occidente, Madrid.

JIMENEZ, A. 1993, *Por los caminos de la increencia. La fe en diálogo*, CCS, Madrid.

JULIÁ, S. "¿La historia en crisis?", *El País*, 29.07.93.

KÜEN, A. 1992, *La música en la Biblia y en la Iglesia*, Clie, Terrassa.

KUNDERA, M. 1990, *La inmortalidad*, Tusquets, Barcelona.

LASH, S. 1985, "Postmodernidad y deseo", *Debats*, 14:42-66.

LEWIS, C. S. 1995, *El diablo propone un brindis*, Rialp, Madrid. LIPOVETSKY, G. 1986, *La era del vacío*, Anagrama, Barcelona.

LIPOVETSKY, G. 1990, *El imperio de lo efímero*, Anagrama, Barcelona.

LOVELOCK, J. 1992, *Gaia. Una ciencia para curar el planeta*, Integral, Barcelona.

LOZANO i SOLER, J. M. 1989, "De la condición urbana como condición posmoderna", *Cuadernos de Orientación Familiar*, 114: 19-32.

LYON, D. 1996, *Postmodernidad*, Alianza Editorial, Madrid.

LYOTARD, J-F. 1984, *La condición postmoderna*, Cátedra, Madrid.

LYOTARD, J-F. 1985, "Reglas y paradojas", *Los cuadernos del norte*, 33:48-52.

LYOTARD, J-F. 1986, *La posmodernidad (explicada a los niños)*, Gedisa, Barcelona.

LYOTARD, J-F. 1986, "Reescribir la modernidad", *Revista de Occidente*, Nov. 66:23-33.

MARDONES, J. Mª. 1986, "Modernidad y posmodernidad (I)", *Razón y fe*, 214:204-217.

MARDONES, J. Mª. 1988, *Postmodernidad y cristianismo*, Sal Terrae, Santander.

MARDONES, J. Mª. 1989, "¿Qué es la postmodernidad?", *Cuadernos de Orientación Familiar*, 114:7-18.

MARDONES, J. Mª. 1994, *Las nuevas formas de la religión*, Verbo Divino, Estella (Navarra).

MARTIN VELASCO, J. 1989, *Increencia y evangelización*, Sal Terrae, Santander.

MARTIN VELASCO, J. 1989, "Espiritualidad cristiana en tiempos de increencia", *Revista de Espiritualidad*, 48:433-451.

MARTÍNEZ, J. 1993, "Secularización", en *Conceptos fundamentales del cristianismo*, Floristan, C. y Tamayo, J-J. Eds. Madrid.

MARTÍNEZ, J. Mª. 1987, *¿Por qué aún soy cristiano?*, Clie, Terrassa.

MARTÍNEZ, J. Mª. 1988, *Los cristianos en el mundo de hoy*, Clie, Terrassa.

MARTÍNEZ, J. Mª. 1994, *La España evangélica ayer y hoy*, Clie, Terrassa.

MATE, R. "Ante los tiempos de la compasión", *El País*, 05.01.90. MENDINI, A. 1985, "Manifiesto de adioses", *Los cuadernos del norte*, 33:53-55.

MINC, A. 1995, *La borrachera democrática. El nuevo poder de la opinión pública*, Temas de hoy, Madrid.

MOLTMANN, J. 1986, *El hombre*, Sígueme, Salamanca.

MONROY, J. A. 1991, *Un enfoque evangélico a la teología de la liberación*, Clie, Terrassa.

MONROY, J. A. 1995, "Dios en el fútbol", ALTERNATIVA-2000, sep.-oct., 6(34):25.

MORA, G. 1992, "L'Evangeli com a proposta de valors", en *Educar en els valors*, Raima, Barcelona.

MUÑOZ, J. 1986, "Inventario provisional (modernos, postmodernos, antimodernos)", *Revista de Occidente*, Nov. 66:5-22.

MOTA, E. 1995, *Ciencia y fe ¿en conclicto?*, Andamio, Barcelona.

NAVARRETE, A. A. 1991, "Recuperar la cultura", *Vida nueva*, 1799:23-29.

NELSON, E. 1993, *Que mi pueblo adore*, Casa Bautista de Publicaciones, El Paso, USA.

OCHOTORENA, J. M. 1986, "El espacio arquitectónico como lugar construido. Arquitectura y postmodernidad", *Revista de Occidente*, Nov. 66:49-55.

PARDO, J. L. 1986, "Filosofía y clausura de la modernidad", *Revista de Occidente*, Nov. 66:35-47.

PARÉS, R. 1985, *Cartes sobre la història de la ciència*, PPU, Barcelona.

PEDRALS, R. 1989, "La fe entre Scilla y Caribdis", *Cuadernos de Orientación Familiar*, 114:33-48.

PICÓ, J. 1985, "Proceso a la Razón" *Debats*, 14:38-41.

PINILLOS, J. L. "También hemos llegado tarde al debate sobre posmodernidad", Entrevista en *El País*, 14.08.94

POUPARD, P. 1994, *La inculturació de la fe i les mutacions del nostre temps*, Claret, Barcelona.

QUESADA, J. "Volver a leer", *El País*, 05.09.89.

QUESADA, J. 1994, *Ateísmo difícil*, Anagrama, Barcelona.

RAMÍREZ, J. A. 1986, "Catecismo breve de la postmodernidad", *Misión abierta*, 1988-89, 4:37-40.

RAÑADA, A. F. 1994, *Los científicos y Dios*, Nobel, Barcelona.

RENÉ PADILLA, C. 1975, *El Evangelio hoy*, Certeza, Buenos Aires. ROSI, P. 1966, *Los filósofos y las máquinas 1400-1700*, Labor, Barcelona.

ROVIRA i BELLOSO, J. M. 1988, *Fe y cultura en nuestro tiempo*, Sal Terrae, Santander.

ROVIRA i BELLOSO, J. M. 1995, *Entre la fe i la cultura, cap on anem?*, Claret, Barcelona.

RUIZ de la PEÑA, J. L. 1983, "Realidad velada: cuando la física deviene metafísica", *Razón y fe*, jul.-agost. 27-39.

RUIZ de la PEÑA, J. L. 1992, *Teología de la creación*, Sal Terrae, Santander.

RUIZ de la PEÑA, J. L. 1995, *Crisis y apología de la fe. Evangelio y nuevo milenio*, Sal Terrae, Santander.

RUNIA, K. 1994, "El reto del mundo moderno a la iglesia", *Alétheia* nº 5, Barcelona.

SÁDABA, J. 1992, *Saber vivir*, Libertarias/Prodhufi, Madrid.

SANGUINETTI, J. M. "Las aventuras de la posmodernidad", *El País*, 02.09.92.

SANSANO, R. 1991, *El grito del averno*, Clie, Terrassa.

SOTELO, I. 1987, "La España del año 2000", *Revista de Occidente*, 77:17-30.

SOTELO, I. "Entre la paz y la libertad", *El País*, 07.04.88.

SUÁREZ FERNANDEZ, L. 1973. *Manual de historia universal*. T. II, *Edad Antigua*, Espasa-Calpe, Madrid.

SUBIRATS, E. 1985, "El diseño de la cultura tardo-moderna", *Los cuadernos del norte*, 33:56-65.

SUDBRACK, J. 1990, *La nueva religiosidad*, Paulinas, Madrid.

TILLICH, P. 1982, *Teología sistemática* I, Sígueme, Salamanca.

TO i FIGUERAS, J. 1989, "Iglesia y pareja: fecundación mútua en el seno de la postmodernidad", *Cuadernos de Orientación Familiar*, 114:49-58.

TORNOS, A. 1996, "Principios directivos para la evangelización de las culturas", *Miscelánea Comillas*, 54:27-51.

TUDELA, J. A. 1995, *La religión y lo religioso hoy*, San Esteban, Salamanca.

UREÑA, M. 1989, "La postmodernidad está servida", *Vida Nueva*, 1673:25-34.

URDANIBIA, I. "Lo narrativo en la postmodernidad", en VATTIMO y otros, *En torno a la posmodernidad*, Anthropos, Barcelona.

VALVERDE, C. 1988, "Así nació la modernidad", *Vida Nueva*, 1647- 1648:25-32.

VARONE, F. 1993, *El Dios ausente. Reacciones religiosa, atea y creyente*, Sal Terrae, Santander.

VATTIMO, G. 1985, *El fin de la modernidad*, Gedisa, Barcelona.

VATTIMO, G. y otros, 1990, *En torno a la posmodernidad*, Anthropos, Barcelona.

VEGAS, J. M., 1988, "Hedonismo y cultura postmoderna", *Misión abierta*, 1988-89, 4:57-67.

VERDÚ, V. 1996, *El planeta americano*, Anagrama, Barcelona.

WELLMER, A. 1985, *Sobre la dialéctica de modernidad y postmodernidad*, Visor, Madrid.

WELLMER, A. 1985, "La dialéctica de Modernidad y Postmodernidad", *Debats*, 14:67-87.

Guía de estudio

POSTMODERNIDAD
EL EVANGELIO ANTE EL DESAFÍO DEL BIENESTAR

ANTONIO CRUZ

Guía preparada por la facultad de FLET
para el curso **HU 420 Postmodernismo**

GUÍA DE ESTUDIO DE POSTMODERNIDAD
El Evangelio ante el desafío del bienestar
Revisión 2003

© 2002 Universidad FLET
14540 S.W. 136 Street, Suite 202
Miami, Florida 33186

Contenido

Cómo establecer un seminario en su iglesia

Para desarrollar un programa de estudios en su iglesia, usando los cursos ofrecidos por la Universidad FLET, se recomienda que la iglesia nombre a un comité o a un Director de Educación Cristiana. Luego, se deberá escribir a Miami para solicitar el catálogo ofrecido gratuitamente por FLET. El catálogo contiene:

1. La lista de los cursos ofrecidos, junto con programas y ofertas especiales.
2. La acreditación que la Universidad FLET ofrece.
3. La manera de afiliarse a FLET para establecer un seminario en su iglesia.

Luego de estudiar el catálogo y el programa de estudios ofrecidos por FLET, el comité o el director podrá hacer sus recomendaciones al pastor y a los líderes de la iglesia para el establecimiento de un seminario o instituto bíblico acreditado por FLET.

Universidad FLET
14540 SW 136 Street No 202
Miami, FL 33186
Teléfono: (305) 378-8700
Fax: (305) 232-5832
e-mail: admisiones@flet.edu
Página web: www.flet.edu

5

Cómo obtener un curso acreditado por FLET

Si el estudiante desea recibir crédito por este curso, debe:

1. Llenar la solicitud de ingreso.
2. Proveer una carta de referencia de su pastor o un líder cristiano reconocido.
3. Pagar el costo correspondiente. (Ver «Política financiera» en el *Catálogo académico*.)
4. Enviar a la oficina de FLET o entregar al representante de FLET autorizado, una copia de su diploma, certificado de notas o algún documento que compruebe que haya terminado los doce años de la enseñanza secundaria (o educación media).
5. Hacer todas las tareas indicadas en esta guía.

Nota: Ver «Requisitos de admisión» en el *Catálogo académico* para más información.

Cómo hacer el estudio

Cada libro describe el método de estudios ofrecido por esta institución. Siga cada paso con cuidado. Una persona puede hacer el curso individualmente, o se puede unir con otros miembros de la iglesia que también deseen estudiar.

En forma individual:

Si el estudiante hace el curso como individuo, se comunicará directamente con la oficina de la Universidad FLET. El alumno enviará su examen y todas sus tareas a esta oficina, y recibirá toda comunicación directamente de ella. El texto mismo servirá como «profesor» para el curso, pero el alumno podrá dirigirse a la oficina para hacer consultas. El estudiante deberá tener a un pastor o monitor autorizado por FLET para tomar su examen (sugerimos que sea la misma persona que firmó la carta de recomendación).

En forma grupal:

Si el estudiante hace el curso en grupo, se nombrará un «facilitador» (monitor, guía) que se comunicará con la oficina de FLET. Por tanto, los alumnos se comunicarán con el facilitador, en vez de comunicarse directamente con la oficina de FLET. El grupo puede escoger su propio facilitador, o el pastor puede seleccionar a uno del grupo para ser guía o consejero, o los estudiantes pueden desempeñar este rol por turno. Sería aconsejable que la iglesia tenga varios grupos de estudio y que el pastor sirva de facilitador de uno de los grupos; cuando el pastor se involucra, su ejemplo anima a la congregación entera y él mismo se hace partícipe del proceso de aprendizaje.

Estos grupos han de reunirse regularmente (normalmente una vez por semana) bajo la supervisión del facilitador para que juntos puedan cumplir con los requisitos de estudio (los detalles se encontrarán en las próximas páginas). Recomendamos que los grupos (o «peñas») sean compuestos de 5 a no más de 10 personas.

El facilitador seguirá el «Manual para el facilitador» que se encuentra al final del libro. El texto sirve como «profesor», mientras que el facilitador sirve de coordinador que asegura que el trabajo se haga correctamente.

El plan de enseñanza FLET

El proceso educacional debe ser disfrutado, no soportado. Por lo tanto no debe convertirse en un ejercicio legalista. A su vez, debe establecer metas. Llene los siguientes espacios:

Anote su meta diaria/semanal:_____
Horario de estudio:_____
Día de la reunión: _____
Lugar de la reunión:_____

Opciones para realizar el curso

Este curso se puede realizar de tres maneras. Si desea hacer el curso a un paso cómodo, lo puede realizar en el espacio de dos meses (tiempo recomendado para aquellos que no tienen prisa). El alumno puede escoger el plan intensivo con el cual puede completar sus estudios en un mes. Otra opción es hacer el estudio con el plan extendido, en el cual se completan los estudios y el examen final en tres meses. Las diversas opciones se conforman de la siguiente manera:

Plan intensivo: un mes (4 sesiones)   *Fecha de reunión*
Primera semana: Lecciones 1-2   _____
Segunda semana: Lecciones 3-4   _____
Tercera semana: Lecciones 5-6   _____
Cuarta semana: Lecciones 7-8, y
Examen final de FLET   _____

Plan regular: dos meses (8 sesiones)   *Fecha de reunión*
Primera semana: Lección 1   _____
Segunda semana: Lección 2   _____
Tercera semana: Lección 3   _____
Cuarta semana: Lección 4   _____
Quinta semana: Lección 5   _____
Sexta semana: Lección 6   _____
Séptima semana: Lección 7   _____
Octava semana: Lección 8, y
Examen final   _____

*Plan extendido: tres meses (3 sesiones)**Fecha de reunión*
Primer mes: Lecciones 1-3   _____
Segundo mes: Lecciones 4-6   _____
Tercer mes: Lecciones 7-8, y
Examen final   _____

Descripción del curso

Un estudio comparativo del modernismo y el postmodernismo que ofrece a la iglesia contemporánea posibles respuestas frente a la cosmovisión postmoderna.

Metas

1. El estudiante conocerá los valores, la filosofía y las expresiones de la cosmovisión postmoderna (Cognitiva).
2. El estudiante tomará conciencia de las manifestaciones y efectos de dicha cosmovisión en su contexto personal, ministerial, familiar, laboral y cívico, y responderá a estos bíblicamente (Afectiva).
3. El estudiante se preparará para educar a otros frente al desafío del postmodernismo y ayudarles a vivir la cosmovisión bíblica (Volitiva).

Objetivo

El estudiante explicará en sus propias palabras las diferencias entre la modernidad y la postmodernidad, dará a conocer los efectos positivos y negativos de la cosmovisión postmoderna en el contexto actual del alumno, y sugerirá maneras en que puedan contrarrestarse los efectos negativos e incorporar los positivos en el contexto del estudiante.

Tareas

Existen tres tareas (además de prepararse para el examen final):

1. El estudiante leerá el texto *Postmodernidad: El Evangelio ante el desafío del bienestar* por Antonio Cruz, y completará las tareas de la Guía de estudio (preguntas de repaso y reflexión).

2. Además, el estudiante leerá 400 páginas adicionales en el área de postmodernismo, y presentará un informe de su lectura en el formulario que se provee más adelante. Vea la lista de libros recomendados abajo para esta lectura. Esta lectura debe incluir el libro bíblico de Eclesiastés.

3. El estudiante escribirá un ensayo de 10-15 páginas, a doble espacio, siguiendo las pautas señaladas abajo. Debe elegir un tema de la lista de temas que se ofrecen más adelante. Cada proyecto debe incluir un análisis de cómo se manifiestan los postulados de la Postmodernidad en América Latina y en su propio país.

Temas:
a. ¿Por qué es importante para el cristiano comprender el pensamiento postmoderno?
b. ¿Cómo debemos adaptar nuestra presentación y defensa del evangelio para el mundo postmoderno?
c. ¿Cómo deben nuestras iglesias adaptarse para mostrar un buen testimonio a los postmodernos?

Nota:
El alumno deberá presentar las tareas en dos partes:
A mediados del curso, todas las tareas correspondientes a las lecciones 1—4 (respuestas a las preguntas de repaso y las preguntas para reflexión); y a fines del curso, las tareas correspondientes a las lecciones 5—8 (respuestas a las preguntas de repaso y las preguntas para reflexión, y el informe de la lectura adicional).

Si el alumno estudia en forma individual, todos los trabajos deberán ser enviados por correo electrónico a **tareas@flet.edu**, si es posible, para agilizar el proceso de evaluación. Si el alumno no tiene acceso al correo electrónico, debe enviar los trabajos por correo postal. Si estudia en forma grupal, todos los trabajos deberán ser entregados a su facilitador, el cual se encargará de enviarlos a la oficina de la Universidad FLET.

Calificación

Tareas de la Guía de estudio:	15%
Lectura adicional:	15%
Ensayo:	40%
Examen final:	30%
Total	100%

Libros recomendados para lectura adicional

El estudiante puede seleccionar la lectura adicional de la lista bibliográfica provista por el doctor Cruz en las páginas 236-239 del libro de texto; de artículos u obras biográficas e históricas acerca de la modernidad, postmodernidad y personajes relacionados con estas épocas; o de obras como las siguientes:

Cruz, Antonio. *Sociología: una desmitificación.* Miami, Florida: Logoi-Unilit, 2002.

Comte, Auguste. *Discurso sobre el espíritu positivo.* Madrid: Alianza, 1997.

McDowell, Josh y Hostetler, Bob. *Es bueno o es malo.* El Paso, Texas: Casa Bautista de Publicaciones, 1996.

McDowell, Josh y Geisler, Norman. *El amor siempre tiene la razón.* El Paso, Texas: Casa Bautista de Publicaciones, 1997.

Marx, Karl, y Engels, Frederich. *Manifiesto comunista.* Madrid: Akal, 1997.

Maquiavelo, Nicolás. *El príncipe.* Madrid: Alianza, 1996.
Rousseau, Jean Jacques. *Del contrato social.* Madrid: Alianza, 1998.

Pautas para la lectura

Una vez le preguntaron al presidente de la prestigiosa *Universidad de Harvard,* ¿Qué deseaba encontrar en los alumnos nuevos que llegaran a su universidad? ¿Qué quiere que sepan antes de comenzar? Su respuesta fue simplemente: «Quiero que sepan leer». Uno de los frutos del estudio independiente de FLET es aprender a leer bien. Recomendamos las siguientes pautas de buena lectura:

1. Revise el libro entero primero.
   1.1. Examine el contenido, hojee el libro, eche un vistazo para familiarizarse con él. Mire las ilustraciones, o las tablas.
   1.2. Hágase preguntas. ¿De qué se trata el libro? ¿Cuál será el enfoque? ¿Por qué debo interesarme en este tema?
2. Revise el primer capítulo en general, antes de leerlo con cuidado.
   2.1. Lea los títulos principales.
   2.2. Hágase preguntas acerca del contenido. Abra su apetito por leerlo. Si no puede convencerse que está interesado, la lectura será aburrida y lenta.
3. Lea el primer capítulo con cuidado.
   3.1. No lea ni demasiado lento ni demasiado rápido. En los dos casos, se pierde el hilo de la lectura y se distrae.
   3.2. Marque con un lápiz palabras, frases, o puntos importantes. Marque en el margen con símbolos («x»,

«!», «?», o cualquier símbolo que usted mismo invente y que le sea útil) puntos importantes que quisiera recordar. Escriba notas para usted mismo en el margen.

3.3. Cuando haya terminado de leer el capítulo, vuelva a repasarlo, revisando sus propias anotaciones y reflexionando sobre el contenido.

3.4. Pregúntese si ha entendido el capítulo. ¿Cómo explicaría esto a otra persona?

3.5. Haga un resumen del capítulo y anote comentarios, preguntas o elabore un bosquejo, en la última página del capítulo. Escriba lo que le ayude a recordar en forma rápida lo más importante del capítulo.

4. Repita los pasos 2 y 3 con los siguientes capítulos.

5. Cuando haya terminado todo el libro, haga un repaso de todo el libro.

5.1. Revise sus propias notas al final de cada capítulo.

5.2. Haga un resumen del libro y anote comentarios, preguntas, o elabore un bosquejo, en las últimas páginas del libro. Escriba lo que le ayude a recordar en forma rápida lo más importante del libro.

INFORME DE LECTURA

DATOS BIBLIOGRÁFICOS

Lectura: _____ Capítulo:_____ Págs.:_____

Autor (es):_____ Tomado de Libro/revista/?):_____

Editorial:_____ Ciudad _____ Año _____

BOSQUEJO	BREVE RESUMEN
	(haga una **síntesis** de lo que dice el autor, sin sus comentarios)

EVALUACIÓN CRÍTICA

(Elabore su opinión de lo que dice el autor —¿Es claro, preciso, confuso, bien documentado, fuera de contexto, muy simple, muy profundo, antibíblico, muy técnico, etc. etc.? Respalde su opinión)

PROVECHO PERSONAL Y MINISTERIAL

(¿Qué impacto tuvo esta lectura sobre mí y mi ministerio? ¿Cómo me ayudó? ¿Me gustó, no me gustó, por qué? Sea concreto.)

PREGUNTAS QUE SURGEN DE LA LECTURA

NOMBRE:_____ FECHA: _____

CURSO DE FLET: _____ LUGAR: _____ FACILITADOR: _____

PROFESOR : _____ CALIFICACIÓN: _____

Pautas para escribir un ensayo

La Universidad FLET exige un nivel *universitario* en las tareas escritas. Si los ensayos no cumplen con los requisitos, serán reprobados. Las siguientes pautas deben ser seguidas estrictamente. Para mayor información, consulte el libro *Un manual de estilo*, por Mario Llerena (Unilit/Logoi).

Pautas generales

1. Exprese una idea propia

Un ensayo debe ser la expresión de la idea de su autor, y no simplemente una recopilación de ideas de otros. El autor debe tener algo en mente que él o ella quiere comunicar, idealmente un solo concepto principal. Por ejemplo, el ensayo podría tener el propósito de convencer al lector que Cristo es suficiente para nuestra salvación, o que Agustín era el teólogo más importante de su época, o que Génesis 3 explica todos los problemas de la humanidad. Por supuesto, el autor toma en cuenta las ideas de otros, pero utiliza estas fuentes para apoyar su teoría, o bien para mostrar el contraste con ideas contrarias. Las distintas partes del ensayo presentan evidencia o argumentos para apoyar la idea central, para mostrar ideas contrastantes, o para ilustrar el punto. El lector debe llegar a la conclusión sabiendo cuál fue la idea principal del ensayo.

2. No use demasiado las citas bíblicas

Un buen ensayo no debe citar pasajes bíblicos largos, simplemente para llenar las páginas requeridas. Una cita bíblica de más de 10 versículos es demasiado larga. En el caso de referirse a un texto extenso, es mejor poner la referencia bíblica solamente. No más del 25% del ensayo debe ser citas bíblicas. Por supuesto, el argumento debe estar basado en la Biblia, pero si hay muchas citas, el autor debe poner simplemente las referencias de algunas, para reducirlas a un 25% del contenido del ensayo.

3. Indique sus fuentes

Cuando el autor utiliza ideas de otras fuentes, es absolutamente necesario indicar cuáles son esas fuentes. Si el autor no lo hace, da la impresión de que las ideas citadas sean de él, lo cual no es honesto y es llamado «plagio». Si el autor menciona una idea contenida en otro libro o artículo que haya leído, aunque no sea una cita textual, debe colocar un número al final de la misma, ligeramente sobre la línea del texto (volado) [1], y una nota al pie de la página, con la información del texto empleado, usando el siguiente formato:

1 Autor [nombre primero, apellido después], *Nombre del libro* [en letra cursiva] (lugar de publicación: editorial, año) [entre paréntesis, con doble punto y una coma, tal como aparece aquí], la página, o páginas citadas.

Ofrecemos el siguiente ejemplo:

2 Federico García Lorca, *Bodas de Sangre* (Barcelona: Ayma, S.A., 1971), p. 95.

Vea Mario Llerena, *Un manual de estilo*, para otros posibles tipos de nota, por ejemplo cuando hay varios autores, o cuando la cita corresponde a un artículo de una revista.

Cuando cite directamente, la cita debe estar entre comillas, y también debe poner una nota al pie de la página con la información de la fuente.

4. Organice bien sus ideas con un buen bosquejo

El buen ensayo siempre está bien organizado, y las ideas que contiene siguen algún orden lógico. Por tanto, haga un buen bosquejo para asegurar una buena organización. El ensayo debe tener divisiones principales, y estas a su vez subdivisiones que contengan ideas subordinadas al tema de la división mayor. Las divisiones principales deben estar en paralelo, ya que son distintas en contenido pero iguales en importancia. El sistema tradicional de enumeración es usar números romanos para las divisiones principales, letras mayúsculas para las primeras subdivisiones y números árabes para las segundas subdivisiones. En los ensayos de FLET, que no contienen más de quince páginas, no es conveniente dividir los bosquejos en secciones menores que estas. Por ejemplo, un posible bosquejo de la Carta a los Romanos sería así:

La Carta a los Romanos

I. Doctrina
   A. El pecado
      1. La ira de Dios contra el pecado
      2. Todos los hombres son pecadores
   B. La justificación por la fe
   C. La santificación por la fe
   D. La seguridad eterna

II. Exhortaciones prácticas
   A. El amor
   C. La sumisión a las autoridades
   etc.

La introducción y la conclusión del ensayo no llevan numeración.

Introducción
I.
    A.
        1.
        2.
    B.
II.
III.
Conclusión

4. Buenos párrafos
El párrafo es la unidad clave de un ensayo. Revise cada párrafo para asegurarse de que:
   a. Todas las oraciones del párrafo tratan el mismo tema.
   b. La idea central del párrafo está en la primera o en la última oración.
   c. Las demás oraciones contribuyen al tema central del párrafo, apoyando o mostrando contraste o dando ilustraciones.
No tenga cuidado en eliminar oraciones que no estén relacionadas con el tema del párrafo. Posiblemente estén mejor en otro párrafo, o quizás deba empezar un nuevo párrafo.

5. Incluya una bibliografía
Al final del ensayo, se debe incluir una bibliografía, una lista de todas las fuentes (libros y artículos) utilizadas en su investigación. El formato para la bibliografía es un poco distinto del formato de la nota al pie de página. Por ejemplo:

García Lorca, Federico. *Bodas de Sangre.* Barcelona: Ayma, S.A., 1971.

Note que el apellido va delante del nombre, no se indican las páginas, y la puntuación es distinta.

6. Use buena forma

El ensayo debe estar bien escrito, con buena ortografía, puntuación y sintaxis. Si tiene problemas o dudas al respecto, repase un curso de gramática y ortografía. La Universidad FLET exige que sus estudiantes estén adecuadamente capacitados en el uso correcto de la ortografía y gramática española. Errores comunes son:

¡Mala ortografía y falta de tildes!
(Si escribe en una computadora, ¡aproveche del corrector ortográfico automático!)
Oraciones extensas que deben ser divididas en dos o más oraciones.
(Si empieza una idea nueva, debe hacer una nueva oración.)
Párrafos con una sola oración.
(Si hay una sola oración, debe ponerla bajo otro párrafo, o simplemente eliminarla, si no hay suficiente que decir con respecto al tema.)

Gráfico panorámico del curso

La modernidad y la postmodernidad

La **MODERNIDAD**

utopías

actos de fe

libertad   historia
ciencia   hombre
progreso   Dios (deísmo)

La cultura Postmoderna

ética
razón
historia
narcisismo
ídolos
transexual
sentimiento
moda

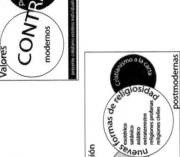

concepto de valor la idea de la razón la esencia de lo que es el ser

Valores

modernos   postmodernos

CONTRASTE

presente cotidiano estético individualismo hedonismo narcisista

fe y religión

nuevas formas de religiosidad

Cristianismo a la carta

esotérico
satánico
asiático
extraterrestre
religiones paganas
religiones civiles

Inestabilidad

postmodernas

dos maneras de ver al mundo

modernidad postmodernidad

Increencia ≣ reto y desafío

no aislados   aislados

propósito = mismo = Juan 20:30-31
respuesta auténticamente cristiana
mensaje = mismo = Juan 11:25-27

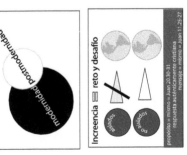

fe postmoderna

emocional
sincretista
festiva
narrativa
cómoda
tolerada
desconfiada
descomprometida
prudente
orante

fe moderna

intelectualizada
coherente
triste
dogmática
sacrificial
perseguida
oficializada
comprometida
segura
poco orante

El objetivo del gráfico es que el alumno recuerde tanto el contenido general del libro (comprendido en ocho lecciones), como la idea principal de cada lección. En cada lección expondremos una breve explicación del gráfico correspondiente al tema tratado. El alumno podrá comprender bien los puntos principales de cada lección mediante la lectura de los capítulos correspondientes y las preguntas. Por lo tanto, las explicaciones no reproducirán de nuevo el contenido de dichos capítulos sino que proveerán un repaso sencillo de la idea principal. Cuando el estudiante complete todos los dibujos y comprenda los conceptos, verdades, y principios que representan poseerá una comprensión panorámica de las lecciones.

Lección 1

Capítulo 1

Meta
El alumno conocerá la importancia de distinguir entre el modernismo y el postmodernismo.

Objetivo
El alumno expresará en sus propias palabras una definición del postmodernismo, e identificará los parámetros históricos que distinguen el modernismo y el postmodernismo.

Tareas
1. El estudiante leerá el prólogo, la introducción, y el capítulo uno del texto, y responderá las «Preguntas de repaso» y las «Preguntas para reflexión» de la lección. Anotará sus respuestas en un documento computarizado o en un cuaderno.
2. Leerá 100 páginas de lectura adicional y escribirá el informe de lectura respectivo. Seleccionará la lectura que ayude en la preparación del proyecto escrito (el ensayo).

Diez preguntas
1. ¿Cómo define José María Mardones el postmodernismo?
2. De acuerdo a Cruz, ¿qué requiere el cumplir el mandamiento divino de la evangelización?
3. ¿Por qué la incertidumbre postmoderna «inaugura una época de esperanza para el Evangelio»?, según el autor. Vea la introducción.)

4. En términos generales ¿dónde comienza a surgir el pensamiento postmoderno y qué es?
5. Según Cruz, ¿cuáles son los tres acontecimientos que dieron comienzo a la época *moderna*?
6. ¿Qué sucedió al nivel económico al comienzo de la edad *moderna*?
7. ¿Opina el autor que vivimos todavía en la modernidad, o solamente en la postmodernidad?
8. ¿Qué dicen los que critican la edad moderna acerca de la revolución científica?
9. ¿Qué dicen los filósofos postmodernos acerca del capitalismo?
10. ¿Cuál es el problema con el concepto de la historia como un progreso que lleva a la civilización moderna europea?

Preguntas para reflexión

1. En su propia opinión, ¿por qué razón o razones debemos tratar de comprender el postmodernismo?
2. ¿Está de acuerdo con Julio Sanguinetti en su análisis de la situación de los países más pobres frente a la modernidad y postmodernidad?
3. ¿Qué cosas nuevas ha aprendido en esta lección?

Gráfico

El doctor Cruz explica que «durante el siglo XX, y especialmente en sus postrimerías, se han venido produciendo importantes cambios sociales y culturales en el seno de los países desarrollados de Occidente. Desde puntos de vista bien distintos en este ámbito cultural ha surgido una nueva forma de pensar, y de entender el mundo, que difiere de lo que hasta ahora se llamaba el espíritu de modernidad. A esta nueva cultura se ha denominado «postmodernidad» debido

a su fuerte oposición a la época que la generó». El doctor Cruz denomina la postmodernidad como la «cultura del bienestar». Y, los que han creído en Jesús como Salvador han recibido la misión de hacer discípulos del mundo actual, el cual incluye el mundo postmoderno. En este contexto, Cruz explica: «El mandamiento divino de llevar el Evangelio a todo el mundo requiere el diálogo entre la fe cristiana y la cultura de cada época. Para poder comunicar hoy adecuadamente el mensaje de Jesucristo es necesario comprender las evoluciones periódicas que experimenta nuestra sociedad y reflexionar sobre sus últimas manifestaciones. Hay que saber cómo piensan los hombres y mujeres a los que se dirige la Buena Nueva». De manera que la comprensión de las «dos maneras de pensar» representa una herramienta útil en la comunicación de evangelio de la salvación gratuita que Jesús ofrece y en el desarrollo como discípulos de aquellos que llegan a creer en Él.

Lección 2

Capítulo 2

Meta

El alumno conocerá las características filosóficas de la edad moderna.

Objetivo

El alumno expresará en sus propias palabras la manera en que el hombre moderno manifestaba su fe en la libertad, en la ciencia, en el progreso, en la historia, en el ser humano, y en "Dios".

Tareas

1. El estudiante leerá el capítulo dos del texto, y responderá a las «Preguntas de repaso » y las « Preguntas para reflexión » de la lección.
2. Leerá 100 páginas de lectura adicional y escribirá notas para el informe de lectura.

Preguntas de repaso

1. Según el profesor Iñaki Urdanibia, ¿cuáles son los dos tiempos de la modernidad?
2. Según el profesor Iñaki Urdanibia, ¿en qué tiene fe el hombre moderno?
3. ¿Cuáles son las características respectivas de los dos períodos de la modernidad con respecto a su concepto del hombre?

28

4. ¿Qué dos grandes movimientos políticos surgen del segundo período del modernismo según Cruz?

5. ¿Qué cuatro acontecimientos manifiestan el sentido de la libertad del hombre moderno?

6. Según Hegel, ¿cuál es el principio fundamental de la edad moderna?

7. ¿Cuál es el centro del pensamiento durante la edad moderna?

8. ¿Qué cambio fundamental en el concepto del mundo y el universo dio lugar a la fe en la ciencia alrededor del año 1700?

9. ¿Qué sucedió con respecto al lugar de la teología entre las ciencias durante la edad moderna?

10. ¿Cómo contribuyeron Bacon, Galileo, Descartes, Hooke, Boyle, y Newton a la revolución científica? ¿Qué otro aspecto de la fe de la época moderna facilitó la fe en la ciencia?

11. ¿Cuáles son las tres enseñanzas bíblicas que fomentaron la ciencia en el tiempo de la Reforma?

12. ¿Cuál era el concepto del desarrollo de la civilización que había antes del siglo XVI?

13. ¿En qué sentido el concepto del tiempo del Antiguo Testamento fomentó la fe en el progreso?

14. ¿Cómo afecta la fe en el progreso el concepto que el hombre tiene de sí mismo en la época del modernismo?

15. ¿Cómo describe el doctor Cruz lo que *en realidad* constituye la fe en la historia que caracterizaba al hombre moderno?

16. ¿Qué concepto del hombre tenía Rousseau?

17. ¿En qué sentido no se conforma el hombre moderno con los énfasis de la Reforma?

18. ¿Cuáles son seis características de la secularización?, según L. Shiner.

19. ¿Cómo distingue Cruz entre la secularización y el secularismo?

Preguntas para reflexión

1. ¿Cuáles son algunos aspectos positivos de la época moderna? ¿Aspectos negativos?
2. ¿Está de acuerdo con el Dr. Cruz en que «la auténtica ciencia es perfectamente neutra»? ¿Por qué?

Gráfico

La modernidad se caracteriza como la época de las grandes utopías y de los grandes actos de fe. Esto se comprende en la perspectiva del ser humano que se creyó autónomo e independiente con la fuerza de la razón. Se explica que «ya no era necesario recurrir a los mitos para explicar los misterios de la naturaleza. Se confiaba que la ciencia solucionaría todos los problemas del hombre y acabaría con la

La Modernidad

actos
de fe

utopías

libertad   historia
ciencia   hombre
progreso Dios (deísmo)

ignorancia y servidumbre de los pueblos». La fe de la modernidad se caracteriza así: fe en la libertad (la Ilustración proclamó libertad para el individuo; la Revolución Francesa la exigía para el ciudadano; el marxismo peleaba por la libertad de los obreros; el feminismo la solicitaba para la mujer); fe en la ciencia (los siglos XVI y XVII atestiguan la Revolución científica); fe en el progreso (la humanidad se considera perfectible); fe en la historia (el hombre llegaría a ser un superhombre exclusivamente por su propia voluntad); fe en el ser humano (los hombres son iguales y bondadosos por naturaleza); fe en Dios (la Reforma trae énfasis saludables y en contraste se propone una nueva religión racional).

Lección 3

Capítulo 3

Meta

El alumno conocerá las características principales del postmodernismo.

Objetivo

El alumno expresará en sus propias palabras la perspectiva postmoderna de los ideales, del sentimiento, de la ética, del narcisismo, del sexo, del desarrollo personal, de la moda, y de la historia.

Tareas

1. El estudiante leerá el capítulo tres del texto, y responderá a las «Preguntas de repaso» y las «Preguntas para reflexión» de la lección.
2. Leerá 100 páginas de lectura adicional y escribirá el informe de lectura respectivo.

Preguntas de repaso

1. ¿Cuáles son los cuatro períodos que contribuyeron a la gestación del momento presente?, según el texto.
2. Según el texto, ¿cuál es la actitud postmoderna hacia la verdad y los ideales?
3. ¿Cómo se caracteriza el postmoderno referente a la relación entre la emoción y la razón?
4. ¿Qué ha sucedido con la ética en la edad Postmoderna?

5. ¿Cuáles son las «dos herederas» de la ética en la época postmoderna?
6. ¿Cuál es el valor supremo del mundo postmoderno?
7. ¿Cómo se caracteriza una persona narcisista?
8. ¿Cómo enfoca Cruz el contraste entre lo que propone el hombre postmoderno y lo que Dios prefiere con respecto al sexo?
9. ¿Por qué hay tanta adoración de las estrellas de cine y de música hoy?, según el Dr. Cruz.
10. ¿A qué se debe el aumento en el suicidio juvenil?
11. ¿Qué verdad bíblica tiene que reconocer el hombre postmoderno, frente al espectáculo de la violencia, el crimen, el racismo, y el consumismo actual?
12. ¿Qué quiere decir el doctor Cruz con la expresión el «reino de la moda»?
13. ¿Qué significa «la pérdida de la fe en la historia» en el contexto del postmodernismo?
14. ¿Cuál es el resultado del hecho de que el hombre postmoderno no tiene "memoria colectiva, ni individual"?

Preguntas para reflexión

1. ¿Cómo ve usted manifestados los valores del postmodernismo entre las personas con quien usted trabaja? ¿En su propia familia? ¿En su iglesia?
2. ¿Hay algunos aspectos positivos de la postmodernidad? ¿Cuáles? ¿Por qué?
3. ¿Cree que usted mismo ha sido influenciado por los valores del postmodernismo? ¿En qué manera?

Gráfico

La fe en diversos objetos y/o objetivos que caracterizó la modernidad provee el trasfondo para comprender la postmodernidad. El doctor Cruz escribe: «La humanidad ha asistido durante los últimos años a la pérdida paulatina de todo tipo de fe. La mayoría de las esperanzas, por no decir

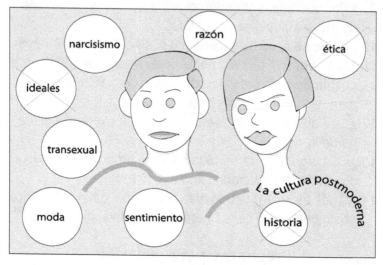

todas, se han ido abajo». En la postmodernidad mueren los ideales («hoy se cambia de opinión con la misma facilidad que de camisa»); muere la razón (se valoran las emociones por encima de la razón); muere la ética (la ausencia de reglas la mata y la estética y la belleza son sus herederas); muere el sentir comunitario y social (crece el narcisismo individualista); muere la diferencia entre los sexos (en la postmodernidad «todos somos simbólicamente transexuales»; mueren los anhelos del desarrollo personal (el postmoderno reconoce la maldad en el hombre, su inclinación hacia el mal y que esto lleva a «una pérdida de fe en el ser humano»); muere la fe en la historia («la antigua creencia de ciertos historiadores de que el conocimiento del pasado era la clave del futuro se ha sustituido hoy por la convicción de que los acontecimientos históricos solo aportan un incierto saber del pasado y no dicen absolutamente nada acerca de lo que está por venir»). Conforme a esto, Cruz afirma que «la postmodernidad surge a partir del momento en que la humanidad empieza a tener conciencia de que ya no resulta válido el proyecto moderno. Por eso está hecha de desilusión y desencanto».

Capítulo 4

Meta

El alumno sabrá identificar y describir los nuevos valores de la postmodernidad que han reemplazado los valores de la edad moderna.

Objetivo

El alumno identificará veinticuatro valores de la postmodernidad que corresponden a su contraparte moderna, y dará una pequeña descripción de cada uno.

Tareas

1. El estudiante leerá el capítulo cuatro del texto y responderá a las «Preguntas de repaso» y las «Preguntas para reflexión» de la lección. **Entregará las tareas de las lecciones 1-4.**

2. Leerá 100 páginas de lectura adicional y escribirá el informe de lectura respectivo. **Entregará el informe sobre esta lectura, en el formulario provisto.**

Preguntas de repaso

1. Anote el valor postmoderno que corresponde al valor moderno, y complete la descripción:

Valores modernos	**Valores postmodernos**

1) Fe

_____

«Es la época del N_____
y del A_____»

2) Sacralización

_____

Despojar los mitos de su
«A_____ S_____»

3) Absoluto

_____

Se descartan los grandes
«M_____» y se cree en las
«P_____ V_____
R_____»

4) Objetividad

_____

«Se cree en una visión P_____
S_____ sin N_____
ni orientación F_____»

5) Razón

_____

El centro de la moral y de la persona
son los «S_____ y los
G_____ individuales.»

6) Ética

_____

Dostoevski: «Si Dios no existe,
T_____ está P_____.»

7) Culpabilidad

_____

Se hace imposible la conciencia de
P_____.

8) Pasado/futuro

_____

Se desea vivir exclusivamente en el
P_____.

9) Historia

_____

Se cree en las pequeñas
H_____ I_____.

10) Unidad

_____

Se reconocen todas las
L_____ y la
diversidad C_____.

11) Colectivismo

_____

La sociedad debe subordinarse a la
P_____.

12) Progresismo

_____

«...Hace del trabajo C_____ un
valor importante» y, «se exalta el mérito de la F_____ y de la
R_____.»

13) Inconformismo

_____

«Acepta la imposibilidad de
C_____ la R_____»

14) Idealismo

_____

«Los proyectos idealistas no se corresponden con la R_____.»

15) Humanismo

_____

«...No I_____ a nadie, V_____
y deja V_____.»

16) Seguridad

_____

«Con el tópico "yo _____" se expresa el D_____ y la
D_____ en todo aquello que antaño ofrecía seguridad.»

17) Fuerte

_____

Se da paso al tiempo del pensamiento D_____.

18) Esfuerzo

_____

Se ocupa sólo de lo que S_____.

19) Prometeísmo

_____

Sólo le interesa la R_____de su propia P_____.

20) Seriedad

_____

Nada se toma en S_____, y triunfa la R_____ de la realidad cotidiana.

21) Fundamental

_____

Los pilares I_____ se han venido abajo.

22) Intolerancia

_____

En vez de imponerse, prefieren el pensamiento débil, que es más C_____ y T_____.

23) Formalidad

_____

«Hoy no se preocupa ser bueno, ni tampoco P_____.» «Lo importante es ser F_____.»

24) Necesario

_____

Se vive en el imperio de lo E_____ y en la lógica de la M_____.

Preguntas para reflexión

1. ¿Hay alguna característica de la postmodernidad que es mejor que su contraparte moderna? ¿Cuál? ¿Por qué?
2. Haga una encuesta de diez jóvenes de su iglesia, usando las preguntas de la encuesta abajo. Escriba los resultados y sus conclusiones.

Gráfico

El doctor Cruz saca a relucir los contrastes entre la modernidad y la postmodernidad. La importancia actual que recibe lo presente y cotidiano así como la supremacía de lo estético, el individualismo y el hedonismo narcisista constituyen también las raíces desde donde brotan todos los demás valores y contravalores.

Encuesta para jóvenes

Esta encuesta ayudará al estudiante a percibir la influencia de la cosmovisión postmoderna en la manera de pensar de los jóvenes que viven en su entorno.

1. Yo creo que el Señor Jesús es el único camino para llegar al Padre
   a. Estoy de acuerdo
   b. Estoy un poco de acuerdo
   c. No estoy de acuerdo
   d. Estoy un poco en desacuerdo

2. Responda a la siguiente afirmación: Hay tantas verdades como hay personas.
   a. Estoy de acuerdo
   b. Estoy un poco de acuerdo
   c. No estoy de acuerdo
   d. Estoy un poco en desacuerdo

3. Responda a la siguiente afirmación: Para saber que una acción determinada es correcta o incorrecta solo debo ver si me ayudará a conseguir lo que quiero.

   a. Estoy de acuerdo
   b. Estoy un poco de acuerdo
   c. No estoy de acuerdo
   d. Estoy un poco en desacuerdo

4. Complete el pensamiento. «Con referencia a la oración...»
   a. Nunca oro
   b. Oro de vez en cuando

c. Suelo orar a cada rato

d. Oro diariamente

5. Complete el pensamiento. «Con referencia a la Biblia....»
   a. Nunca la leo
   b. La leo de vez en cuando
   c. Suelo leerla a cada rato
   d. Leo la Biblia diariamente

6. Complete el pensamiento: Con referencia a la homosexualidad...
   a. Creo que siempre es inaceptable, no importa cuál sea la circunstancia.
   b. A veces está bien dependiendo de las circunstancias.
   c. Creo que siempre es aceptable.
   d. No sé.

7. Complete el pensamiento: Con referencia a las relaciones sexuales prematrimoniales...
   a. Creo que nunca son buenas, no importa cuáles sean las circunstancias.
   b. A veces están bien dependiendo de las circunstancias.
   c. Creo que siempre están bien.
   d. No sé.

8. Complete el pensamiento: Con referencia al aborto...
   a. Creo que siempre es indebido, no importa cuáles sean las circunstancias.
   b. A veces es bueno, dependiendo de las circunstancias.
   c. Creo que siempre está bien.
   d. No sé.

9. Responda a la siguiente afirmación: «Yo creo en Dios»
   a. Estoy de acuerdo
   b. Estoy un poco de acuerdo
   c. No estoy de acuerdo
   d. Estoy un poco en desacuerdo

10. ¿Cuál de las siguientes afirmaciones es la que mejor representa lo que cree acerca de Dios?

a. Dios es solo una idea que el hombre inventó para ayudarle a enfrentar la vida.
b. Dios está en todos nosotros porque todos somos dioses.
c. Dios es el Creador del universo y de todo ser viviente tal como enseña la Biblia.
d. Dios es cualquier cosa en la cual uno crea.
e. Dios es diferente en cada religión y no hay una sola forma de explicarlo.
g. Sencillamente, no sé.

Lección 5

Capítulo 5

Meta

El alumno conocerá las nuevas formas de religiosidad de la postmodernidad.

Objetivo

El alumno identificará y describirá en sus propias palabras seis nuevas formas de religiosidad de la postmodernidad.

Tareas

1. El estudiante leerá el capítulo cinco del texto, y responderá a las «Preguntas de repaso» y las «Preguntas para reflexión» de la lección.
2. Comenzará a escribir el ensayo. Elegirá el tema, preparará un bosquejo, y anotará ideas para cada sección del ensayo.

Preguntas de repaso

1. Según Cruz, ¿en qué dos perspectivas filosóficas ha sido transformado el ateísmo humanista del modernismo en la época postmoderna? Provea una breve y concisa explicación para cada una.
2. ¿Qué pregunta subyace todo el comportamiento postmoderno?
3. ¿Qué es lo que más le preocupa a la persona postmoderna?

4. ¿Qué palabra singular caracteriza al postmoderno?
5. ¿Qué ha resultado a causa de la carencia de una base religiosa?
6. Enumere las características principales de nuevas formas de religiosidad que el doctor Cruz saca a relucir. Provea una explicación breve para cada una.
8. ¿Cómo define Cruz la fe cómoda?
9. ¿Cómo define Cruz la fe emocional?
10. ¿Cómo define Cruz la fe desconfiada?

Preguntas para reflexión

1. ¿Cómo ha visto manifestadas en su país las nuevas formas de religiosidad postmodernas?
2. ¿Cuál de las «religiones profanas» mencionadas en el texto parece más fuerte en el medio ambiente en que vive usted? Mencione un ejemplo de cómo se expresa.
3. ¿Cuál de las «religiones civiles» parece más fuerte en su país?
4. ¿Cree usted que los tres tipos de «cristianismo a la carta» también han tenido algo de influencia en las iglesias evangélicas de su país? ¿En su propia iglesia? Mencione ejemplos.

Gráfico

El texto organiza el tema de la fe y religión en la postmodernidad alrededor de las categorías de la inestabilidad, las nuevas formas de religiosidad y «cristianismo a la carta» que descubrimos en la cultura postmoderna. El doctor Cruz afirma: «La carencia de la base religiosa ha originado también un modo de vida sin referencias estables. Hoy todo puede ser o dejar de ser; todo depende de algo que puede cambiar. Actualmente hay muchas posibilidades en-

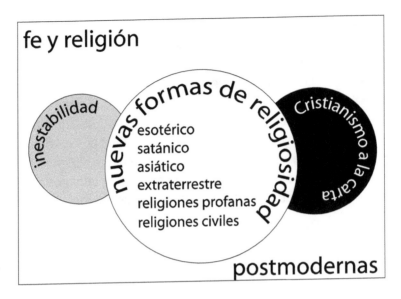

tre las que elegir y la fe cristiana es tan solo una más». También presenta las tendencias religiosas que suelen encontrase en la cultura contemporánea: el retorno a lo esotérico; rebrotes de lo satánico; encanto por lo asiático; seducción de lo extraterrestre; religiones profanas (el deporte, la música, el cuidado del cuerpo, la naturaleza, el sexo o el trabajo); y religiones civiles. Por fin, describe lo que se denomina «cristianismo a la carta», que consiste de: 1. «fe cómoda» que concibe de «un Señor-criado empleado exclusivamente en el servicio doméstico del ser humano»; 2. «fe emocional» que es anti-intelectualista y busca «el momento efervescente, la pasión interna, el frenesí espiritual y todo aquello que pueda abrir la puerta al sentimiento»; y 3. «la fe desconfiada» que se caracteriza por la falta de confianza hacia las instituciones religiosas debido al mal testimonio y/o mal comportamiento. Sin dudas, todo esto atestigua al hecho de que «la postmodernidad no es irreligiosa» y que aún existe «una sed de trascendencia». Desafortunadamente, como en todas las edades, «esta sed de trascendencia del hombre contemporáneo se procura saciar en abrevaderos que no siempre satisfacen». El texto afirma que: «el gran vacío postmoderno se intenta llenar con caricaturas de lo religioso que, en vez de liberar, esclavizan más aún al ser humano». Los cristianos pueden y deben proporcionarle a la humanidad postmoderna el Evangelio de la salvación eterna y gratuita que el Señor Jesús ofrece que sí es verdadero, que sí libera, y que es ciento por ciento confiable ya que lo garantiza Dios mismo.

Capítulo 6

Meta

El alumno conocerá la diferencia entre los rasgos de la religiosidad moderna y de la religiosidad postmoderna.

Objetivo

El alumno identificará diez rasgos de la religiosidad postmoderna que corresponden a su contraparte moderna, y dará una pequeña descripción de cada uno.

Tareas

1. El estudiante leerá el capítulo seis del texto, y responderá a las «Preguntas de repaso» y las «Preguntas para reflexión» de la lección.
2. Continuará con la preparación del ensayo, y elaborará un borrador del mismo.

Preguntas de repaso

1. Anote el rasgo de la fe postmoderna que corresponde al rasgo moderno, y provea una descripción breve de cada uno:

Fe moderna   Fe postmoderna

1) Intelectualizada   _____

                          Descripción: _____

                          _____

2) Coherente

              _____

              Descripción: _____

3) Triste

              _____

              Descripción: _____

4) Dogmática

              _____

              Descripción: _____

5) Sacrificial

              _____

              Descripción: _____

6) Perseguida

              _____

              Descripción: _____

7) Oficializada

              _____

              Descripción: _____

8) Comprometida

              _____

              Descripción: _____

9) Segura

              _____

              Descripción: _____

10) Poco orante

              _____

              Descripción: _____

Preguntas para reflexión

1. ¿Hay algunos rasgos de la fe postmoderna que sean mejores que su contraparte moderna? ¿Cuáles? ¿Por qué son mejores?

2. ¿Cómo ve usted manifestados los rasgos de la fe posmoderna entre las personas con quien usted trabaja? ¿En su propia familia? ¿En su iglesia? ¿En usted mismo?

Gráfico

El texto saca a relucir varios contrastes entre la fe de la modernidad y aquella de la postmodernidad: fe intelectualizada-fe emocional; fe coherente-fe sincretista; fe triste-fe festiva; fe dogmática-fe narrativa; fe sacrificial-fe cómoda; fe perseguida-fe tolerada; fe oficializada-fe desconfiada; fe comprometida-fe descomprometida; fe segura-fe prudente; fe poco orante-fe orante. En vista de estos contrastes el doctor Cruz afirma que «tanto la modernidad como

fe moderna	fe postmoderna
intelectualizada	emocional
coherente	sincretista
triste	festiva
dogmática	narrativa
sacrificial	cómoda
perseguida	tolerada
oficializada	desconfiada
comprometida	descomprometida
segura	prudente
poco orante	orante

la postmodernidad presentan valores positivos y contravalores negativos. Tanto una como la otra reflejan mentalidades que a veces estuvieron acertadas pero, en ciertos momentos, también se equivocaron». En este contexto, Cruz sugiere que «los creyentes debemos superar la tentación, y esa tendencia a la simplificación, que supone toda generalización». Afirma que: «ni la postmodernidad es completamente mala ni la modernidad actuó siempre tan bien. El reto para nosotros es que sepamos discernir convenientemente los desafíos, los aspectos correctos y los incorrectos, de la una y de la otra, para intentar sintetizarlos y ofrecerlos al creyente contemporáneo que se interesa por conocer la sociedad y al ser humano a quien desea llevar el Evangelio». De manera que podemos estudiar dichos contrastes, reflexionar acerca de ellos, y discernir cómo están nuestras creencias a la luz de ellos, pero sobre todo debemos evaluar nuestra fe conforme a la enseñanza de las Escrituras.

Lección 7

Capítulo 7

Meta

El alumno comprenderá las maneras en que el cristiano debe cumplir la tarea de la evangelización frente al desafío de la postmodernidad.

Objetivo

El alumno explicará en sus propias palabras quince sugerencias prácticas para evangelizar al mundo postmoderno y cinco sugerencias de cómo prepararse para esta tarea.

Tareas

1. El estudiante leerá el capítulo siete, y responderá a las «Preguntas de repaso» y las «Preguntas para reflexión» de la lección.
2. Seguirá con la preparación del ensayo. Asegúrese de escribir notas a pie de página para indicar las fuentes de información, y de escribir una bibliografía de libros usados. Haga una página de contenido.

Preguntas de repaso

1. Anote las quince ideas para evangelizar hoy, según el Dr. Cruz, y escriba una explicación breve de cada una.
2. Anote los cinco requisitos previos a la evangelización, según el autor, y escriba una explicación breve de cada uno.

Preguntas para reflexión

1. ¿Qué opina usted de las sugerencias del Dr. Cruz para la evangelización hoy? ¿Tiene usted otras sugerencias?
2. ¿Cómo puede usted adaptar el mensaje del evangelio al medio ambiente en que vive? ¿Cuáles son algunas de las características importantes que se deben tomar en cuenta?
3. ¿Cómo puede usted mejorar su testimonio personal y familiar? ¿Cómo puede su iglesia mejorar su testimonio en la comunidad?

Gráfico

La edad contemporánea se ha caracterizado como una de *increencia* a la cual es posible responder en diversas maneras. Según Cruz, si ignoramos la realidad cultural de la actualidad surge un dilema: «o presentamos el Evangelio según la terminología propia de la postmodernidad o bien nos resistimos a ella, la rechazamos y procuramos cambiar todos sus valores culturales enfrentándolos al mensaje evan-

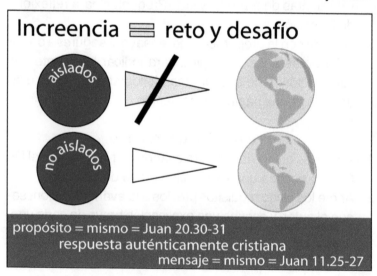

Increencia ≡ reto y desafío

aislados

no aislados

propósito = mismo = Juan 20.30-31
respuesta auténticamente cristiana
mensaje = mismo = Juan 11.25-27

gélico». Él afirma que si seleccionamos la segunda opción corremos el peligro de «quedar aislados en medio de una cultura que no nos comprenda». En contraste, sugiere que «debemos aprender a ver la increencia actual no como el enemigo a combatir ni como el peligro que nos amenaza, sino simplemente como lo que es: un reto y un desafío que exige del pueblo evangélico una respuesta auténticamente cristiana». El apóstol Juan escribió en su Evangelio: «Hizo además Jesús muchas otras señales en presencia de sus discípulos, las cuales no están escritas en este libro. Pero estas se han escrito para que creáis que Jesús es el Cristo, el Hijo de Dios, y para que creyendo, tengáis vida en su nombre». Ni este propósito, ni la eficacia de las palabras que él escribió bajo la dirección del Espíritu Santo han cambiado. Más allá, Dios sabía de antemano cuántas corrientes filosóficas exploraría y adoptaría la humanidad (cuando Juan escribió muchas de ellas, sino todas, ya existían, algunas tal vez en forma naciente). En el relato acerca de la muerte de Lázaro y el milagro de Jesús al levantarlo de los muertos, leemos esta porción de la conversación entre Marta y Jesús: «Le dijo Jesús: Yo soy la resurrección y la vida; el que cree en mí, aunque esté muerto, vivirá. Y todo aquel que vive y cree en mí, no morirá eternamente. ¿Crees esto? Le dijo: Sí, Señor; yo he creído que tú eres el Cristo, el Hijo de Dios, que has venido al mundo» (Juan 11.25-27). La identidad y promesa de Jesús son vigentes. El mundo postmoderno, igual que los de cualquier época, deben creer en Jesús, el Mesías que garantiza vida eterna. Podemos y debemos comunicar el mismo mensaje en el contexto de la increencia (el mismo contexto que siempre ha habido aunque se haya manifestado en diferente forma).

Lección 8

Meta

El alumno comprenderá la importancia de las manifestaciones de la postmodernidad en su propia situación.

Objetivo

El alumno explicará en sus propias palabras (en un ensayo) la importancia práctica de entender el pensamiento postmoderno.

Tareas

1. El estudiante responderá a las «Preguntas de repaso» y las «Preguntas para reflexión» de la lección.
2. Prepárese para el examen final, leyendo todas las preguntas de repaso de cada lección.
3. Escriba el documento final del ensayo. Revise con mucho cuidado la ortografía, la gramática, y el estilo. Léalo en voz alta. Si algo suena torpe, o difícil de entender, cámbielo. Divida las oraciones largas. Trate de organizar las ideas de tal manera que fluyan coherentemente.

* En esta lección, no hay preguntas de repaso o preguntas para reflexión. El alumno se dedicará a terminar el proyecto escrito.

Manual para el facilitador

Introducción

Este material se preparó para ser usado por el facilitador de un grupo o peña. Dicho facilitador se encargará de orientar a un grupo de cinco a diez estudiantes a fin de que completen el curso. La tarea demandará esfuerzo de su parte, ya que, aun cuando el facilitador no es el instructor en sí (el libro de texto sirve de «maestro»), debe conocer bien el material, animar y dar aliento al grupo, y modelar la vida cristiana delante de los miembros de la peña.

La recompensa del facilitador vendrá, en parte, del buen sentir que experimentará al ver que está contribuyendo al crecimiento de otros, del privilegio de entrenar a otros y del fruto que llegará por la evangelización. El facilitador también debe saber que el Señor lo recompensará ampliamente por su obra de amor.

A continuación encontramos las aspectos principales del programa FLET para el estudio en grupo:

1. **Las lecciones:** Ellas representan el aspecto del programa del cual el alumno es plenamente responsable. Sin embargo, aunque el estudiante debe leer el capítulo indicado y responder las preguntas, también debe reconocer que necesitará la ayuda de Dios para sacar el mayor provecho de cada porción del texto. Usted, como facilitador, debe informarles a los estudiantes que la calidad de la reunión será realzada o minimizada según la calidad del interés, esfuerzo y comunión con Dios que el alumno tenga en su estudio personal. Se ofrecen las siguientes guías a fin de asegurar una calidad óptima en las lecciones:

a. El alumno debe tratar (si fuese posible) de dedicar un tiempo para el estudio a la misma hora todos los días. Debe asegurarse de tener a la mano todos los materiales que necesite (Biblia, libro de texto, cuaderno, lápices o bolígrafos); que el lugar donde se realice la tarea tenga un ambiente que facilite el estudio con suficiente luz, espacio tranquilidad y temperatura cómoda. Esto puede ayudar al alumno a desarrollar buenos hábitos de estudio.

b. El alumno debe proponerse la meta de completar una lección por semana (a no ser que esté realizando otro plan, ya sea más acelerado o más lento, véase «Opciones para realizar el curso).

c. El alumno debe repasar lo que haya aprendido de una manera sistemática. Un plan factible es repasar el material al segundo día de estudiarlo, luego el quinto día, el décimo, el vigésimo y el trigésimo.

2. **Las reuniones:** En las reuniones o peñas, los estudiantes comparten sus respuestas, sus dudas y sus experiencias educacionales. Para que la reunión sea grata, de provecho e interesante se sugiere lo siguiente:

a. La reunión debe tener entre cinco y diez participantes: La experiencia ha mostrado que el número ideal de alumnos es de cinco a diez. Esta cantidad asegura que se compartan suficientes ideas para que la reunión sea interesante como también que haya suficiente oportunidad para que todos puedan expresarse y contribuir a la dinámica de la reunión.

También ayuda a que el facilitador no tenga muchos problemas al guiar a los participantes en una discusión franca y espontánea, aunque también ordenada.

b. Las reuniones deben ser semanales: El grupo o peña debe reunirse una vez a la semana. Las reuniones deben ser bien organizadas a fin de que los alumnos no pierdan su tiempo. Para lograr esto se debe comenzar y concluir a tiempo. Los estudiantes pueden quedarse más tiempo si así lo desean, pero la reunión en sí debe observar ciertos límites predeterminados. De esta manera los estudiantes no sentirán que el facilitador no los respeta a ellos ni a su tiempo.

c. Las reuniones requieren la participación de todos. Esto significa no solo que los alumnos no deben faltar a ninguna de ellas, sino también que todos participen en la discusión cuando asistan. El cuerpo de Cristo, la Iglesia, consiste de muchos miembros que se deben ayudar mutuamente. La reunión o peña debe proveer un contexto idóneo para que los participantes compartan sus ideas en un contexto amoroso, donde todos deseen descubrir la verdad, edificarse y conocer mejor a Dios. Usted, como facilitador, debe comunicar el gran valor de cada miembro y de su contribución particular al grupo.

Instrucciones específicas

Antes de la reunión: *Preparación*

A. Oración: Es la expresión de nuestra dependencia de Dios.

1. Ore por usted mismo.
2. Ore por los estudiantes.
3. Ore por los que serán alcanzados e impactados por los alumnos.

B. Reconocimiento

1. Reconozca su identidad en Cristo (Romanos 6—8).
2. Reconozca su responsabilidad como maestro o facilitador (Santiago 3.1-17).
3. Reconozca su disposición como siervo (Marcos 10.45; 2 Corintios 12.14-21).

C. Preparación

1. Estudie la porción del alumno sin ver la guía para el facilitador, es decir, como si usted fuese uno de los estudiantes.
   a. Tome nota de los aspectos difíciles, así se anticipará a las preguntas.
   b. Tome nota de las ilustraciones o métodos que le vengan a la mente mientras lee.
   c. Tome nota de los aspectos que le sean difíciles a fin de investigar más usando otros recursos.
2. Estudie este manual para el facilitador.
3. Reúna otros materiales, ya sea para ilustraciones, aclaraciones, o para proveer diferentes puntos de vista a los del texto.

Durante la reunión: *Participación*

Recuerde que el programa FLET sirve no solo para desarrollar a aquellos que están bajo su cuidado como facilitador, sino también para edificar, entrenar y desarrollarlo a usted mismo. La reunión consiste de un aspecto clave en el desarrollo de todos los participantes, debido a las dinámicas de la reunión. En la peña, varias personalidades interactuarán, tanto unas con otras, como también ambas con Dios. Habrá personalidades diferentes en el grupo y, junto con esto, la posibilidad para el conflicto. No le tenga temor a esto. Parte del currículum será el desarrollo del amor cristiano. Tal vez Dios quiera desarrollar en usted la habilidad de resolver conflictos entre hermanos en la fe. De cualquier modo, nuestra norma para solucionar los problemas es la Palabra inerrante de Dios. Su propia madurez, su capacidad e inteligencia iluminadas por las Escrituras y el Espíritu Santo lo ayudarán a mantener un ambiente de armonía. Si es así, se cumplen los requisitos del curso y, lo más importante, los deseos de Dios. Como facilitador, debe estar consciente de las siguientes consideraciones:

A. El tiempo u horario

1. La reunión debe ser siempre el mismo día, a la misma hora, y en el mismo lugar cada semana, ya que eso evitará confusión. El facilitador siempre debe tratar de llegar con media hora de anticipación para asegurarse de que todo esté preparado para la reunión y para resolver cualquier situación inesperada.

2. El facilitador debe estar consciente de que el enemigo a veces tratará de interrumpir las reuniones o traer confusión. Tenga mucho cuidado con cancelar reuniones o cambiar horarios. Comunique a los participantes en la peña la responsabilidad que tienen unos con otros. Esto no significa que nunca se debe cambiar una reunión bajo ninguna circunstancia. Más bien quiere decir que se tenga cuidado y que no se hagan cambios innecesarios a cuenta de personas que por una u otra razón no pueden llegar a la reunión citada.

3. El facilitador debe completar el curso en las semanas indicadas (o de acuerdo al plan de las otras opciones).

B. El lugar

1. El facilitador debe asegurarse de que el lugar para la reunión esté disponible durante las semanas correspondientes al término del curso. También deberá tener todas las llaves u otros recursos necesarios para utilizar el local.

2. Debe ser un lugar limpio, tranquilo y tener buena ventilación, suficiente luz, temperatura agradable y espacio a fin de poder sacarle provecho y facilitar el proceso educativo.

3. El sitio debe tener el mobiliario adecuado para el aprendizaje: una mesa, sillas cómodas, una pizarra para tiza o marcadores que se puedan borrar. Si no hay mesas, los estudiantes deben sentarse en un círculo a fin de que todos puedan verse y escucharse. El lugar completo debe contribuir a una postura dispuesta para el aprendizaje. El sitio debe motivar al alumno a trabajar, compartir, cooperar y ayudar en el proceso educativo.

C. La interacción entre los participantes

1. Reconocimiento:
   a. Saber el nombre de cada persona.
   b. Conocer los datos personales: estado civil, trabajo, nacionalidad, dirección, teléfono.
   c. Saber algo interesante de ellos: comida favorita, cumpleaños, etc.

2. Respeto para todos:
   a. Se deben establecer reglas para la reunión: Una persona habla a la vez y los demás escuchan.
   b. No burlarse de los que se equivocan ni humillarlos.

c. Entender, reflexionar o pedir aclaración antes de responder lo que otros dicen.

3. Participación de todos:
   a. El facilitador debe permitir que los alumnos respondan sin interrumpirlos. Debe dar suficiente tiempo para que los estudiantes reflexionen y compartan sus respuestas.
   b. El facilitador debe ayudar a los alumnos a pensar, a hacer preguntas y a responder, en lugar de dar todas las respuestas él mismo.
   c. La participación de todos no significa necesariamente que tienen que hablar en cada sesión (ni que tengan que hablar desde el principio, es decir, desde la primera reunión), más bien quiere decir, que antes de llegar a la última lección todos los alumnos deben sentirse cómodos al hablar, participar y responder sin temor a ser ridiculizados.

Después de la reunión: *Evaluación y oración*

A. Evaluación de la reunión y la oración:
   1. ¿Estuvo bien organizada la reunión?
   2. ¿Fue provechosa la reunión?
   3. ¿Hubo buen ambiente durante la reunión?
   4. ¿Qué peticiones específicas ayudarían a mejorar la reunión?

B. Evaluación de los alumnos:
   1. En cuanto a los alumnos extrovertidos y seguros de sí mismos: ¿Se les permitió que participaran sin perjudicar a los más tímidos?
   2. En cuanto a los alumnos tímidos: ¿Se les animó a fin de que participaran más?

3. En cuanto a los alumnos aburridos o desinteresados: ¿Se tomó especial interés en descubrir cómo despertar en ellos la motivación por la clase?

C. Evaluación del facilitador y la oración:
1. ¿Estuvo bien preparado el facilitador?
2. ¿Enseñó la clase con buena disposición?
3. ¿Se preocupó por todos y fue justo con ellos?
4. ¿Qué peticiones específicas debe hacer al Señor a fin de que la próxima reunión sea aun mejor?

Ayudas adicionales

1. **Saludos:** Para establecer un ambiente amistoso, caracterizado por el amor fraternal cristiano, debemos saludarnos calurosamente en el Señor. Aunque la reunión consiste de una actividad más bien académica, no debe adolecer del amor cristiano. Por lo tanto, debemos cumplir con el mandato de saludar a otros, como se encuentra en la mayoría de las epístolas del Nuevo Testamento. Por ejemplo, 3 Juan concluye con las palabras: La paz sea contigo. Los amigos te saludan. Saluda tú a los amigos, a cada uno en particular. Saludar provee una manera sencilla, pero importante, de cumplir con los principios de autoridad de la Biblia.

2. **Oración:** La oración le comunica a Dios que estamos dependiendo de Él para iluminar nuestro entendimiento, calmar nuestras ansiedades y protegernos del maligno. El enemigo intentará interrumpir nuestras reuniones por medio de la confusión, la división y los estorbos. Es importante reconocer nuestra posición victoriosa en Cristo y seguir adelan-

te. El amor cristiano y la oración sincera ayudarán a crear el ambiente idóneo para la educación cristiana.

3. **Creatividad:** El facilitador debe esforzarse por emplear la creatividad que Dios le ha dado tanto para presentar la lección como para mantener el interés durante la clase completa. Su ejemplo animará a los estudiantes a esforzarse en comunicar la verdad de Dios de manera interesante. El Evangelio de Marcos reporta lo siguiente acerca de Juan el Bautista: Porque Herodes temía a Juan, sabiendo que era varón justo y santo, y le guardaba a salvo; y oyéndole, se quedaba muy perplejo, pero le escuchaba de buena gana (Marcos 6.20). Y acerca de Jesús dice: Y gran multitud del pueblo le oía de buena gana (Marcos 12.37b). Notamos que las personas escuchaban «de buena gana». Nosotros debemos esforzarnos para lograr lo mismo con la ayuda de Dios. Se ha dicho que es un pecado aburrir a las personas con la Palabra de Dios. Hemos provisto algunas ideas que se podrán usar tanto para presentar las lecciones como para proveer proyectos adicionales útiles para los estudiantes. Usted puede modificar las ideas o crear las suyas propias. Pídale ayuda a nuestro Padre bondadoso, todopoderoso y creativo a fin de que lo ayude a crear lecciones animadas, gratas e interesantes.

Conclusión

El beneficio de este estudio dependerá de usted y de su esfuerzo, interés y relación con Dios. Si el curso resulta una experiencia grata, educativa y edificadora para los estudiantes, ellos querrán hacer otros cursos y progresar aun más en su vida cristiana. Que así sea con la ayuda de Dios.

Estructura de la reunión

1. Oración e introducción: Comience la reunión con intercesión. Dé la bienvenida a los alumnos y ore para que el Señor calme las ansiedades, abra el entendimiento, y se obre en las vidas de los estudiantes y el facilitador. Con anticipación seleccione una de las introducciones sugeridas (véase el Manual para el facilitador), o cree su propia introducción original.

2. Interacción con las preguntas de repaso y las preguntas para reflexión: Conversen acerca de las preguntas de la lección. No es necesario tratarlas todas. Más bien se pueden considerar aquellas que dieron más dificultad, que fueron de mayor edificación, o que expresan algún concepto con el cual están en desacuerdo. Traten de alcanzar algunas conclusiones (aunque sean tentativas).

3. Conclusión y oración: Concluya la lección con una nota de ánimo y esperanza como también gratitud por los buenos esfuerzos de los alumnos y ánimo para aquellos que necesitan ser motivados y alentados. Por último, pida que alguien ore por la iglesia y su liderazgo, los estudiantes, la comunidad que desean alcanzar. Incluya las necesidades específicas sacadas a relucir.

Calificaciones

Todas las tareas deberán enviarse a la sede de FLET junto con el examen final.

Cada tarea será calificada de acuerdo con la manera en que respondió o en que hizo su trabajo, y según el porcentaje de la tarea completada. La mejor calificación equivale a 100 puntos. Menos de 70 equivale al fracaso.

Respuestas a las preguntas de repaso

Lección 1

1. La pérdida de confianza en la razón.
2. Según Cruz la evangelización requiere el diálogo entre la fe cristiana y la cultura de cada época... hay que saber cómo piensan los hombres y las mujeres a los que se dirige la Buena Nueva.
3. El Dr. Cruz dice que, por causa de la incertidumbre, algunos están considerando la solución que ofrece el cristianismo.
4. El postmodernismo comienza a surgir en el siglo XX (en especial en sus postrimerías) cuando se producen cambios sociales y culturales en el seno de los países desarrollados que desatan una forma nueva de pensar y de ver al mundo que difiere de la modernidad (de la cual surge) y se opone a la misma.
5. El descubrimiento de América, el Renacimiento, y la Reforma.
6. Se produce la consolidación de la vida urbana, el desarrollo del capitalismo, y el fortalecimiento de la burguesía como clase social.
7. Sugiere que estamos viendo la decadencia de la modernidad, pero que conviven las dos tendencias culturales, la modernidad y la postmodernidad.
8. Dicen que se ha convertido en una amenaza que podría destruir el planeta.
9. Dicen que ha producido el imperio de la moda que provoca frustración y vacío interior.
10. Sería una forma de decir que los europeos son superiores a los demás.

Lección 2

1. Según el profesor Iñaki Urdanibia los dos tiempos de la modernidad son el período desde el Renacimiento hasta la Ilustración y desde el Romanticismo hasta el marxismo.

2. « El hombre moderno tiene fe en conceptos como la libertad, la ciencia, el progreso y la historia porque, en definitiva, tiene fe en el propio ser humano. Está plenamente convencido de su propia bondad natural.»

3. En la primera etapa se cree que por naturaleza los hombres son idénticos entre sí. En la segunda, se cambia el concepto individual por uno colectivo de manera que el sujeto se considera en manera colectiva como nación, cultura, clase social, o raza.

4. Según Cruz, de la segunda etapa del modernismo surge el nacionalismo y el socialismo.

5. Con respecto al modernismo y cuatro acontecimientos relevantes a la libertad, el texto afirma lo siguiente: la Ilustración proclamó libertad para el individuo; la Revolución Francesa la exigió para el ciudadano; el marxismo peleó por la libertad de los obreros; el feminismo la solicitó para la mujer.

6. La libertad de la subjetividad.

7. El hombre

8. Cruz afirma que antes del 1700 se concebía al mundo como un ser vivo y se pensaba que todo estaba relacionado mediante poderes ocultos. Entonces alrededor del 1700 sale a relucir un concepto nuevo del universo. En lugar de un ser vivo se le concibe como una máquina, algo semejante a un enorme reloj de cuerda.

9. «Destronan» la teología como reina de las ciencias y aceptan el estudio científico como una buena forma de adquirir conocimientos verdaderos. No obstante, no existe en esta época una rivalidad entre la fe cristiana y la razón. Más bien, se considera que estudiar el libro de la naturaleza complementa el estudio de las Escrituras.

10. Bacon defiende el método inductivo con la observación experimental; Galileo afirmó que la Tierra giraba alrededor del Sol;

Descartes sostuvo que la naturaleza se podía representar a través de las leyes mecánicas del movimiento; Hooke se destacó en trabajos de óptica y microscopia; Boyle estudió las propiedades físicas de los gases; y Newton proporcionó una imagen coherente del universo con su trabajo sobre las leyes del movimiento. Esta fe en la ciencia sirve entonces para facilitar la fe en el progreso.

11. La responsabilidad individual frente al trabajo, el deber de utilizar las facultades personales, y la convicción de que el estudio de la naturaleza glorifica al Creador.

12. Creían que el proceso histórico era degenerativo.

13 El Antiguo Testamento presenta un concepto lineal de la historia con un fin definido y deseable.

14. Según Cruz, en el concepto del modernismo el hombre no está condenado a repetir sus errores sino que la humanidad se considera perfectible, capaz de mejorar, y conscientes de que en el futuro pueden producir mentes aun más brillantes que aquellas del pasado.

15. Según Cruz, para la humanidad de la época moderna la fe en la historia en realidad representa la fe en la autoperfectibilidad del hombre, el convencimiento del mismo de que llegará a ser un superhombre a base de la ayuda exclusiva de su propia voluntad.

16. Creía que el hombre era bondadoso hasta que la sociedad lo corrompe. En este contexto, la humanidad, buena por naturaleza, podía superar la mala influencia de la sociedad en el contexto de la igualdad, la democracia y la educación.

17. El hombre moderno en lugar de conformarse con las valiosas aportaciones de la Reforma propone una nueva creencia, una religión racional que podía prescindir de la revelación.

18.
   a) el debilitamiento de la religión
   b) la aceptación de este mundo
   c) la separación entre la sociedad y la religión
   d) la transición de creencias y actividades desde el ámbito de lo divino al de lo puramente humano.

e) la desacralización del mundo
f) el paso de una sociedad sacralizada a una sociedad secular

19. La secularización es positiva para el cristianismo porque libera de la superstición; el secularismo es una ideología negativa que propone la destrucción de la religión.

Lección 3

1. El anti-intelectualismo de comienzos de siglo, el existencialismo de las décadas 30 a 50, la contracultura de los años 60, y la actual postmodernidad.

2. La persona postmoderna ya no cree en la verdad absoluta; es un vagabundo de las ideas que no se aferra sinceramente a nada y para quien puede existir varias verdades de las cuales se puede escoger de acuerdo al gusto.

3. El postmoderno eleva los sentimientos por encima de la razón. Según Cruz, el sentimiento se ha revalorizado y la razón devaluado.

4. Con referencia a la ética se afirma que la época postmoderna la ha matado con su ausencia de reglas. Así, según el texto asistimos a la muerte de la ética.

5. La estética y la belleza han reemplazado a la ética y la moral para los postmodernos.

6. Según Cruz «la vigencia del Yo es el valor supremo del postmodernismo».

7. Presta atención solamente a sí misma, vive fantasías de su propia grandeza, y menosprecia a los demás.

8. Dios prefiere la diversidad mientras que el hombre postmoderno propone la uniformidad.

9. Es el culto a la popularidad y la apariencia. El hombre de la calle se identifica con las estrellas para poder soportar la monotonía de su vida.

10. Se debe al individualismo narcisista. El egoísmo crea a personas incapaces de afrontar la realidad, débiles y vacíos por dentro, sin recursos espirituales.

11. Tiene que reconocer la inherente maldad en el hombre.

12. Este nuevo reino es «el de lo pasajero.... es aquel que genera una sociedad seducida... por lo móvil, lo inestable, y lo cambiante». Se trata, no solamente del vestido, sino también de las costumbres y modo de vivir en general.

13. El hombre de la modernidad tenía fe en la historia humana «como proceso floreciente de la emancipación». Pensaba que el pasado le ayudaba a entender el presente y fabricar un futuro mejor. En el postmodernismo «la antigua creencia de ciertos historiadores de que el conocimiento del pasado era la clave del futuro se ha sustituido hoy por la convicción de que los acontecimientos históricos solo aportan un incierto saber del pasado y no dicen absolutamente nada acerca de lo que está por venir».

14. El hombre postmoderno pierde su identidad e importancia, viviendo una soledad absoluta.

Lección 4

Valores modernos	Valores postmodernos
1) Fe	INCREENCIA «Es la época del NIHILISMO y del AGNOSTICISMO»
2) Sacralización	SECULARIZACIÓN Despojar los mitos de su «AUREOLA SAGRADA»
3) Absoluto	RELATIVO Se descartan los grandes «METARRELATOS» y se cree en las «PEQUEÑAS VERDADES RELATIVAS»
4) Objetividad	SUBJETIVIDAD «Se cree en una visión PERSONAL SUBJETIVA sin NORTE ni orientación FIJA»
5) Razón	SENTIMIENTO El centro de la moral y de la persona son los «SENTIMIENTOS y los GUSTOS individuales.»

6) Ética

ESTÉTICA
Dostoevski: «Si Dios no existe,
TODO está PERMITIDO»

7) Culpabilidad

ACULPABILIDAD
Se hace imposible la conciencia de PECADO.

8) Pasado/futuro

PRESENTE
Se desea vivir exclusivamente en el
PRESENTE.

9) Historia

HISTORIAS
Se cree en las pequeñas
HISTORIAS INDIVIDUALES.

10) Unidad

DIVERSIDAD
Se reconocen todas las LENGUAS y la
diversidad CULTURAL.

11) Colectivismo

INDIVIDUALISMO
La sociedad debe subordinarse
a la PERSONA.

12) Progresismo

NEOCONSERVADURISMO
«...Hace del trabajo CONTROLADO un valor
importante» y, «se exalta el mérito de la
FAMILIA y de la RELIGIÓN.»

13) Inconformismo

CONFORMISMO
«Acepta la imposibilidad de CAMBIAR la
REALIDAD»

14) Idealismo

REALISMO
«Los proyectos idealistas no se
corresponden con la REALIDAD.»

15) Humanismo

ANTIHUMANISMO
«...No IMITA a nadie, VIVE y deja VIVIR.»

16) Seguridad

PASOTISMO
«Con el tópico "yo PASO" se expresa el
DESINTERÉS y la DESCONFIANZA en
todo aquello que antaño ofrecía seguri
dad.»

17) Fuerte

«LIGHT»
Se da paso al tiempo del pensamiento
DÉBIL.

18) Esfuerzo

PLACER
Se ocupa sólo de lo que SATISFACE.

19) Prometeísmo

NARCISISMO
Sólo le interesa la REALIZACIÓN de su
propia PERSONA.

20) Seriedad

HUMOR
Nada se toma en SERIO, y triunfa la
RIDICULIZACIÓN de la realidad cotidiana.

21) Fundamental

SUPERFICIAL
Los pilares IDEOLÓGICOS se han venido abajo.

22) Intolerancia

TOLERANCIA
En vez de imponerse, prefieren el pensamiento
débil, que es más COMPRENSIVO
y TOLERANTE.

23) Formalidad

INFORMALIDAD
«Hoy no se preocupa ser bueno, ni tampoco
PARECERLO.» «Lo importante es ser FELIZ.»

24) Necesario

ACCESARIO
Se vive en el imperio de lo EFÍMERO y en la
lógica de la MODA.

Lección 5

1. Según Cruz, en la postmodernidad el ateísmo humanista ha sido transformado por el hombre postmoderno en agnosticismo y nihilismo. El agnosticismo afirma que uno no sabe o que es imposible saber si existe Dios o no. El nihilismo niega cualquier creencia religiosa, política o social.

2. El texto afirma que «la pregunta que subyace detrás de todo comportamiento postmoderno es siempre la misma: ¿por qué ocuparse de cuestiones para las que no hay respuestas claras? ¿a qué perder el valioso tiempo con suposiciones racionalmente indemostrables?»

3. Según el texto lo que más le preocupa al postmoderno es «el nivel de sus ingresos mensuales, su estado de salud, y a lo sumo, las vacaciones estivales».

4. Según Cruz el postmoderno «sin creencias sabe vivir, pero sin dinero no.» En este contexto de «increencia» la palabra que caracteriza al postmoderno es su «vulnerabilidad».

5. Y, «la carencia de base religiosa ha originado también un modo de vida sin referencias estables». Para el postmoderno «hoy todo puede ser o dejar de ser; todo depende de algo que puede cambiar».

6. El doctor Cruz saca a relucir las siguientes características de la religión en la postmodernidad:

   a. El retorno a lo esotérico: La religión postmoderna se caracteriza por un «afán desmesurado por lo oscuro y secreto» que más se interesa por lo que los evangelios no dicen de Jesús que por lo que dicen de Él. Tiene sus raíces en el ocultismo «hermético» y el gnosticismo de los primeros siglos después de Cristo, pero también se debe al intento de llenar el vacío espiritual.

   b. Rebrotes de lo satánico: Mientras que algunos teólogos contemporáneos niegan la existencia del diablo, los ángeles malignos y los demonios como seres personales, en el mundo se ve un resurgimiento de la búsqueda de posesiones diabólicas, exorcismos, misas negras, y cultos satánicos, que incluyen la tortura y el sacrificio humano.

c. Encanto por lo asiático: El Oriente siempre ha ejercido una influencia exótica en la mente del hombre occidental pero recientemente ha crecido notablemente «el interés occidental por la religiosidad del Oriente». La finalidad de estos movimientos es la búsqueda de la felicidad personal, y se deja de lado la preocupación por el prójimo. Buscan descubrir el «absoluto» que se encuentra dentro de cada uno. El hombre se ha dado cuenta de que la felicidad no está en tener más cosas, sino en ser mejor, y las religiones orientales ofrecen la «gimnasia mental», métodos de relajación, y la renuncia a lo material.

d. Seducción de lo extraterrestre: En el postmodernismo existen diferentes niveles de creencia en los extraterrestres. Desde personas que «reconocen la posibilidad de los encuentros con extraterrestres, así como la manifestación de los mismos, y los creyentes ufónicos que afirman vivir en relación con los extraterrestres y recibir sus mensajes relevados».

e. Religiones profanas: «En el centro mismo de las sociedades contemporáneas aparecen comportamientos y actitudes religiosas en ambientes tan seculares y aparentemente alejados de lo sagrado como pueden ser el deporte, la música, el cuidado del cuerpo, la naturaleza, el sexo o el trabajo».

f. Religiones civiles: La «sacralización de la democracia», la «religiosidad nacionalista» y «el paraíso de Mamón o la economía de mercado» representan ejemplos de un especie de culto o religión civil».

8. El doctor Cruz define la fe cómoda como la que «profesa un Dios poco exigente, que se contenta con un amor abstracto e idealista alejado del compromiso fraternal y social». Cruz también afirma que «trata de un Dios creado a la imagen del hombre postmoderno que nunca pide» sino que es «un Señor-criado empleado exclusivamente en el servicio doméstico del ser humano». Además la caracteriza como «una creencia egoísta porque se centra solo en la salvación del individuo, en su propio bienestar personal, o en su equilibrio psíquico».

9. El doctor Cruz define la «fe emocional» como aquella que es «emocional y anti-intelectualista... como reacción pendular... contra los desencantos de la racionalidad». Según Cruz, «hoy la fe se habría vuelto emoción y vivencia despreciando el academicismo racionalista».

10. La «fe desconfiada» se caracteriza por la falta de confianza hacia las instituciones religiosas debido a su mal testimonio y/o mal comportamiento. Según Cruz, «Da igual que se trate de sacerdotes católicos o de pastores protestantes. A todos se les mete en el mismo saco. Hoy se confía más en la orientación de psicólogos, pedagogos o médicos que en el consejo del sacerdote, pastor o líder religioso, quizás porque sea vea alejado de la realidad cotidiana, quizás por su falta de preparación científica o por su poco prestigio personal.»

Lección 6

1) Intelectualizada-Emocional
   Descripción: Establece otro acceso a lo divino: la vivencial y emotiva.

2) Coherente-Sincretista
   Descripción: Acepta una mezcla de creencias, o de increencias, y cada uno elige como mejor le conviene.

3) Triste-Festiva
   Descripción: Desea recuperar la felicidad y la alegría.

4) Dogmática-Narrativa
   Descripción: Se sienten más atraídos por el método explicativo que por la compleja exégesis científica.

5) Sacrificial-Cómoda
   Descripción: Le importa más su propia realización personal.

6) Perseguida-Tolerada
   Descripción: Se muestra una actitud más tolerante de lo religioso en general.

7) Oficializada-Desconfiada
   Descripción: Desconfían en las iglesias oficiales. No da privilegio a ninguna confesión sobre las demás.

8) Comprometida-Descomprometida
Descripción: Se centra en uno mismo y deja de ser social; le preocupa más el desarrollo individual que la transformación de la sociedad.

9) Segura-Prudente
Descripción: Se adopta una fe más sencilla y humilde, y menos científica.

10) Poco orante-Orante
Descripción: Reconoce la necesidad de dedicarse a la oración, y no solamente a la acción.

Lección 7
1.
1) Anunciar el núcleo de la fe.
Concentrarse en los puntos centrales del evangelio.

2) Responder a las preguntas básicas del ser humano.
Partir de la situación en que la gente se encuentra y responder a las grandes interrogantes existenciales.

3) Inculcar la ética del arrepentimiento.
Incluye no solamente un remordimiento de conciencia, sino un cambio radical de actitud y valores.

4) Reivindicar una moral de brújula.
Presentar los principios cristianos como un «norte permanente».

5) Fomentar la esperanza.
La esperanza en el futuro victorioso de la vida sobre la muerte.

6) Dar a conocer la Biblia.
Debe ser el elemento central de la evangelización.

7) Mostrar la razonabilidad del cristianismo.
No debemos renunciar a mostrar la coherencia del evangelio.

8) No confundir universalidad con universalismo.
El evangelio tiene un alcance universal, porque es para «todo aquel que en Él cree», pero no todos posean la vida eterna.

9) Mediante métodos morales.
Debemos usar métodos éticamente sanos para evangelizar.

10) Enseñar que el Evangelio no es una lista de reglas morales.
El evangelio pierde su poder liberador cuando se reduce a enseñanzas morales.

11) Solidarizarse con los necesitados.
No debemos olvidar el deber de ayudar a los pobres. Es un testimonio del evangelio.

12) Ajustar el mensaje a las distintas visiones del mundo.
Cada ambiente cultural tiene sus propias necesidades, y debemos dirigir el evangelio a cada uno de una manera que se aplique a su situación.

13) Utilizar un lenguaje inteligible.
Debemos adaptar la comunicación del evangelio para que sea comprendido por cada cultura y cada forma lingüística.

14) Emplear signos de identidad comunes.
El Evangelio debe acercarse, con afecto y respeto, a las singularidades de cada pueblo.

15) Usar relaciones naturales personales y el testimonio de la familia.
El testimonio personal es la mejor manera de impactar con el Evangelio.

2.

1) Orar y confiar en el Dios.
Debemos confiar en Dios, y no en nuestra manera de presentar el Evangelio.

2) Abandonar la apatía espiritual y la timidez.
Debemos tener el espíritu de Pablo: «¡Ay de mí, si no evangelizase!»

3) Ser coherentes con nuestra fe.
Debemos vivir de acuerdo con el Evangelio con amor fraternal.

4) Diferenciar los valores de los antivalores.
No todos los planteamientos de la postmodernidad son tan irreconciliables con los valores evangélicos.

5) Trabajar por la unidad del pueblo evangélico.
La división es un mal testimonio, especialmente en la época postmoderna de tolerancia y pluralismo.

Lección 8

(No hay respuestas. Esta lección está dedicada a la preparación del trabajo escrito.)

Printed in the USA
CPSIA information can be obtained
at www.ICGtesting.com
LVHW021319081123
763397LV00005B/11